Zehn Frauen aus drei Jahrhunderten auf Reisen: Dieses Buch stellt – von Lady Craven bis Annemarie Schwarzenbach – »Reisendinnen« vor, die über ihre Erfahrungen und Abenteuer zahlreiche Berichte, Briefe und Romane verfaßt haben. Lady Craven fährt 1785/86 über »die Krim nach Konstantinopel«, die Österreicherin Ida Pfeiffer ist auf »Frauenfahrt um die Welt«, Ida von Hahn-Hahn und Louise Mühlbach besuchen im 19. Jahrhundert den Orient. Andere Beiträge dokumentieren die Reise der niederländischen Feministin Mina Kruseman durch drei Kontinente, stellen die Preußin Marie von Bunsen als malende Schriftstellerin im Fernen Osten vor oder berichten von Alma Karlin, die sich während ihrer Weltreisen den kärglichen Lebensunterhalt verdienen muß, der Wissenschaftlerin Alexandra David-Néel, die als erste europäische Frau nach Lhasa reist, und von den Reiserouten der Freya Stark durch Arabien, die dort während des Zweiten Weltkrieges auch im Dienst des britischen Auswärtigen Amtes beschäftigt ist.

Eine interessante Begegnung mit wagemutigen Frauen, die schon früh das Alleinreisen erprobten. Sie alle verbindet der Wunsch nach Veränderung, nach kultureller Erweiterung, die Neugierde auf die Welt – aber jede reagiert anders auf das erlebte Neue und Fremde.

Lydia Potts, geboren 1957, Dr. rer. pol., Sozialwissenschaftlerin, ist wissenschaftliche Mitarbeiterin am Institut für Politikwissenschaft II der Carl von Ossietzky Universität Oldenburg. Arbeitsschwerpunkte: Interkulturelle Frauenforschung und Arbeitsmigration. Veröffentlichungen: »Weltmarkt für Arbeitskraft« (1988) und (mit Brunhilde Prasske) »Frauen – Flucht – Asyl« (1993).

Aufbruch und Abenteuer

Frauen – Reisen
um die Welt ab 1785

Herausgegeben von Lydia Potts
Unter Mitarbeit von Uta Fleischmann
und Marianne Kriszio

Fischer Taschenbuch Verlag

Die Frau in der Gesellschaft
Herausgegeben von Ingeborg Mues

8.–10. Tausend: September 1995

Veröffentlicht im Fischer Taschenbuch Verlag GmbH,
Frankfurt am Main, März 1995

Lizenzausgabe mit freundlicher Genehmigung
des Orlanda Frauenverlages, Berlin

Gesamtherstellung: Clausen & Bosse, Leck
Printed in Germany
ISBN 3-596-12317-8

Gedruckt auf chlor- und säurefreiem Papier

Inhalt

Alle innerhalb der Beiträge kursiv gesetzten Passagen wurden von der Herausgeberin verfaßt.

Die Beiträge dieses Buches entstanden im Rahmen des Studienprojektes »Frauen forschen«, das im SS 1986 an der Universität Oldenburg begann. Am Arbeitsvorhaben »Frauen schreiben über den Orient« waren außer den Studentinnen meine Kolleginnen Marianne Kriszio und Uta Fleischmann beteiligt. Ihnen gilt ein besonderer Dank für die Diskussionen, Ratschläge und vielfältigen anderen Formen der Mitarbeit, durch die sie über ihre eigenen Texte hinaus zur Entstehung dieses Buches beitrugen.

Einleitung

Reisendinnen überschreiten die Grenzen Europas – eine Spurensuche

Damaskus, Oktober 15, 1843

... und die Zahl der Reisenden, wenigstens der *Reisendinnen* ist so gering, daß mir nicht wohl zu Muth war.

Ida Hahn-Hahn

Fast vier Jahre dauert die Reise, die Etheria unternimmt. Zwar schließt sie sich unterwegs immer wieder Reisegruppen an, verläßt sich aber ansonsten auf sich selbst. Ihre große Fahrt beginnt vermutlich in der Aquitaine und führt sie, wohl über den Landweg, nach Konstantinopel. Von dort aus geht es weiter nach Jerusalem, wo sie ihr Standquartier aufschlägt und ausgedehnte Touren unternimmt. So besucht sie Ägypten, zieht über Alexandria bis hinauf in die Thebais; eine zweite Ägpytenreise gilt dem Besuch des Sinai, Clysma (dem heutigen Suez) und – mit militärischem Geleitschutz – einer Landschaft im östlichen Nildelta. Dann nochmals zurück nach Jerusalem und erneuter Aufbruch: Sie reitet und marschiert durch den Jordangraben zum Berge Nebo im Ostjordanland, ein anderer Ausflug durch die Bucht von Bethschean nach Südsyrien folgt.[1] Nun beginnt die Heimreise, aber ein Abstecher nach Mesopotamien – für den Übergang über den Euphrat braucht sie etwas mehr als einen halben Tag – bis Edessa und Harran (Carrhae) darf nicht fehlen, und auch ein Besuch bei einer ihrer besten Freundinnen aus der Jerusalemer Zeit, die in Kilikien lebt, steht auf dem Programm.

»Als sie mich gesehen hatte, wie groß war da ihre und meine Freude! Kann ich das je beschreiben?«[2]

Bald darauf setzt sie sich in Konstantinopel an den Schreibtisch und verfaßt auf der Basis von Tagebuchnotizen ihren Reisebericht, der aus mehreren umfangreichen Briefen an ihre Mitschwestern in der Heimat besteht: »Von diesem Platz aus, meine Frauen, mein Licht, war es, da ich dies an Euer Liebden schrieb, ... Wenn ich aber nachher noch lebe und irgendwelche Stätten noch besichtigen kann, werde ich entweder persönlich... Euer Liebden berichten, oder, wenn ein anderer Entschluß in meinem Geist reift, es Briefen anvertrauen«[3], heißt es am Schluß der *Peregrinatio Etheriae*, dem 1884 entdeckten Mittelstück des Berichts einer Klosterfrau über ihre Pilgerfahrt. Zur Zeit dieses Fundes lag die in dem Manuskript beschriebene Reise bereits eineinhalb Jahrtausende zurück. Etheria – sie mag auch Egeria, Heteria, Aetheria oder ähnlich geheißen haben, ihr genauer Name ist nicht festzustellen[4] – war vermutlich zwischen 381 und 384 u. Z. im Orient unterwegs.[5] Sie schrieb ihren Bericht, in dem sie sich neben der Reiseschilderung in einem zweiten Teil der Liturgie in den Kirchen Jerusalems widmet, in einfachem, umgangssprachlichen Latein. »Soweit erhalten, macht der Bericht den Eindruck, durch eine Welt zu führen, die voll von Mönchen, Priestern, Bischöfen und Kirchen ist.«[6] Aber: »Mit vortrefflicher Beobachtungsgabe ausgestattet, ist sie Landschaftseindrücken gegenüber nicht gleichgültig. Sie weiß die Großartigkeit des Euphrat, die Schönheit der Täler und den klösterlichen Frieden sehr wohl wahrzunehmen. ... Auf hohen Bergesgipfeln und anderswo läßt sie sich von der Begeisterung überwältigen und zu einer Art ›religiöser Geographie‹ verleiten...«[7] »Man kann den Bericht über die Wallfahrten der Etheria nicht ohne innere Anteilnahme lesen. Sie ist eine erstaunliche und zugleich sympathische Frau gewesen. Was am stärksten in die Augen fällt, ist ihr Eifer: eine eifrige, rastlose, unermüdliche, bewegliche Nonne aus dem Abendland, von der leicht vorzustellen ist, daß sie ihren bischöflichen Gastgebern trotz gegenteiliger beiderseitiger Versicherungen doch wohl manchmal beschwerlich fiel. Sie eilte mit unerhörter Geschwindigkeit durch den Orient...«[8]

Etheria dürfte die erste – und für lange Zeit auch die einzige – europäische Frau gewesen sein, die der Nachwelt einen Reisebericht aus eigener Feder hinterlassen hat. Zwar ist zum Beispiel Paula aus dem Geschlecht der Gracchen mit ihrer Tochter Eustochium Ende des 4. Jahrhunderts von Rom nach Palästina und Ägypten gepilgert, diese frühe Studienreise wurde für sie allerdings von einem Mann organisiert und beschrieben.[9] Auch die vielen anderen römischen Matronen, die in dieser Zeit die Stätten der Bibel aufsuchten, haben keine eigenen Schilderungen ihrer Reisen hinterlassen. Das gilt ebenfalls für die deutschen Pilgerinnen aus der Zeit vor und während der Kreuzzüge. In einem einschlägigen *Catalog*[10] aus dem 19. Jahrhundert werden neben zahllosen Männern auch eine Reihe von Frauen namentlich genannt. Zu ihnen gehören zum Beispiel St. Salome und Judith, reclusa aus Kloster Altaich, die um 880 ihre Wallfahrt antraten; für das 10. Jahrhundert werden genannt die Gräfin Hademoda von Ebersberg und Hidda, die Witwe eines Markgrafen; im nächsten Jahrhundert schließt sich eine Nonne aus Trier dem Kreuzheer an, eine andere kehrt 1125 mit vielen Reliquien aus Jerusalem zurück, und etwa 50 Jahre später stirbt Gräfin Sophia von Flandern auf ihrer dritten Pilgerfahrt in Jerusalem; wenige Jahre danach, heißt es in diesem *Catalog*, »Kindesmörderin, eine, ward 1179 zur Strafe auf 7 Jahre nach dem heiligen Lande geschickt« – ein deutlicher Hinweis darauf, welche Strapazen und Gefahren eine solche Fahrt bedeutete – Risiken, die selbst wohlhabende und gut ausgestattete Reisende unter den damaligen Bedingungen nur zum Teil vermeiden konnten.

Die »peregrinationes maiores«, die großen Pilgerfahrten nach Rom, Santiago de Compostela und Jerusalem[11] waren die Fernreisen des Mittelalters überhaupt, und das auch außerhalb der Kreuzzüge. Frauen aus allen Klassen und Schichten beteiligten sich daran; selbst in den Kreuzzügen, den militarisierten Wallfahrten, zogen Tausende, meist namenlose Frauen im Troß mit. Genaueres berichten die Chroniken über die Adeligen, wie etwa

Eleanor von Aquitanien, die die Heeresführer und Ritter begleiteten.

Der Anteil der Frauen an den eigentlichen Pilgerfahrten dürfte zwischen 33 und 50 Prozent gelegen haben.[12] Im Spätmittelalter waren die Fahrten nach Palästina fast als Pauschalreisen organisiert;[13] auch sonst gibt es Ähnlichkeiten mit dem modernen Tourismus. Historiker sprechen von »Reisesehnsucht im religiösen Gewand«: »›Peregrinatio‹ bedeutete eben auch Ausbruch aus dem harten, bedrückenden Alltag des mittelalterlichen Menschen mit seinem täglichen Einerlei durch die temporäre Migration einer Wallfahrt, Ausbruch aus den Schranken der Zeit und in gewisser Weise aus den Bindungen seines Standes, wenigstens für die Dauer der Reise.[14] Für Frauen galt das sicherlich in besonderem Maße.

Über Jerusalemfahrten im Spätmittelalter gibt es Hunderte von Pilgern angefertigte, erhalten gebliebene und editierte Berichte.[15] Die Frau, deren – in ihrer Autobiographie eingebetteter – Reisebericht bekannt ist, konnte ihn im Gegensatz zu ihrer Vorgängerin Etheria, die tausend Jahre früher gelebt hatte, nicht selbst aufschreiben. Margery Kempe, Kaufmannsgattin aus Lynn (Norfolk), war nicht schriftkundig und diktierte ihren Lebens- und Reisebericht, dessen Höhepunkt die Fahrt nach Jerusalem darstellte, in der ersten Hälfte des 15. Jahrhunderts mehreren Schreibern.

Neben den Pilgerfahrten nach Palästina gab es während des Mittelalters – damals war in Europa nur der kleinere Teil der Welt bekannt – Reisen in außereuropäische Gebiete von Zeit zu Zeit als Missionsreisen, Kaufmannsfahrten und Gesandtschaften nach Asien, wobei oft mehrere Reisezwecke miteinander kombiniert wurden. Frauen waren jedoch offensichtlich an Unternehmungen, wie sie Wilhelm von Rubruk oder Marco Polo durchführten, nicht beteiligt. Weibliche Gesandte oder Missionarinnen gab es nicht, Kauffrauen rüsteten zwar gelegentlich Handelszüge aus, sie selbst gingen jedoch auch innerhalb Europas nicht auf größere Reisen bzw. waren von den dazu notwendigen Schutzprivilegien ausgeschlossen.[16]

Am Beginn der Neuzeit stehen die großen »Entdeckungen«: Europäische Schiffe landen auf den Inseln der Karibik, in Nord-, Mittel- und Südamerika, umfahren das Kap der guten Hoffnung, erreichen auf dem Wasserweg zum ersten Mal von Europa aus Indien, und 1519 bis 1522 findet die erste Weltumsegelung statt. Damit erweitern sich die Reisemöglichkeiten in ungeheurem Ausmaß. An den eigentlichen Entdeckungsfahrten haben Frauen, die ja auch vom Beruf des Seemanns ausgeschlossen sind, wohl keinen Anteil. Aber schon bald sind sie – in der Regel als Passagiere – an Bord der Schiffe zu finden, welche die europäischen Stützpunkte und Kolonien in anderen Erdteilen ansteuern, wo sie als Ehefrauen, Töchter oder Bräute von Beamten, Kaufleuten, Militärs oder Siedlern leben sollen – große Reisen, die in der Regel durchaus in Übereinstimmung mit der vorherrschenden Auffassung von der Rolle der Frau unternommen werden. So überqueren auf der dritten Reise Columbus' (1497–98) dreißig Spanierinnen erstmals den Atlantik;[17] portugiesische Schiffbrüchigen-Berichte aus dem 16. Jahrhundert legen nahe, daß es durchaus üblich ist, Frauen als Passagiere an Bord der Segler zu finden, die nach Amerika oder Indien unterwegs sind: Da kann der Ruf »Mann über Bord« durchaus einem vierzehn- oder fünfzehnjährigen Mädchen gelten[18]; oder Schiffbrüchige, die auf dem Weg nach Indien gestrandet sind, überlegen, ob sie »die Frauen umbringen oder ihnen den Laufpaß geben sollen, damit sie ihren Weg zu Land selber fänden, samt allen Plagen und im Verein mit all denen, die in Portugal ihre Einschiffung erlaubt hatten, ...«[19].

Im 17. Jahrhundert beginnt die Auswanderung von Frauen vor allem aus England und Frankreich in die Siedlungskolonien in Nordamerika. Die Lebensbedingungen, die diese Frauen vorfinden, sind vor allem in den ersten Jahrzehnten extrem. Zum Beispiel leben von 140 Frauen, die zwischen 1620 und 1622 in Virginia eintreffen und die dort Siedler heiraten sollen, im Jahr 1625 nur noch 35.[20]

Viele Frauen treten diese Reise nicht freiwillig an: Sie werden entweder als Straffällige deportiert, eine Praxis, die vor allem mittellose Frauen trifft, oder es handelt sich um »überflüssige« Töchter wohlhabender Familien, die im anglikanischen England nicht mehr in Klöster gesteckt, sondern durch List und andere Machenschaften in die »Neue Welt« verbracht werden.[21] Außerdem gibt es unter den frühen Auswanderinnen nicht nur die Ehefrauen von Abenteurern, sondern auch Abenteuerinnen, die auf eigene Kosten und mit Personal kommen – sie haben allerdings nur in den ersten Jahrzehnten in Virginia gleiche Rechte auf Landzuteilung und -besitz wie männliche europäische Siedler.[22] Ebenfalls zu den Abenteuerinnen sind die keineswegs wohlhabenden Engländerinnen Mary Read und Anne Bonny zu zählen, beide zeitweise als Jungen aufgezogen, die sich Anfang des 18. Jahrhunderts als Piratinnen in der Karibik betätigen.[23]

Wenige Jahre, nachdem die Transporte von Sträflingen nach Amerika eingestellt wurden – die wahrscheinlich letzte deportierte Frau trifft dort 1774 ein –, beginnt man in England mit Verschickungen nach Australien, dem zuletzt »entdeckten« und kolonisierten Kontinent. Fast alle Frauen, die zwischen 1788 und 1840 dort eintreffen, werden als Huren (whores) eingestuft. Noch weit bis in das 19. Jahrhundert hinein leben in dieser Kolonie Zehntausende von Frauen – und Männern – als Sträflinge; die wenigen freien Immigrantinnen, die einreisen, sind häufig Ehefrauen oder Töchter männlicher Strafgefangener.[24] Das 19. Jahrhundert ist dann die große Zeit der Auswanderung, in der Abertausende Frauen Europa verlassen, um materieller Not und verschiedenen Formen der Verfolgung zu entgehen, in der Hoffnung auf einen neuen Anfang in den USA oder Australien.

Nicht mit diesen Frauen, die ihre Kräfte meist dringend benötigen, um zu überleben, beginnt eine weibliche Tradition des Reisens und Schreibens, die wir heute rekonstruieren können. Zumindest soweit es um außereuropäische Gebiete geht, sind es vor allem Ehefrauen und Töchter der Aristokratie und des wohlhabenden Bürgertums, die in Begleitung der Väter oder Ehemänner, aber oft auch aus eigenem Entschluß andere Kontinente und Kulturen besuchen und deren Schilderungen veröffentlicht werden.

Den Anfang macht im 17. Jahrhundert Aphra Behn, die wahrscheinlich als junges Mädchen in die Kolonie Surinam mitgenommen worden war und später ihre so gewonnenen Kenntnisse der Gegebenheiten in einem Roman verarbeitet. An der Wende zum 18. Jahrhundert unternimmt Maria Sibylla Merian ihre Forschungsreise, die sie ebenfalls nach Surinam führt und den tropischen Schmetterlingen gilt. Weder Aphra Behn noch Maria Sibylla Merian veröffentlichen einen »eigentlichen« Reisebericht; in dieser Hinsicht dürften – was einen außereuroäpischen Kulturkreis angeht – Lady Mary Montagus *Briefe aus dem Orient* den Auftakt bilden. Diese zwar erst Jahrzehnte nach der 1716 bis 1718 durchgeführten Reise veröffentlichte Sammlung wird schnell berühmt, und spätere Orientreisendinnen bemühen sich, ihr nachzueifern oder sich abzugrenzen.

Seit dem 18. Jahrhundert brechen zahlreiche weitere, vor allem englische Aristokratinnen zu großen Fahrten auf. Neben Lady Craven und der Gräfin Hahn-Hahn, die in Beiträgen dieses Buches vorgestellt werden, zählen zu dieser Gruppe auch Lady Stanhope, Lady Sale, Lady Duff-Gordon, Lady Burton oder Lady Blunt. Auch sie reisen vornehmlich in den Orient einschließlich der britischen Kolonien in Asien. Mehrere unter ihnen sind gemeinsam mit dem Ehemann, der als Offizier oder Forschungsreisender (oder beides) tätig ist, unterwegs, und alle veröffentlichen jeweils eigene Reisebriefe, -berichte oder -tagebücher.

Im 19. Jahrhundert mit seinen umwälzenden Entwicklungen der Verkehrs- und Kommunikationsmittel, dem Ausbau der Infrastruktur, der wachsenden Prosperität des Bürgertums wird das Reisen nicht nur innerhalb Europas weniger gefährlich, schneller und bequemer. Auch Frauen der neuen Klasse wird es in zunehmender Zahl möglich, aus freier Entscheidung, aus eigenem Entschluß zu reisen. Die Zahl der »Reisendinnen«, die sich schriftstellerisch oder wissenschaftlich betätigen, vervielfacht sich – was durchaus im Widerspruch steht zum Frauenideal dieser Zeit.

Die zweite Hälfte des 19. Jahrhunderts ist aber auch die Periode, in welcher der europäische Kolonialismus in alle Teile der Welt vordringt, die Ausbeutung, Ausplünderung und Ausrottung fremder Völker Höhepunkte erreicht. Europäische Frauen nehmen daran teil, indem sie als Ehefrauen von Farm- und Plantagenbesitzern, Verwaltern, Kaufleuten und Kolonialbeamten nun auch nach Afrika und Australien ziehen. In Deutschland wie in den anderen kolonisierenden Staaten entsteht eine umfangreiche Literatur, die in Aufsätzen, Broschüren und Büchern aller denkbaren literarischen Gattungen für Rassismus und Kolonialismus eintritt. Viele Frauen, welche die Kolonien in der Regel aus eigener Anschauung kennen oder direkt von dort berichten, sind an der Produktion dieser Schriften beteiligt. Auf solche Autorinnen geht das vorliegende Buch nicht ein;[25] verwandtes Gedankengut findet sich jedoch auch bei reisenden Frauen, die sich nicht als Aktivistinnen für den Kolonialismus des einen oder anderen Staates verstehen – dies wird bei Ida Pfeiffer oder Alma Karlin deutlich. Andererseits haben sich viele Reisendinnen sehr früh und eindeutig gegen die bis weit in das 19. Jahrhundert hinein in den USA, Brasilien und der Karibik praktizierte, von den Europäern eingeführte Sklaverei gewandt. Das beginnt mit Aphra Behn und Maria Sibylla Merian, gilt aber auch für viele andere einschließlich Ida Pfeiffer. Vergleichende Untersuchungen wie die von Mörner oder Bernhard legen den Schluß nahe, daß es sich dabei um ein Charakteristikum der Reiseliteratur von Frauen handelt, denn männliche Autoren äußern sich durchaus nicht einhellig ablehnend. Kumari Jayawardena weist darauf hin, daß viele unter den frühen euroäpischen Sozialistinnen und Feministinnen Reisen nach Asien unternehmen, dort die Frauen über die Kämpfe in Europa informieren und die Frauenbewegung oder auch die antiimperialistischen Bewegungen unterstützen.[26]

Die Geschichte der Frauenreisen ist auch die Geschichte der Bedingungen und Bestrebungen, die solche Auf- und Ausbrüche aus eigenem Entschluß zu verhindern trachten. Wirksames und grundlegendes Mittel ist dabei sicherlich die Tatsache, daß Frauen in der Regel unter der Vormundschaft eines Mannes – des Vaters oder des Ehemannes – stehen und also dessen Erlaubnis brauchen. Nur wenn sie diese erhalten, besteht die auch dann immer noch geringe Aussicht, die für große Reisen so dringend notwendigen Empfehlungsschreiben, Passierscheine oder Pässe zu erlangen. Außerdem verfügen nur wenige Frauen über ein eigenes oder so umfangreiches Eigentum, daß sie eine längere Fahrt finanzieren könnten. Erschwerend kommt hinzu, daß auch während der Reise mit juristischen Komplikationen zu rechnen ist, da Frauen bis in die jüngste Vergangenheit nur als beschränkt geschäftsfähig gelten. Schon aus diesen Gründen ist es verständlich, daß für die Masse der Frauen große Reisen aus eigenem Entschluß überhaupt nicht in Frage kommen, viele ReisendInnen erst in einer relativ späten Lebensphase ihre erste große Fahrt antreten: als geschiedene Frauen wie Elizabeth Craven oder Ida Hahn-Hahn, als Witwe wie Louise Mühlbach oder als ledige Frauen, deren Väter gestorben sind, wie Mina Kruseman, Marie von Bunsen oder Alma Karlin.

Aber nicht nur der allgemeine gesellschaftliche Status der Frau in der feudalen und der bürgerlichen Gesellschaft hindert Frauen daran zu reisen. Wir wissen auch von gezielten Maßnahmen, Frauenreisen zu diffamieren oder zu unterbinden: Aus der gleichen Epoche, aus der der erste Bericht einer reisenden Frau überliefert ist, gibt es bereits festgehaltenen Klatsch über solche Frauen. Um 394 u. Z. heißt es in einem Brief aus Jerusalem: »Man tuschelte über das Alter, die Aufmachung, die Haltung, den Gang, über die Unvorsichtigkeit in der Wahl der Gesellschaft, die leckeren Schmäuse, den königlichen Prunk eines Nero und die Beilager Sardanapals«[27] – und meinte damit eine Pilgerin. Über eine andere heißt es: »... eine gewisse Galla – so ihr Name, nicht etwa ihre Herkunft –, die eine Schwester als Erbin zurückließ, die hin und her reiste, um eine verwandte Häresie zu verbreiten«.[28] Ausschweifung und Ketzerei, Sittenlosigkeit und Prostitution, fahrende Frau als Synonym für Dirne – mit diesen und ähnlichen Vorwürfen werden reisende Frauen belegt, nicht zuletzt, um ihre Geschlechtsgenossinnen von ähnlichen Aufbrüchen abzuhalten.

Als das allein offensichtlich nicht hilft, wird im 8. Jahrhundert ein formelles Verbot erwogen. Dem geht unter anderem voraus, daß sich zwei Frauen an Bonifatius wenden, der selbst fast vierzig Jahre lang pausenlos unterwegs ist, und ihn um seinen Rat zu bitten: »Schon seit langem, schreibt Äbtissin Eangyth um 720, verspüre sie das Verlangen, ... ›die einstige Herrin der Welt Rom aufzusuchen ...‹. Eangyth räumt offen ein, sie werde von vielen eines solchen Reisevorhabens wegen gescholten; ... Fast zwei Jahrzehnte später bittet die Tochter und Nachfolgerin dieser Äbtissin, offensichtlich von ähnlicher Unrast getrieben, Bonifatius um Rat. Dieser wagt nicht, ›Dir von mir aus die Pilgerfahrt zu verbieten, aber auch nicht, sie Dir unbedenklich anzuraten‹.«[29]

Deutlichere und offenere Worte zum Thema Pilgerinnen findet er aber 747 in einem Schreiben an seinen Kollegen, den Bischof Cuthbert von Canterbury: »Zur Minderung der Schmach würde dienen, wenn eine Synode und euere Fürsten den Weibspersonen und verschleierten Frauen die häufigen Reisen nach Rom verböten; denn viele gehen dabei (sittlich) zugrunde und wenige kehren unverletzt zurück.«[30] Es kann daher als geradezu charakteristisch gelten, wenn die Pilger, mit denen Margery Kempe zeitweise gereist ist und sich oft gestritten hat, in der Heimat Gerüchte über Ehebruch und Ketzerei verbreiten, die sie angeblich während ihrer Jerusalemreise begangen hat.[31] Im 17. Jahrhundert dann erhalten Frauen in Venedig, dem Haupthafen, von dem Pilgerfahrten ins Heilige Land ausgehen, nicht mehr das dafür notwendige »Placet«, wie es offiziell heißt. Wer ohne dieses mit elf Unterschriften versehene Papier zu reisen wagt, fällt der Exkommunikation anheim.[32]

Im Laufe der Zeit werden die Mittel, welche die Frauen am Reisen hindern, dann subtiler. Das 17. und 18. Jahrhundert ist die hohe Zeit der Apodemiken, der Schriften von der Kunst des Reisens, die sich an männliche Adressaten wenden und für europäische Länder gelten. Sie stellen beispielsweise so hohe Anforderungen an die Bildung der Reisenden, daß sie für Frauen eine ausgesprochen entmutigende Funktion gehabt haben müssen. So heißt es in einer allerdings relativ späten Apodemik aus dem Jahre 1791: »Von folgenden Künsten und Wissenschaften ist es unumgänglich nothwendig, daß ein Reisender sich Kenntnisse erwerbe: 1. Gesetzgebung, 2. Naturgeschichte, 3. Mineralogie, Metallurgie und Chemie, 4. Mathematik, 5. Mechanik, 6. Hydrostatik, Hydraulik und Architektur, 7. Perspektive, 8. Erdbeschreibung, 9. Navigation und Schiffsbaukunst, 10. Ackerbau, 11. Sprachen, 12. Arithmetik, 13. Zeichnen, 14. ›eine lesbare und geschwinde Hand‹, 15. Schwimmen, 16. oberflächliche medizinische Kenntnisse, 17. Musik, 18. Geschmack, 19. Menschenkenntnis, 20. Kenntnis des vaterländischen Staates, 21. vorläufige Bekanntschaft mit den Ländern, die man besuchen will.«[33]

Auch mit dem bürgerlichen Frauenideal ist die Vorstellung von einer reisenden Frau nicht in Einklang zu bringen: An der Wende des 18. zum 19. Jahrhundert versucht der Dichter Heinrich von Kleist seine lebenstüchtige, praktische Schwester Ulrike am Reisen zu hindern. Er schreibt ihr: »Aber was soll ich glauben, wenn Dir der, nicht scherzhafte, nur allzu ernstliche Wunsch entschlüpft, Du möchtest die Welt bereisen? Ist es auf Reisen, daß man Geliebte suchet und findet? Ist es dort wo man die Pflichten der Gattin und Mutter am zweckmäßigsten erfüllt? Oder willst Du endlich wenn Dir auch das Reisen überdrüssig ist, zurückkehren, wenn nun die Blüte Deiner Jahre dahingewelkt ist, und erwarten, ob ein Mann philosophisch genug denke, Dich dennoch zu heiraten? Soll er Weiblichkeit von einem Weibe erwarten, deren Geschäft es während ihrer Reise war, sie zu unterdrücken?« Heinrich von Kleist läßt noch die Warnung folgen: »Nicht einen Zaun, nicht einen elenden Graben kannst Du ohne Hülfe eines Mannes überschreiten, ...«[34] Im Mittelalter hatte es geheißen: »Einer Frauen Romfahrt und einer Henne Flug über den Zaun ist beides gleich nütze ...«[35]

Aber auch die Formen der Gegenwehr von Frauen in Wort und Tat seien hier nicht vergessen: Da ist zum Beispiel Sidonia Hedwig Zäunemann (1714–1740) zu nennen, die auf zahlreichen, für Männer verfaßten Apodemiken mit einer eigenen Schrift für ihre Geschlechtsgenossinnen antwortet[36], häufig zu Pferde und in Männerkleidung Reisen unternimmt und auch ihre Dichtkunst zu diesem Zweck einsetzt: »Versuchts! es reiset sich des Nachts in Wäldern schön: Ich hab's erst nicht geglaubt, nun hab' ich es gesehn.«[37]

Wenn schon Fahrten innerhalb Deutschlands und Europas als abenteuerlich gelten und Frauen nicht zugetraut wird, diese durchzustehen, so wird das erst recht für Reisen in außereuropäische Gebiete angenommen. Da hilft dann auch einer älteren, lebenserfahrenen Frau nur eine List. Ida Pfeiffer ergeht es wie folgt: »Als sie indeß ihren Freunden von ihrem Wunsch, Jerusalem zu besuchen, erzählte, wurde sie einfach als Närrin, als überspannte Person behandelt, und niemand schien ein solches Unternehmen ihr im Ernst zuzutrauen. Nichtsdestoweniger beharrte sie auf ihrem Entschluß, verheimlichte aber das eigentliche Ziel der Reise, indem sie erklärte, sie werde eine Freundin in Konstantinopel, mit der sie seit langer Zeit in lebhafter Korrespondenz stand, besuchen. Sie zeigte niemandem ihren Paß, und keiner von denjenigen, die von ihr sich verabschiedeten, ahnte ihr eigentliches Ziel.«[38]

Um den Spuren reisender Frauen zu folgen, wie sie die Beiträge dieses Bandes nachzeichnen, waren wir weitgehend auf die Primärliteratur, also die von ihnen selbst verfaßten Schriften, angewiesen. Gelegentlich gibt es auch Biographinnen oder Biographen; aber eine Gesamt- oder Überblicksdarstellung weiblicher Reisen, sei es auch nur für einzelne Epochen oder Regionen, liegt in deutscher Sprache bisher nicht vor. Darüber hinaus werden Frauen in den allgemeinen Werken zu Forschungs- und Entdeckungsreisen oder zur Reiseliteratur kaum berücksichtigt. Dafür hier nur ein Beispiel: Ein einschlägiges Handlexikon aus dem Jahr 1983 stellt mehr als 180 bedeutende Männer »von der Antike bis zum 20. Jahrhundert vor und würdigt ihre individuellen Leistungen«, so der Klappentext (Schmitz). Nur eine Frau wird erwähnt und in einem der kürzesten Beiträge des Bandes »gewürdigt«. Die kommentierte Bibliographie nennt von den mehr als zwanzig Büchern dieser Forscherin – es handelt sich um Alexandra David-Néel – wiederum nur eines: die Sammlung der Briefe an den Ehemann. Eine nähere Beschäftigung mit Leben und Werk von Frauen, die in früheren Jahrhunderten in außereuropäische Gebiete gereist sind, zeigt, daß jüngere wie ältere, reiche, aber auch wenig wohlhabende, verheiratete wie unverheiratete, Frauen, die (noch) keine Kinder hatten, wie Mütter von halbwüchsigen oder erwachsenen Kindern, solche Abenteuer wagten. Viele brachen alleine auf, manche wurden von einer Tochter begleitet, wieder andere durchzogen die Welt gemeinsam mit dem Ehemann oder anderen, meist männlichen Begleitern.

Die »weiblichen« Reisen verlaufen in vieler Hinsicht anders als die der nicht zuletzt aus der Jugendliteratur bekannten männlichen Forscher, Entdecker oder Abenteurer. Frauen leiten weder großangelegte Expeditionen, noch entdecken sie den Europäern ihrer Zeit unbekannte Kontinente, Seewege, Rohstoffvorkommen oder Völker, sie sind nicht als Eroberinnen oder Kauffrauen unterwegs und eher selten als Spioninnen, Diplomatinnen oder Missionarinnen. Und viele wissen mit kleinem Budget zu wirtschaften wie die weltreisende Ida Pfeiffer mit »... Summen, welche einen Fonds bildeten, mit dem Reisende wie der Fürst Pückler-Muskau oder wie Chateaubriand und Lamartine höchstens auf einer vierzehntägigen Badereise ausgekommen wären, die mir, der einfachen Pilgerin, aber zu zwei- und dreijährigen Fahrten genügend schienen und, wie die Folge zeigte, es auch waren«.[39]

Dennoch – vielleicht aber auch deshalb – sind viele der von Reisendinnen hinterlassenen Schriften noch immer faszinierend zu lesen. Im Laufe der Jahrhunderte nahm diese Literatur einen beachtlichen Umfang an: Tagebücher, Briefe, Reiseberichte, Autobiographien, Erzählungen, Romane, wissenschaftliche Arbeiten verschiedener Disziplinen. Häufig halten ihre Autorinnen die Reiseeindrücke auch im Bild fest: Anhand von Zeichnungen, Stichen, Aquarellen oder Ölbildern und ab Mitte des letzten Jahrhunderts mit photographischen Verfahren vermitteln sie in Ausschnitten, wie sie die Teile der Welt sahen, die sie bereisten: Sie richteten ihre Aufmerksamkeit auf Schmetterlinge und Käfer, Steine und Moose, ethnographische Gegenstände aus aller Welt.

Der Aufbruch, den diese Frauen in unterschiedlichen Lebensphasen wagten, bestimmte oft die gesamte weitere Biographie – ihre Lebensreise wurde zum Reiseleben. Was den doppelten Versuch angeht, äußere Grenzen zu überschreiten, natürliche und gesellschaftliche Hindernisse zu überwinden, können alle Reisendinnen auf Erfolge verweisen – jedoch stellt sich die Lage komplexer dar, wenn es um innere Grenzen und Begrenztheiten geht: Nicht wenigen unter ihnen blieb das Bewußtsein von der »Unterlegenheit des weiblichen Geschlechts« oder von »der natürlichen Bestimmung« der Frau ebenso anhaften wie das von der »Überlegenheit der weißen Rasse«. Der gewöhnliche Eurozentrismus oder Rassismus ihrer jeweiligen Zeit findet sich nur allzuoft in den Schriften reisender Frauen, geht zum Teil widersprüchliche Allianzen mit dem Klassenstandpunkt der Aristokratin oder Bildungsbürgerin ein. Darüber hinaus: Im Prinzip waren alle im folgenden vorgestellten Reisendinnen, bewußt oder unbewußt, direkt oder indirekt, Nutznießerinnen von Kolonialismus und Imperialismus. Sie bedienten sich zumindest, wenn auch notwendigerweise, der in diesem Zusammenhang entstandenen Infrastruktur, der europäischen Einrichtungen und Außenposten. Das bedeutete gerade dann, wenn sie nicht reisten, um an dieser Macht teilzuhaben, ein Leben im, in der Regel unausgesprochenen, Widerspruch.

Das Wort »reisen« leitet sich von althochdeutsch »risan« her, d. h. aufstehen, sich erheben, aufbrechen zu kriegerischer Unternehmung. Einen Kampf gegen das Frauenbild ihrer Zeit, überhaupt gegen die Reduzierung aller Frauen auf ein ausschließliches Dasein als Mutter, Haus- und Ehefrau, haben alle Reisendinnen geführt. Die Bedeutungen, die hinter den englischen und französischen Entsprechungen für »reisen« stehen, verweisen auf die in diesem Aufbruch enthaltenen Begrenzungen: »Journey« geht auf das lateinische »diurnum« zurück – so viel, wie ein Mensch an einem Tag schafft, »travel« leitet sich vom französischen »travail« ab, was Mühe, Arbeit bedeutet, und »voyage« leitet sich vom lateinischen »viaticum« her, womit das für den Weg (via) Notwendige bezeichnet wird.[40] So gesehen, ist reisen als mühe- und gefahrvoller Prozeß zu verstehen, als Arbeit an sich selbst wie in Auseinandersetzung mit der (Männer-)Welt, mit der eigenen wie der fremden Kultur. Der Erfolg der Reisendin hängt dabei nicht zuletzt davon ab, ob sie über die notwendige materielle, vor allem aber geistige Wegzehrung verfügt – und auch dann ist das Ziel, das allenfalls bedingt als geographischer Ort benennbar ist, nur in Tagesetappen, in vielen einzelnen Schritten, zu erreichen. Der Aufbruch, der Weg, die Reise bleibt häufig das Ziel. Die Reisende wird erkennbar nicht als die strahlende Heldin, die alle Abenteuer unbeschadet, ja siegreich übersteht, sondern als Suchende, die auch auf Irrwege und Abwege gerät, mit historischem Abstand betrachtet. Allerdings: Diese Frauen haben den Aufbruch und das Abenteuer eines eigenen Lebens gewagt.

»Lauf! Geh!
Nur zum Bersten hält die Wolke inne,
und nur zum Weinen
bleibt der Abenteurer stehn!«

LYDIA POTTS

Lady on Tour – anno 1785/86

Elizabeth Craven
1750–1828

»Ich werde morgen nach Touraine abreisen; ... meine Harfe ist neben mir im Wagen; denn obgleich ich mich nicht länger als drei Wochen an einem Ort aufhalten will, so kann ich doch nicht so lange den Ton eines Instruments entbehren, das ich allen anderen vorziehe.«[1] Mit diesem eigenwillig anmutenden Accessoire im Gepäck trat im Juni 1785 die 34jährige Lady Elizabeth Craven von Paris aus eine Reise an, die ein gutes Jahr dauern sollte und die über die Stationen Italien, Rußland, die Krim, Konstantinopel und die ägäischen Inseln nach Wien führte.

1785 – das ausgehende 18. Jahrhundert – war keine Zeit, in der es für Frauen üblich war, in solchen Dimensionen zu reisen. Und Elizabeth Cravens Leben verlief bis zu dieser Reise auch in den damals für ein Frauenleben vorgegebenen Bahnen.

Sie wurde am 17. Dezember 1750 als Tochter des Earl of Berkeley und der Lady of the Bedchamber of the Princess of Wales in Spring-Gardens (England) geboren. Als Elizabeth fünf Jahre alt war, starb der Vater, und die Mutter ging schon bald eine neue Ehe ein. Die Erziehung von jungen Adeligen oblag zu dieser Zeit fast immer Hauslehrern oder Gouvernanten. Elizabeths Gouvernante, eine Schweizerin, formte das Mädchen jedoch nicht wie üblich zum vollkommenen Edelfräulein, das *nur* makellos schön ist, damit kokettiert und gehorsam den Anweisungen des Erziehungspersonals Folge leistet – sie vermittelte ihr vielmehr eine vielseitige Bildung und unterstützte ihren Eigensinn, starken Willen und ihr Durchsetzungsvermögen.

Dies blieb nicht ohne Bedeutung für Elizabeth Cravens späteres Leben. Zunächst aber nahm alles den gewohnten Verlauf: Mit sechzehn heiratete die junge Adelige standesgemäß den Earl William Craven, und für dreizehn Jahre schienen Earl und Lady Craven eine intakte Ehe zu führen – will man die Zahl von sieben Kindern als Garant für glückliches Eheleben sehen.

Wie auch die Beurteilung der »schönen Regelmäßigkeit« von Schwangerschaft und Geburt ausfällt, eine Besonderheit bleibt erwähnenswert: Lady Craven hat schriftstellerische Ambitionen. Sie schreibt jedoch nicht, wie es für Frauen schicklich ist, Gedichte oder Prosa, sondern wendet sich der Gattung Drama zu; ein schriftstellerisches Terrain, das von Frauen des ausgehenden 18. Jahrhunderts nur selten beschritten wird.

1778 debütierte sie mit der Komödie *The Sleep Walker* (Der Schlafwandler), die Liebe, Intrigen, Verstrickungen und Schlauheiten thematisiert und 1780 zur Aufführung gebracht wurde. In zeitlichen Abständen von ein und zwei Jahren folgten weitere Lustspiele, die um ähnliche Themen kreisen, darunter ein Stück mit dem nahezu unaussprechlichen Titel *Modern Anecdote of the Ancient Family of the Kinkvervankotsdarsprakengotchderns. A Tale for Christmas* (1779), eine bissige Satire auf den Adel in Deutschland mit seinem ungebrochenen Dünkel. Elizabeth Craven karikiert hier sowohl Mitglieder ihres eigenen Standes als auch die ihr verhaßte Mentalität der Deutschen.

1782 zeichnete sich ein Wandel in Elizabeth Cravens Biographie ab. Die Eheleute warfen sich gegenseitig Untreue vor, nichts Ungewöhnliches im aristokratischen train de vie, aber für die Cravens Grund genug, sich zu trennen. Eine gerichtliche Scheidung wurde allerdings nicht vollzogen.

Lady Craven ging nach Paris, nutzte ihre Zeit für schriftstellerische Tätigkeiten und traf dort den Markgrafen von Brandenburg-Ansbach, Christian Friedrich Karl Alexander, den sie bereits als Kind kennengelernt hatte. Er lud sie nach Ansbach ein. Sie lehnte jedoch das Angebot des vierzehn Jahre Älteren ab und unternahm die dreizehnmonatige Reise in Richtung Rußland und Osmanisches Reich.

Einige Beweggründe der ausgedehnten Reise der Elizabeth Craven werden deutlich bei einem Blick auf das Reiseverständnis und -bedürfnis im 18. Jahrhundert, der Zeit der Aufklärung.

Diese formuliert die Expansionsvorstellungen der Menschen – vornehmlich der Bürger – sowohl auf geistigem, politischem als auch auf territorialem Gebiet. Erfindungen, neue Theorien, Entdeckungen und *Reisen* in *terrae incognitae* können als Realisierungen dieser Strömung und Entwicklungsbewegung verstanden werden.

»Meine einzige Absicht ist die, die Welt meines Gottes von mehr Seiten kennenzulernen und von mehr Seiten meinem Beruf brauchbar zu werden, als ich bisher Gelegenheit gehabt«, schrieb Johann Gottfried Herder 1769 vor Antritt einer Frankreichreise und weist damit, stellvertretend für viele andere, auf die Bedeutung und Verwertbarkeit des Reisens für Beruf und Persönlichkeitsentwicklung hin. Erweiterung des eigenen Horizontes und Bildung, Zerstreuung, Abwechslung oder gar Erholung: diese Motive, im 18. Jahrhundert immer wieder bei Reiseantritt genannt, werden jedoch hauptsächlich reisenden Männern zugestanden.

Die wenigen Frauen, die weite Reisen antraten, etwa Lady Montagu, Mary Wollstonecraft und Sophie von La Roche, setzten sich über die damals gültigen Rollenzuweisungen für ihr Geschlecht hinweg: Zum einen brachen sie aus der konventionellen Rolle im häuslichen Bereich aus, zum anderen hatten sie eigene Motive: eigenen Bildungshunger und die Sehnsucht, ferne Länder zu sehen.

»Wenn ich auf dem Fluge bin, will ich Höfe und Völker besuchen, die wenig Frauenzimmer gesehen haben; ... ich will die Zeit bestens anwenden und die wenigen Monate, die mir erlaubt sind herumzuschwärmen, zu meiner Befriedigung und Ihrer Unterhaltung bestimmen.«[2] Diese Stelle aus einem Brief der Lady Craven vom 15. November 1785, der wie siebenundsechzig andere Reisebriefe an den in Ansbach verbliebenen Markgrafen adressiert und in der Sammlung *Briefe der Elizabeth Craven über eine Reise durch die Krim nach Konstantinopel* zusammengestellt sind, erklärt sich als Berichterstattung für den Daheimgebliebenen und signalisiert zugleich das Erkenntnisinteresse, das sie mit ihrer Reise verfolgte: Befriedigung ihrer Neugierde[3] und Erweiterung von Wissen und Bildung.

In Pisa, der ersten Etappe ihrer Reise, beschäftigte sie sich intensiv mit der Architektur: »Die heilige Erde ruht in der Mitte, mit gotischen Schwibbogen, die Türen und Fenster bilden, umgeben. Diese Bogen sind so leicht und einfach, als wären sie hingezaubert; wenn mich etwas mit dem Gotischen aussöhnen könnte, so müßten es diese Schwibbogen sein. An der Mauer... sind Überreste einer Malerei in Fresko auf dem Kalk, die sehr schön sind. Dieser Kalk oder Gips war an etlichen Stellen geplatzt und zeigte, daß die Umrisse der Malerei auf der Mauer angelegt waren, ehe man die Stukkatur auftrug; dieses scheint mir unbegreiflich, da der Gips so dick ist und es nie durchsichtig gewesen sein kann.«[4] Ebenso versiert, wie sie sich hier über Kunst und Architektur äußert, spricht Elizabeth auch über Hyères, einen Ort in Südfrankreich, wo sie sich in Einsamkeit den Wissenschaften widmen will.

Aus Krakau schrieb sie dem Markgrafen ihre Veränderungs- und Verbesserungsvorschläge für osteuropäische Staaten. »Der Eintritt in die Stadt Krakau gibt einen traurigen Beweis, daß Verwirrung immer im Verderben endet. Das polnische Regierungssystem ist die sicherste Quelle der Anarchie, welche die Menschheit je erdacht hat. ... Mich dünkt, wäre ich ein polnischer Edelmann geworden, lieber, als daß mein weitläufiges Vaterland unter seine ehrgeizigen Nachbarn geteilt werde, hätte ich meine Landsleute zusammenberufen und ihnen vorgeschrieben, auf ewig für uns und unsere Erben diesem unglücklichen Vorrechte zu entsagen, einen mutigen deutschen Fürsten zu berufen... und ihn und seinen Nachkommen zu gesetzmäßigen Regenten des Reichs einzusetzen.«[5] Lady Craven erscheint in der fiktiven Rolle eines polnischen Aristokraten ein wenig merkwürdig; doch schimmert hier nicht nur ihre Neigung durch, über gesellschaftspolitische Zusammenhänge zu reflektieren, sondern auch jene, die westeuropäischen respektive englischen Verhältnisse zum Maß aller Dinge zu erheben. Dies tritt besonders in den Vordergrund, wenn sie im Osmanischen Reich und auf der Krim reist. Im April 1786 schrieb sie aus Sewastopol: »Obwohl ich die ganze Halbinsel (Krim) nicht bereist habe, glaube ich doch, daß ich sie vollkommen kenne; zwar ist es eine neue Bekanntschaft, indessen, ich wünsche aufrichtig, daß sie von fleißigen Bewohnern bevölkert wäre, die Handel und Reichtum wiederherstellten, welche die natürlichen Produkte von der Hand des Menschen fordern. Kann irgendein denkendes Wesen, teuerster Freund! die Natur in aller ihrer Anmut und Schönheit ohne alle Hilfe der Kunst sehen, wie sie ihre freigiebige Hand dem Fleiße darbietet, und niemand darauf achtet? Ja, ich gestehe, ich wünsche eine Kolonie ehrlicher Engländer hier zu sehen, die die englischen Fabriken einführten und die Produkte dieses Landes uns zuführten, einen guten freien Handel festsetzten und die schlauen, aber unterdrückten Griechen auf ihren Inseln Fleiß und Ehrlichkeit lehrten, den trägen Türken aus seinem goldenen Schlummer weckten und die liebliche Freiheit mit aufgespannten Segeln durch den Archipel und das mittelländische Meer an unsere (für uns glücklicherweise) gefährlichen Küsten führten. Dieses ist kein Traum oder eine poetische Rhapsodie. Es ist der herzliche Wunsch einer Person, die die ganze Menschheit wie eine Familie umfaßt, und sich sehnt, sie zum allgemeinen Besten vereint zu sehen.«[6]

Cravens *English point of view*, ihr Quentchen Eurozentrismus im »mentalen Gepäck«, wird hier und in etlichen anderen Briefen sehr deutlich. Sachkundig, gebildet, belehrend und auch hochmütig – das ist *eine* Seite der reisenden Lady. Eine andere: die Aufgeschlossene, die Aufmerksame, die sich interessiert dem Neuen in fremden Ländern nähert.

Daß sie sich auf ihrer Reise mit der »Chronologie und Genealogie anderer Nationen«[7] beschäftigt hat, wird deutlich in den kleinen Sittenbildern, die sie dem Markgrafen über Land und Leute, Gepflogenheiten und Gebräuche zwischen Donau und Dnjepr, Schwarzem Meer und Finnischem Meerbusen entwirft.

Besondere Aufmerksamkeit schenkte Elizabeth Craven den Frauen und ihren Lebensgewohnheiten in allen Ländern und Regionen, die sie bereiste. Vor allem die türkischen Frauen interessierten sie. Drei Wochen in Konstantinopel nutzte die englische Lady, um »Frauenstudien« zu betreiben! Wie schon in Frankreich und Deutschland, in Rußland und auf der Krim, erweckte die äußere Aufmachung, der Putz der Frauen, ihr größtes Interesse.

»Die Robe der Dame war von Atlas, sehr reich mit den schönsten Farben, Gold und Edelsteinen gestickt; ein Gürtel, unten mit zwei Zirkeln Juwelen, und von diesem Gürtel hängt ein gesticktes Schnupftuch herab. Ein Turban mit einer verschwenderischen Last von Edelsteinen und Perlen schien diese Damen sehr zu beschweren: aber was die ganze Kleidung verdarb, war ein Stück Hermelin, das wahrscheinlich im Anfange einen Kragen vorstellte, weil aber jede Frau es vergrößerte, um es ihrer Nachbarin an Putz zuvorzutun, ist es ein unförmiges, viereckiges Pflaster, das bis auf die Hüften fällt, geworden. ... Die Haare werden in viele kleine Zöpfe geflochten und hängen herab, oder werden äußerlich an die Spitze des Turbans aufgebunden. Ich zweifle nicht, die Natur hat einige dieser Weiber sehr schön gebildet, aber sie machen sich eher widerlich als reizend, durch übel angebrachte weiße und rote Schminke, ein oder zwei Striche, die ihre Augenbrauen verbergen, schwarze Zähne vom Rauchen und einen allgemein gebogenen Rücken.«[8] Sie kommentiert scharf. Und überaus bissig verweist sie auf das von Frauen bevorzugte türkische Badevergnügen: »Sie versuchen mit Hilfe der Kunst den Schaden zu ersetzen, den das beständige Auflösen ihren Reizen zufügt.«[9] Die türkischen Frauen werden mit ihrer Aufmachung bei Lady Craven zu Zielscheiben des Tadels; doch ihren Freiraum im Harem hebt sie lobend hervor und findet diese Institution, die ihresgleichen in der Welt sucht, spektakulär. Da die Haremsfrau nur für kurze Zeit Gegenstand der männlichen Begierde ist und danach alle Vorteile des Wohlstandes zusammen mit anderen Frauen genießen kann, erscheint ihr dieses Frauendasein als das Glück auf Erden.

In Kontrast zu ihren wenig liebenswürdigen Worten über die kosmetische Wirkung des Frauenbades, bewertet sie diesen *Ort* als Frauen-Freiraum positiv, da dort die Badenden durchschnittlich fünf Stunden miteinander verbringen und somit ein Forum für Kommunikation und Belustigung haben.

Das Gesamturteil von Lady Elizabeth Craven über Frauenleben im Osmanischen Reich: »Ich wiederhole, daß keine Weiber so viel Freiheit ohne alle Besorgnis genießen als die türkischen, und ich denke, nach ihrer Lebensart können sie die glücklichsten sein.«[10]

• • • •

Elizabeth Craven war nicht die erste englische Adelige, die Briefe über das Frauenleben im Osmanischen Reich in die Heimat schickte. Schon Anfang des 18. Jahrhunderts erreichte ihre bekannte Vorgängerin Lady Mary Montagu über eine andere mitteleuropäische Route den Orient. An die Prinzessin von Wales schrieb sie am 1. April 1717 aus Adrianopel, mit sichtlichem Stolz auf ihre Leistung: »Ich habe nun, Madame, eine Reise beendet, die seit der Zeit der griechischen Kaiser kein Christ unternommen hat...« Auch Mary Montagu sucht das Frauenbad auf, beschreibt detalliert die Örtlichkeiten, lobt den Takt der Frauen: »Ich war in meinem Reisekleid, welches ein Reitkleid ist und den Frauen gewiß höchst wunderlich vorkam. Doch war nicht eine einzige da, die die geringste Verwunderung oder unverschämte Neugierde blicken ließ, sondern jede empfing mich mit der verbindlichsten Höflichkeit. Ich kenne keinen europäischen Hof, wo die Damen sich gegen eine solche Fremde so höflich und gesittet betragen haben würden. Ich glaube, es waren in allem zweihundert Frauenzimmer, und doch sah ich nichts von jenem höhnischen Lächeln und durchhechelnden Geflüster, das in unseren Gesellschaften nie ausbleibt, wenn jemand erscheint, der nicht genau nach der Mode gekleidet ist... Die niedrigen Sofas waren mit Kissen und reichen Teppichen bedeckt, auf welchen die Damen saßen. Die erhöhten Sofas hinter ihnen sind für ihre Sklavinnen, doch alle, ohne Unterschied des Ranges in ihrer Kleidung, alle waren im Stande der Natur, das heißt in klaren Worten, mutternackend, keine Schön-

heit, keine Ungestalt verdeckt... Und doch sah ich nicht das geringste üppige Lächeln oder eine ungesittete Stellung. Sie bewegten sich, sie wandelten mit eben der majestätischen Anmut, die Milton unser aller Stammutter beilegt. Viele waren mit solchem Ebenmaß gebaut, wie je eine Göttin durch den Pinsel eines Guido (Reni) oder Tizian gemalt worden ist.«

Für Mary Montagu ist klar: »Kurz, dies ist der Frauenzimmer Kaffeehaus, wo alle Stadtneuigkeiten erzählt, Verleumdungen ersonnen werden usf. Sie machen sich diesen Zeitvertreib gewöhnlich einmal in der Woche und bleiben zum wenigsten vier oder fünf Stunden beisammen, ...«

Im Gegensatz zu Elizabeth Craven begeistert sich Mary Montagu auch für die türkischen Toiletten, findet überhaupt die Frauen außerordentlich anziehend. »Ein junges Frauenzimmer, das nicht sehr schön ist, ist hier etwas sehr seltenes.« Im Gesamturteil sind sich beide aber einig, denn auch Mary Montagu meint: »Es ist sehr leicht zu sehen, daß sie wirklich mehr Freiheit als wir haben.«[11]

• • • •

Lady Craven reiste unkonventionell – ohne Pomp und großen Hofstaat. Sie war nicht bei jedem Etappenziel im vorhinein avisiert und wurde so nicht lediglich von Fürstenhof zu Fürstenhof gereicht. Ihrem spontanen Wesen entsprechend stieg sie, wenn es ihr einfiel zu pausieren, in Gasthöfen oder Privatquartieren ab und arrangierte sich mit bescheidenen Gegebenheiten. Zudem liebte sie es, mit kleinem Gefolge unterwegs zu sein, mit zwei Bediensteten, in der Türkei mit zusätzlich einem Dolmetscher und in Rußland in Begleitung des französischen Gesandten, des Grafen Choiseul.

Sie fuhr in einer Felukke von Antibes nach Livorno, in Schlitten und Kibitka durch Rußland, auf einer Fregatte mit 36 Kanonen über das Schwarze Meer. Die Überquerung des Schwarzen Meeres war heikler als vorher angenommen. »Wir waren zwei Tage zur See, als eine Windstille erfolgte; und wir lagen drei Tage und Nächte und harrten auf den Wind, endlich ward er sehr stark mit Regen. ... Der Regen hinderte uns bisweilen, die türkische Küste zu sehen, und zu Zeiten sahen wir sie sehr deutlich, aber wir liefen vierundzwanzig Stunden zur Linken, ohne die Gegenstände vor dem Eingange des Kanals zu sehen. Den siebten Tag war der griechische Pilot (die einzige Person auf dem Schiffe, die je in Konstantinopel gewesen) völlig betrunken und konnte nicht sprechen, noch viel weniger steuern. Die Offiziere waren sehr bestürzt und hatten eine lange Beratschlagung mit der übrigen Gesellschaft... Ich hatte glücklicherweise eine kleine Karte bei mir von dem Schwarzen Meer und dem Eingang des Kanals; dies war unsere einzige Leitung. Was mich anbetrifft, ich hatte mein Reitkleid an, eine Schachtel in der einen Hand, einen Sonnenschirm in der anderen, und sagte dem Kapitän, ich wäre entschlossen, in das Boot zu steigen und auf der türkischen Küste zu landen, lieber als den Kanal aus dem Gesichte zu verlieren oder hinein zu segeln, ohne zu wissen, ob wir Recht hätten. Auf der europäischen Küste ist ein großer Felsen, der so entfernt ist, daß, wenn nicht der Matrose von einer Karte oder einem Piloten geleitet wird, er ihn unfehlbar für den Eingang des Bosporus halten muß, und einige hundert türkische Boote leiden da jährlich Schiffbruch.«[12]

Die Besatzung meisterte die Lage dank Elizabeth Cravens Karte, und die Lady, ohne die Nerven zu verlieren, stieg Ende April 1786 wohlbehalten und gutgelaunt in Konstantinopel an Land.

In dieses Abenteuer war sie unfreiwillig hineingeraten. Doch bisweilen suchte sie förmlich die Fährnis. Ihr Mut und ihre Lust, etwas Aufregendes erleben zu wollen, waren so ausgeprägt, daß sie ungeachtet mehrfacher Warnungen die Krim bereiste. Russische Freunde sprachen von Unruhen und Überfällen seitens der Tataren. Doch Elizabeth Craven ließ sich von ihrem Vorhaben nicht abbringen. In den Briefen an den Markgrafen von Ansbach spricht sie nur beiläufig von Gefahren, füllt vielmehr Seite um Seite mit kulturgeschichtlichen Details über die Krim und schließt: »Ich kann Ihnen nicht genug sagen, mit welcher Ehrerbietung und Aufmerksamkeit man mir begegnet und wie gutherzig alle meine Fragen beantwortet werden.«[13]

Erkenntnisinteresse, Wißbegierde und Abenteuergeist griffen ineinander, als Lady Craven einen Abstecher zur Kykladeninsel Antiparos machte, um dort eine Grotte zu erforschen. »Ich mußte hineinkriechen, ein starker Strick ward von außen befestigt, und verschiedene Matrosen und Griechen mit Fackeln gingen voran. Viel Mut und Geschicklichkeit waren nötig, um fort zu kommen; bisweilen setzte ich mich hin und rutschte kleine Felsenspitzen herunter, die meine einzige Stütze für Hände und Füße waren. An zwei Stellen war der Abhang völlig steil, hier waren Strickleitern befestigt, und an einer oder mehreren Stellen konnten wir durch Öffnungen an der linken Seite gerade in die Grotte heruntersehen – wo ich glücklich ankam, indem ich stets alle Hilfe ausschlug, weil ich glaubte, mich mit mehr Sicherheit auf meine eigenen Hände und Füße verlassen zu können als auf andere, die genug zu tun hatten, sich selbst vor dem Ausgleiten zu bewahren.«[14]

Ihr Kommentar zu derartigen Seilschaften: Es sind »Umstände, vor denen jede feine Dame zittern würde, aber Sie wissen, ... daß mein Mut in Gefahren wächst.«[15] Ein russischer Offizier meint, sie »wäre wert, ein Kosake zu sein!«[16]

Detailliert beschreibt sie ihre Beobachtungen: »Das Wasser, das beständig tropfenweise von der Höhe der Grotte herabtröpfelt, verhärtet sich, und nach und nach erhält der erste Tropfen eine Festigkeit gleich einer dünnen Schale; der nächste verbreitet sich um den ersten, so daß, wenn man etwas abbricht und die hängende Spitze untersucht, an ihrem Ende immer ein Tropfen klares Wasser steht, und es vielen gläsernen Röhren gleicht, die ineinander stecken, wovon die letzten einen weitläufigeren Zirkel bilden als die früher verhärteten Tropfen. Diese sind von einer schönen Farbe wie Alabaster. Die Altäre und Pfeiler, die von der Erde heraufsteigen und die größten Mannspersonen an Höhe übertreffen, sind von anderer Farbe als die herabhängenden, nämlich von einem grauen Braun, und sie sind augenscheinlich härter als der härteste Stein, obschon ebenfalls von dem Herabtröpfeln des Wassers entstanden. ... Nichts übertrifft die Schönheit der Gestalten, die die Kristallisationen in einigen Teilen der Decke, wenn ich es so benennen darf, annehmen. Wo ein verhärtetes Tröpfchen durch einen Zufall in seiner Richtung gestört worden ist, nimmt es eine andere Wendung. Da beständig Millionen hervorspringen und sich verhärten, von denen einige zufällig bewegt werden, so stellen die Versteinerungen die Falten von Draperien, Vorhängen, schwebenden Festons und dergleichen vor.«[17]

Nicht ohne Stolz – sie ist die erste Frau, die in die Grotte von Antiparos gestiegen ist – kehrt sie von dieser Unternehmung zurück. Die Inselbewohner, die lebhaft an dieser Kapriole einer Frau teilgenommen hatten, sahen in ihr nun ein »übernatürliches Wesen«[18], das durchaus auch befähigt sein mußte, Krankheiten zu heilen. Lady Craven dazu: »Ich konnte mir auch nicht anders heraushelfen, als daß ich etwas Weingeist, den ich immer bei mir hatte, unter sie austeilte.«[19]

Im Herbst 1786 entschloß sich die Heimgekehrte, bei dem Markgrafen in Ansbach zu leben. Sie näherten sich – nun auf andere Weise als über Briefe –, und rasch begann ein intimes Verhältnis zwischen beiden.

Sie konnte mit seiner Unterstützung, denn er verstand sich auch als Mäzen ihrer Extravaganzen, ein Theater einrichten, in dem sie selbst sich zur Leiterin ernannte und die zahlreichen Dramen, die sie nach und nach in englischer und französischer Sprache verfaßt hatte, spielen ließ. Mit dieser Willkür, aber auch, weil sie sich nach wie vor respektlos gegen die Deutschen verhielt, handelte sie sich Widersacher und Feinde ein. Im Grunde verabscheute sie das Leben in Deutschland, und diese Abneigung mag auch dazu beigetragen haben, daß sie den Markgrafen drängte, seine Besitzungen in Preußen zu veräußern. Sie begründete ihr gemeinsames Weggehen aus Ansbach 1791 mit der Einstellung des Markgrafen: »Mit seinem britischen Herzen, seiner französischen Kultur und seiner italienischen Liebe für schöne Künste fühlte er sich in Deutschland wie außer Heimat, und er entsagte lieber der Souveränität, als daß er, von ihrem Schein umgeben, sich im Spiel um kleinliche Interessen, im fruchtlosen Versuch, das Unbedeutende bedeutend zu machen, im langweiligen deutschen Geschäftsgange hätte zwecklos abmühen sollen.«[20]

Gemeinsam zogen Elizabeth und Christian Friedrich Karl Alexander zunächst nach Ostende, dann nach Lissabon, wo sie Ende Oktober 1791 heirateten – kurz nachdem Elizabeth vom Tode ihres Ehemannes William Craven gehört hatte.

Als frischvermähltes Paar siedelten sie nach England über, aber sowohl ihre Familie als auch die Öffentlichkeit verübelten ihr, daß sie, pietät- und taktlos, kurz nach dem Versterben ihres Mannes eine neue Ehe eingegangen war. Ein listiges und eigennütziges Weib wurde sie genannt, oder »eine zwar gelehrte und kluge, aber auch nicht wenig intrigante und von ihrem ganz hohen Werte auch ganz durchdrungene Frau«.[21] Doch auch von solchen Nachreden ließ sich Elizabeth Craven wenig beeindrukken. Sie vergeudete keine Energien, ihren Leumund zu retten, sondern setzte sich dafür ein, auch in ihrer alten / neuen Heimat eine Bühne einzurichten, eine Wirkungsstätte für ihre Theaterstücke, die sich durch »Originalität, Leichtigkeit und Eleganz«[22] auszeichnen.

1806 dann ein Schicksalsschlag, der sie sehr erschütterte: Christian Friedrich starb. Sie schrieb rückblickend: »Ich verlor in ihm meinen treuesten Freund, dessen Andenken mir ewig heilig sein wird. Ich glaube, es gab keinen besseren Menschen auf Erden, dessen Herzensgüte die seinige übertroffen hätte. Diese reine Herzensgüte gab allen seinen Handlungen, den starken wie den schwachen, jene Milde und Liebenswürdigkeit, welche alle Menschen, die ihn näher kannten, zu seinen Freunden und aufrichtigen Verehrern machten. Er wäre in einer ruhigen Zeit, in einem geordneten Staat und unter einem Volke, das weniger als die Deutschen der Pedanterie, kleinlichem Mißtrauen, sinn- und geschmacklosen Spitzfindigkeiten und langweiligem Eigensinne ergeben war, ein ausgezeichneter, für das Glück seiner Untertanen tätiger Fürst gewesen.«[23]

Elizabeth Cravens finanzielle Verhältnisse wurden recht kärglich. Ansbach wurde 1806 an Bayern abgetreten. Eine Auseinandersetzung zwischen Preußen und Bayern entstand, welcher Staat die Witwenrente der ehemaligen Markgräfin zu zahlen habe, letztendlich zahlte niemand.

In den letzten zwanzig Jahren ihres Lebens wird es still um die wagemutige Lady on tour...

Uta Fleischmann

In Eile um die Welt

Ida Pfeiffer
1797–1858

»Ich bin mit dieser Reise- und Wanderlust geboren worden«, erzählte Ida Pfeiffer dem Herausgeber der Zeitung *Unterhaltungen am häuslichen Herd*, der sie 1856 in Wien besuchte, »solange mich häusliche Pflichten fesselten, drängte ich jene Sehnsucht zurück; da ich frei war, da meine Kinder der pflegenden Mutter nicht mehr bedurften und als selbständige Menschen selbst in die Welt hinausgingen, da erwachte das lange zurückgehaltene Verlangen aufs neue und trieb mich hinaus.«

Ida Pfeiffer wurde am 14. Oktober 1797 als Tochter des wohlhabenden Kaufmanns Reyer in Wien geboren, einziges Mädchen unter sechs Geschwistern. Ihr größtes Vergnügen war es, Jungenkleider zu tragen und alle Jungenstreiche mitzumachen. Der Vater bestärkte sie darin und versprach ihr im Scherz eine Ausbildung zum Offizier, »wodurch die kleine Ida vollends den Puppen und dem Küchengeschirr gram wurde und sich dagegen mit Trommeln, Säbeln, Gewehren und dergleichen beschäftigte.«[1]

Entbehrungen ertragen zu lernen war ein wichtiges Erziehungsziel, und um das zu erreichen, wurden den Kindern bewußt Wünsche abgeschlagen, sie erhielten eine genau abgemessene karge Kost und mußten bei Tisch ruhig zusehen, wie sich die Erwachsenen an den verschiedensten Speisen gütlich taten. Für den Verfasser der biographischen Skizze, nach Aufzeichnungen Ida Pfeiffers angefertigt und in ihrem letzten Buch veröffentlicht, bestand kein Zweifel, »...daß aus der kleinen Ida, ohne diese spartanisch strenge Erziehung, nie die Weltreisende geworden wäre, die Wochen und Monate lang die stärksten Strapazen oft bei der erbärmlichsten Nahrung ertragen konnte«.[2]

Idas Vater starb im Jahre 1806, und die Mutter übernahm die Erziehung des fast neunjährigen Mädchens allein. Auf einen ersten Versuch, Ida die Jungenkleider wegzunehmen, reagierte sie mit Wut und Empörung, wurde krank. Auf Anraten des Arztes gab man ihr die Jungenkleider zurück, und sie benahm sich nun mehr als vorher wie ein Junge. Sie lernte alles, was für Jungen passend schien, mit Fleiß und Eifer, betrachtete jede »weibliche« Arbeit mit tiefster Verachtung. Um dem »weiblichen« Klavierspielen entgehen zu können, schnitt sie sich häufig in die Finger oder verbrannte sie mit Siegellack.

Im Alter von dreizehn Jahren erhielt sie zum zweiten Mal Mädchenkleider, sah die Notwendigkeit ein, aber es machte sie – ihrem eigenen Bericht zufolge – sehr unglücklich, zumal es sich ja nicht nur um andere Kleider, sondern auch um anderes Benehmen und andere Beschäftigungen handelte. »Wie linkisch und unbeholfen war ich anfangs, wie lächerlich mußte ich in den langen Kleidern aussehen, als ich dabei noch immer lief und sprang und mich in allem benahm wie ein wilder Junge.«[3] Der junge Hauslehrer Trimmel nahm sich der dreizehnjährigen Ida an, bekämpfte mit Geduld und Beharrlichkeit die »verkehrten und verworrenen Ideen«.[4]

»Ihm verdanke ich es, daß ich im Verlaufe von drei bis vier Jahren vollkommen zu der Einsicht der Pflichten meines Geschlechtes gelangte, daß aus dem wilden Jungen eine bescheidene Jungfrau wurde.«[5] Was die Kleidung anbelangt, wurde sie auf ihren gefahrvollen, strapaziösen Reisen nicht wieder »rückfällig«. »Man rieth mir, die Reise in Männerkleidung zu machen, allein ich fand den Rath nicht klug, indem meine kleine magere Gestalt wohl für einen Jüngling, mein ältliches Gesicht aber für einen Mann gepaßt hätte. Da mir aber der Barth fehlte, so würde man die Verkleidung gleich geahnet und ich mich dadurch mancher Unannehmlichkeit ausgesetzt haben. Ich zog es vor, meine einfache europäische Tracht, die aus einer Blouse und Beinkleidern bestand, beizubehalten. Auf dem Kopfe trug ich einen runden Strohhut. In der Folge wurde ich immer mehr überzeugt, wie guth ich gethan, mein Geschlecht nicht zu verläugnen. Man begegnete mir überall mit Achtung und hatte oft Nachsicht und Güte für mich, gerade, weil man auf mein Geschlecht einige Rücksicht nahm.«[6] Auch den Gedanken, sich den Naturwissenschaften zu widmen, unterdrückte Ida immer wieder, weil sie darin die Rückkehr zu den »verkehrten Ideen«[7] sah. Statt dessen beschäftigte sie sich viel mit Reiseliteratur, bedauerte nur, daß es ihr als Mädchen nicht möglich sein würde, »das Weltmeer zu durchfurchen und ferne Länder aufzusuchen«.[8] Sie durfte den Mann, den sie liebte – ihren Hauslehrer Trimmel –, nicht heiraten, nahm schließlich, um das unerträgliche Dasein im Hause ihrer Mutter zu beenden, den Antrag des 24 Jahre älteren Rechtsanwalts Dr. Pfeiffer an. Ihre Ehe verlief auch in materieller Hinsicht unglücklich: Ida Pfeiffer, an »Ordnung und Bequemlichkeit« gewöhnt, mußte nun in ärmlichsten Verhältnissen leben. Sie fror, hungerte und verrichtete alle Hausarbeiten, erteilte Unterricht in Zeichnen und Musik. Trotz aller Anstrengungen gab es Tage, an denen sie ihren Kindern kaum mehr als etwas trockenes Brot zum Mittagessen vorsetzen konnte.

Nach dem Tod der Mutter 1831 erbte sie so viel Vermögen, daß sie – inzwischen von ihrem Mann getrennt – bürgerlich leben und ihren Kindern gute Lehrer halten konnte.

Bei einer Reise, die Ida Pfeiffer mit ihrem jüngsten Sohn nach Triest unternahm, hätte sie gerne das erstbeste Schiff bestiegen, »um hinauszufahren in das unermeßliche, geheimnisvolle Meer«[9], das sie hier zum ersten Male sah. Der Gedanke, die Welt zu sehen, ließ sie nicht wieder los. Sie hoffte, so lange bei Kraft zu bleiben, bis ihre Kinder selbständig genug waren, daß sie würde reisen können – ein Wunsch, den sie sich zielstrebig und tatkräftig erfüllte.

Im März 1842 brach Ida Pfeiffer – inzwischen 44 Jahre alt – zum ersten Mal auf. Eine Fahrt in das Heilige Land und nach Ägypten sollte es sein, da sich der Nordpol als unerreichbar erwiesen hatte. Ihre Freunde und Verwandten versuchten jedoch, sie auch von diesem bescheidenen Vorhaben abzubringen. »Männer hätten Ursache zu bedenken, ob ihr Körper die Mühe aushalten könne, und ob ihr Geist den Muth habe, dem Klima, der Pest, den Plagen der Insekten, der schlechten Nahrung usw. kühn die Stirne zu bieten. Und dann erst eine Frau! So ganz allein und ohne jede Stütze hinaus zu wandern in die weite Welt, über Berg und Thal und Meer, ach, das wäre unmöglich.«[10]

Sie verheimlichte schließlich ihr Ziel, erklärte nur, daß sie eine Freundin in Konstantinopel besuchen würde. Sie wollte wieder die junge Ida sein, deren größtes Vergnügen es war, »... wild wie ein Junge, ... beherzter und vorwitziger ... sich unter Jungen herumzutummeln und alle tollen Knabenstreiche mitzumachen«.[11] Keine Strapaze war ihr zu groß, kein Abenteuer zu kühn. Sie schrieb einmal: »Wer ähnliche Reisen unternimmt, muß abgehärtet sein wie der Eingeborene. Ich war es, weil ich es sein wollte.«[12]

Gleich zu Beginn bildete sich die für sie charakteristische Form des Reisens heraus: Ihre Begleiter waren Männer, und an ihnen maß sie sich, Frauen besichtigte sie nur noch. Und sie eilte von Sehenswürdigkeit zu Sehenswürdigkeit, von Stadt zu Stadt, von Land zu Land. Als erstes erkundigte sie sich, »was es Sehenswertes gäbe«[13], und begab sich sogleich auf Entdekkungstour. Je mehr sie sah, desto mehr wollte sie sehen, ein unstillbarer Durst. »O daß ich nur zehn Jahre jünger wäre, wie wollte ich meine Reisen noch mehr ausbreiten.«[14] Die für viele Vorhaben unverzichtbare Kunst des Reitens erlernte sie erst unterwegs – auf folgende Weise: Nach Brussa, der Stadt am Fuße des Olymps, sollte sie, die noch nie auf einem Pferd gesessen hatte, nur mitkommen, wenn sie gut reiten könne. Die Neugierde größer als die Angst, formulierte sie geschickt, ohne lügen zu müssen, daß sie »zu Pferde gewiß nicht zurückbleiben würde«.[15] Und das gelang ihr auch: »Um halb drei kamen die

Pferde. Ich schwang mich ganz beherzt auf meine Rozinante, empfahl mich meinem Schutzgeiste, und nun ging es, zwar noch langsam, aber doch über Stock und Stein. Meine Freude war unbegränzt, als ich mich fest sitzend auf dem Pferde fühlte, allein als der Trab anfing, wurde mir ganz kurios zu Muthe, ich konnte mit den Steigbügeln nicht zurecht kommen, bald saßen sie mir auf der Ferse, bald verlor ich sie ganz und kam dadurch in Gefahr, das Gleichgewicht zu verlieren. Ach, daß ich hätte Jemand um Rath fragen können! Leider konnt' ich es nicht, ohne meine Unkenntnis des Reitens zu verrathen. Ich blieb daher vorsätzlich die Letzte, unter dem Vorwande, daß mein Pferd stützig sei, und nur dann gut gehe, wenn es die anderen vor sich habe; die eigentliche Ursache aber war, daß die Herren meine Manöver nicht sähen, denn alle Augenblicke glaubte ich herabzustürzen. Mein Muth wurde belohnt, und ich erreichte, zwar tüchtig zusammengerüttelt, aber doch ohne Unfall das Ziel unserer Reise.«[16]

Ida Pfeiffer führte unterwegs stets ausführlich Tagebuch. Jeden Abend, »... wenngleich oft durch Hitze, Durst und Anstrengungen zum Umsinken ermüdet«, schrieb sie »die Vorfälle des Tages mit Bleifedern auf«, wozu ihr nicht selten »der Sandhügel einer Wüste oder der Rücken eines Kameeles zur Unterlage dienen mußten, während die anderen Glieder der Karavane, längst zu Tode ermattet, dahingestreckt lagen«.[17] Diese Berichte, verfaßt im Laufe von fast zwanzig Reisejahren, füllen dreizehn Bände. Detailliert beschrieb sie Landschaften, Städte, Plätze, Länder. Streng und aus abendländischem Blickwinkel urteilte sie über Sitten und Gewohnheiten, Menschen, auch Frauen, und selten gefiel ihr, was sie sah. »Vieles hatte ich gesehen, aber auch vieles ausgestanden, und das Wenigste so gefunden, wie ich es mir dachte.«[18]

Mit dem Dampfboot nach Konstantinopel, dem Segelschiff nach Beirut, nach tagelangen Wanderungen und stundenlangem Ritt durch Wüste und Gebirge, bei glühender Hitze, oft an der Grenze ihrer Kraft, gelangte sie an das Ziel ihrer Träume: »Gerade als die Morgenröthe anbrach, standen wir an den Mauern

Jerusalems, und mir ging der schönste Morgen meines Lebens auf! Ich war so in Gedanken und Lobpreisungen versunken, daß ich nicht sah und hörte, was um mich vorging. Und dennoch wäre es mir nicht möglich zu sagen, was ich Alles dachte, was ich Alles fühlte. Zu groß und mächtig war mein Gefühl – zu arm und kalt meine Sprache, es auszudrücken.«[19]

Um Worte nicht verlegen war sie jedoch in bezug auf die Orientalinnen, denen sie während ihres Aufenthalts begegnete. Sie beschrieb sie als »unwissend und neugierig... im höchsten Grade; sie können weder lesen noch schreiben, von der Kenntnis einer fremden Sprache ist schon gar keine Rede... Beschäftigung und Arbeit scheinen die Damen des Harems für entehrend zu halten, denn ich sah sie weder hier noch an anderen Orten etwas Anderes thun, als mit untergeschlagenen Beinen auf den Polstern oder Teppichen sitzen, Nagilé rauchen, Kaffee trinken und schwatzen«.[20] Oder: »Die Frau that nach der Sitte dieses Landes nichts, als mit den Kindern spielen oder der Nachbarin plaudern, während der Mann die Küche und den Keller und alle Einkäufe besorgt und außerdem noch die Gäste selbst bedient; ja sogar den Tisch für Weib und Kinder deckte und besorgte er. ... Welch' ein Unterschied zwischen einer Orientalin und einer Europäerin!!«[21] Wiederholt beschrieb Ida Pfeiffer schon während dieser ersten Reise ihren Eindruck von der äußeren Erscheinung der Männer und Frauen, sie verglich, selten fand sie sich zu einem Lob bereit, häufig tat sie ihren Abscheu kund. So heißt es über die ägyptische Bevölkerung: »... die Menschen, die Krone der Schöpfung, soll man hier nicht zu sehen wünschen, denn ihre Armuth, ihre Unreinlichkeit und ihr gänzlich roher Naturzustand wirken schmerzlich auf jedes fühlende Herz. ... Mich wunderte der schöne und kräftige Bau der Männer gegenüber den garstigen Weibern, und den verwahrlosten ekligen Kindern. Die meisten der Letzteren haben das Gesicht voll Finnen und Ausschlag, auf dem stets eine Herde Fliegen sitzt, dazu oft noch entzündete Augen – ein erbarmungswürdiger Anblick.«[22]

Im Dezember 1842 kehrte Ida Pfeiffer nach Wien zurück und willigte nach langem Zögern ein, ihre Reiseberichte zu veröffentlichen. Sie erschienen unter dem Titel *Reise einer Wienerin in das heilige Land*, und – wie in ihrer biographischen Skizze zu lesen – »... obgleich die Verfasserin weder viel Neues zu erzählen hatte, noch in dem damals so beliebten Stil berühmter ›Reisendinnen‹ den geistreichen Damen-Pegasus ritt, so machte ihr Büchlein, wie die vier Auflagen beweisen, doch Glück.« Im Vorwort zur zweiten Auflage schwärmte der Verleger: »Gelehrte vom ersten Range, darunter solche, die selbst den Orient bereiset, haben dem Werke ihren Beifall und der Verfasserin ihre Bewunderung gezollt. Die Wahrheit ihrer Angaben und Richtigkeit ihrer Ansichten und Beurtheilungen hat niemand bezweifelt, im Gegentheile haben Männer von höchster Bildung eingestanden, daß sie nun nach Durchlesung dieses Werkes den wahren Begriff, eine klare naturgetreue Vorstellung des heiligen Landes vor Augen haben.«

Das Honorar versetzte Ida Pfeiffer in die Lage, neue Reisepläne zu schmieden, wieder trieb es sie in den hohen Norden. Wohlversehen mit frisch erworbenen englischen und dänischen Sprachkenntnissen (daneben hatte sie das Daguerreotypieren, eine frühe Form des Photographierens, gelernt), brach sie auf: wieder nicht zum Nordpol, aber nach Skandinavien und Island. Gleich nach der Rückkehr begannen die Vorbereitungen für ihr nächstes Projekt, eine Frauenfahrt um die Welt sollte es sein, finanziert aus dem Honorar der Bücher und dem Erlös der mitgebrachten Naturalien: Pflanzen, Mineralien, Insekten, Vögel, Reptilien, ethnographische Gegenstände; Dinge, die sie auch später »centnerweise mit sich um die Erde schleppte«.[23] Die geplante Schiffsreise erforderte, wie sie in ihrem Reisetagebuch deutlich macht, viele Überlegungen: »... Segelschiffe sind, mit Ausnahme der großen Ostindienfahrer, für Reisende selten eingerichtet. Als Hauptsache werden die Waaren betrachtet, und die Reisenden sind eine dem Schiffspersonal sehr unangenehme Zugabe, auf die gewöhnlich nur wenig Rücksicht genommen wird. Der Kapitän ist der einzige, der sich für sie interessiert, da ihm von dem Passagiergelde ein Drittheil, ja auch die Hälfte zufällt. Die Räume sind meist so beschränkt, daß man sich in der

Schlafcabine kaum umwenden, in der Coje (Schlafstelle) nicht einmal aufrichten kann. Da ist man der Laune des Kapitäns ganz und gar anheim gegeben. Er ist unumschränkter Gebieter und herrscht über Alles. Auch die Kost hängt von seiner Großmuth ab; ... Die gewöhnlichen Gerichte sind: Thee und Kaffee ohne Milch, Speck und Salzfleisch, Erbsen- oder Kohlsuppen, Kraut, Kartoffeln, harte Klösse, Stockfische und Schiffszwieback. Um sich die Kost zu verbessern, besonders bei einer längeren Reise, thut man sehr wohl, sich mit einigen Aushilfsmitteln zu versehen. Die zweckmäßigsten sind: Suppenglace und feiner Zwieback, beide verwahre man in Blechkästen, um Feuchtigkeit und Ameisen davon abzuhalten – ferner eine tüchtige Portion Eier, die man aber, wenn die Reise in südliche Gegenden geht, zuvor in starkes Kalkwasser tauchen oder in Steinkohlenstaub verpakken muß; dann Reis, Kartoffeln, Zucker, Butter und alle Ingredienzien zur Bereitung von Weinsuppe und Kartoffelsalat. Erstere ist sehr stärkend, letzterer sehr kühlend. Dem, welcher mit Kindern reist, würde ich ganz besonders eine Ziege mitzunehmen empfehlen... Aber auch noch andere Sachen als Lebensmittel sind da mitzunehmen, und zwar vor allem eine Matratze sammt Polster und Decke, da man gewöhnlich nur eine leere Coje vorfindet. Man bekommt diese Gegenstände in jeder Hafenstadt billig zu kaufen. Außerdem thut man auch gut, sich mit farbiger Wäsche zu versehen. Die Stelle des Wäschers vertritt ein Matrose, und daß man da die Wäsche nicht im besten Zustand zurückbekömmt, ist leicht begreiflich.«[24]

Im Mai 1846 verließ Ida Pfeiffer Wien, erreichte im September Rio de Janeiro und – geriet außer sich vor Entsetzen: »... überall tritt hier nur Ekelhaftes und Widerliches vor die Augen.« Die Plätze, die Straßen, die Gebäude und vor allem die Menschen fand sie »wahrhaft abschreckend... – beinahe durchgehends nur Neger und Negerinnen mit den plattgedrückten, häßlichen Nasen, den wulstigen Lippen und kurz gekrausten Haaren. Dazu sind sie meist noch halb nackt, mit elenden Lumpen bedeckt, und nur hier und da leuchtet ein Weißer hervor.« Selbst die Hunde und Katzen erschienen ihr häßlicher und schäbiger als anderswo. Doch nachdem sie sich an den Anblick schwarzer und farbiger Menschen gewöhnt hatte, entdeckte sie unter den schwarzen Frauen »artige Gestalten« und unter den »etwas dunkelgefärbten Brasilianerinnen und Portogiesinnen hübsche, eindrucksvolle Gesichter«.[25]

Diese Relativierung hinderte sie jedoch nicht daran, später immer wieder ähnliche Schilderungen zu Papier zu bringen: Indianer waren in ihren Augen noch häßlicher als »Neger«, bei ihnen sei »über das ganze Gesicht ein eigner Zug von Dummheit gelagert«[26], Chilenen hätten »höchst unangenehme Gesichtszüge und im Gesichte einen... widerlichen Ausdruck«[27], der für sie in unmittelbarem Zusammenhang mit Kriminalität stand.

Wie schon während ihres Aufenthalts im Orient, beschäftigte sie sich auch in Brasilien mit der geschlechtsspezifischen Arbeitsteilung, die hier darüber hinaus ausgeprägt mit einer Rassenhierarchie verknüpft war. »In Brasilien«, notierte sie in ihrem Reisetagebuch, »werden alle schweren und unreinen Arbeiten in und außer dem Hause durch Schwarze verrichtet, die hier überhaupt die Stelle des niederen Volkes vertreten. Doch lernen auch viele Handwerke, und manche derselben sind dabei den geschicktesten Europäern gleichzustellen.«[28] Und wer so geschickt ist, folgerte sie, könne an Geisteskraft doch nicht so tief unter den Weißen stehen, daß man sie nur als einen Übergang vom Affen- zum Menschengeschlechte betrachtete.

Zum Verhältnis zwischen brasilianischen Eheleuten stellte Ida Pfeiffer fest: Der Mann setzt seiner Frau nicht etwa ein »Nadelgeld« aus, sondern er schenkt ihr einen oder mehrere männliche oder weibliche Sklaven, über die sie frei verfügen kann. Die Frauen lassen ihre Sklaven dann gewöhnlich im Kochen, Nähen, Sticken und Handwerken unterrichten und vermieten sie an Leute, die keine Sklaven haben; das so verdiente Geld gehört ihnen. Auch ihrem Mann hilft die Frau – Ida Pfeiffer zufolge – nur gegen Bezahlung.

Die Frauen also – wenn schon nicht vom Ehemann persönlich bei allen Arbeiten entlastet, so doch durch die von ihm gestellten Sklaven – führten ihr zufolge ein bequemes Leben. Ida Pfeiffer fand bei den Frauen der Welt das, woran es ihr in der eigenen Ehe mangelte. So sah sie auch in Indien: »Alle schweren Arbeiten verrichten die Männer, selbst in die den Weibern zugehörigen Arbeiten greifen sie ein. So wird z. B. in den Städten, wo Europäer wohnen, deren Wäsche von den Männern gewaschen und geplättet; das Weib darf an den öffentlichen Arbeiten höchst selten theil nehmen, sie trägt Holz, Wasser oder sonst eine schwere Last nur in ihr eigenes Haus. Auf den Feldern sieht man zwar zur Erntezeit Weiber; doch besorgen sie auch da nur die leichten Arbeiten. Begegnet man Zügen, bei welchen sich Pferde oder Ochsen befinden, so sitzen die Weiber und Kinder darauf, und die Männer gehen nebenher und sind oft noch mit Bündeln beladen. Sind keine Lastthiere bei dem Zuge, so tragen die Männer die Kinder und Lasten. Auch sah ich nie einen Mann sein Weib oder Kind mißhandeln.«[29]

Ein drittes, in ihren Reisebeschreibungen häufig wiederkehrendes Element: Ihre Beobachtungen zur Sittenlosigkeit. In Brasilien sah sie die Ursache dafür in der Erziehung der Kinder durch die Schwarzen. »Die Sinnlichkeit der Schwarzen ist zu bekannt, um auf diese Weise die allgemeine, frühzeitige Entsittlichung nicht leicht begreiflich zu finden.«[30] Eine zweite Ursache schein ihr der Mangel an Religion zu sein. Brasilien sei zwar durch und durch katholisch, beinahe täglich fänden Prozessionen, Gebete, Kirchenfeste statt, »doch dienen sie nur zur Unterhaltung, und die wahre Religion fehlt gänzlich«.[31] Ähnliche Betrachtungen brachte sie auch in Chile zu Papier, das sie, nachdem sie Anfang Dezember 1846 Rio de Janeiro verlassen und Kap Horn umsegelt hatte, im März 1847 erreichte. Die Nationaltänze, die sie sich ansah, fand sie über alle Maßen unanständig, und sie bedauerte die Jugend, »deren angeborenes Zartgefühl durch Anschauung dieser Tänze schon im ersten Keime erstickt wird«.[32] Die Zustände in Chile behagten ihr gar nicht, sie schiffte sich bald wieder ein und segelte nach Tahiti.

Aber auch hier konnte sie nicht lange bleiben. »... daß die Menschen hier so kräftig und schön gebaut sind, ist um so wunderbarer, wenn man weiß, wie ausgelassen und sittenlos sie leben. Mädchen von sieben bis acht Jahren haben ihre kleinen Liebhaber von zwölf bis dreizehn Jahren, worüber sich die Eltern sehr freuen. Je größer die Zahl der Liebhaber, desto mehr Ehre für das Mädchen. So lange ein Mädchen nicht verheiratet ist, lebt sie so ungebunden als nur immer ein Wüstling zu leben vermag – Selbst als Weiber sollen sie nicht die getreuesten Gattinnen sein.«[33] »Eine große Frage ist es«, führt Ida Pfeiffer weiter aus, »ob die Unsittlichkeit der Indianer durch das Benehmen der gebildeten Franzosen gesteuert wird?«[34] Die Eingeborenen, von Natur aus sehr träge und arbeitsscheu, lernten unnötige Bedürfnisse kennen, »in Folge deren die Begierde nach Geld in ihnen schrecklich erwacht ist«.[35] Das Ergebnis sei Prostitution, die »Eltern, Geschwister, ja Ehemänner« mit dem Einverständnis der Frauen arrangierten. Ida Pfeiffer ist empört: »Als Frau im vorgerückten Alter ist es mir wohl erlaubt, über dererlei Gegenstände Bemerkungen zu machen, und ich muß offen gestehen, daß, obwohl ich viel in der Welt herum gereist bin und so viel gesehen habe, mir noch nie so ein öffentlich schamloses Betragen vorgekommen ist.«[36] Für sie steht fest, daß das tahitische Volk keiner edleren Gefühle fähig ist und nur genießen will. Und hierin »wird es von der Natur auch wunderbar unterstützt! – es braucht sich seinen Unterhalt nicht im Schweiße des Angesichts zu erwerben.«[37]

• • • •

Südsee und Erotik – seit der Weltumsegelung Bougainvilles (1766–1769) finden sich Ausführungen dazu in zahlreichen Reiseberichten, die in der Regel von männlichen Autoren stammen. Die Bewohner/innen nicht nur Tahitis wurden zu »edlen Wilden« stilisiert, die in paradiesischer Natur die unterdrückten Wünsche der Europäer auslebten. In einer der ersten Schilderungen, verfaßt von einem Begleiter Bougainvilles, klingt das so: »Weder die Schande noch die Scham üben ihre Tyrannei aus; der zarteste Schleier flattert stets nach dem Winde und den Begierden. Der Akt der Zeugung ist ein religiöser Akt; ... Jeder Fremde wird zur Teilnahme an diesen glücklichen Mysterien zugelassen, ja es ist sogar eines der Gesetze der Gastfreundschaft, ihn dazu einzuladen, ... Ein puritanischer Sittenrichter sieht darin vielleicht nur Zügellosigkeit der Sitten, grauenvolle Prostitution, den dreistesten Zynismus, aber ist es nicht der Zustand des natürlichen Menschen, der in seinem Ursprung wesentlich gut, von jedem Vorurteil frei ist und der ohne Argwohn und ohne Gewissensbisse den sanften Trieben eines stets sicheren Instinkts folgt, welcher noch nicht zur Vernunft degeneriert ist.«[38] Allerdings griffen Missionare und ihre Helferinnen schon sehr bald ein, und sie bereiteten nicht nur der Nacktheit ein Ende. 1817, Jahrzehnte vor dem Besuch Ida Pfeiffers, klagte der Weltreisende Adelbert von Chamisso: »Auf O-Tahiti, auf O-Waihi, verhüllten Missionshemden die schönen Leiber, alles Kunstspiel ist verstummt, und das Tabu des Sabbats senkt sich still und traurig über die Kinder der Freude.«[39] Auf der letztgenannten Insel trug die Einführung von Kleidung wesentlich zum Bevölkerungsrückgang bei, der bis 1883 90% betrug, denn »die Eingeborenen, nur an einen Lendenschurz gewöhnt, kamen nicht auf den Gedanken, sie (die Kleider, L. P.) zu wechseln oder zu trocknen, wenn sie vom Regen durchnäßt waren.«[40]

Solche Tücken des Exports europäischer Moral- und Zivilisationsbegriffe waren Ida Pfeiffer fremd. Sie setzte, eher im Gegensatz zu männlichen Weltreisenden, aber in Übereinstimmung mit Missionaren, alle ihr ungewohnten Formen der Sinnlichkeit und Körperlichkeit, denen sie in anderen Kulturen – nicht nur Lateinamerika und der Südsee, sondern auch in Afrika und im Orient – begegnete, gleich mit abgrundtiefer Sittenlosigkeit, moralischer Verderbtheit und Verkommenheit. Und das unabhängig davon, ob es sich um Tanz, Baden, Nacktheit, Körperkontakte oder Sexualleben handelte. Sie reagiert hier auf dem Hintergrund der eigenen spartanischen Erziehung, aber auch generell der weiblichen Sozialisation im Bürgertum des 19. Jahrhunderts mit seiner strengen christlichen Moral, die vor allem Frauen jedes Recht auf sinnlichen Genuß und sexuelle Empfindungen absprach.

• • • •

In China, ihrer nächsten Station, wäre sie gerne noch länger geblieben, dieses Volk bewunderte sie: »Man muß wissen, daß vielleicht kein Volk auf Erden an Fleiß und Industrie den Chinesen gleicht, daß keines so sorgfältig wie sie jedes Fleckchen Erde benützt und bepflanzt.«[41] Aber hier erregte die ungewöhnliche Erscheinung einer europäischen Frau zu viel Aufsehen. Einmal begab sie sich zu Fuß in das Haus ihrer Gastgeber. Ein Wagnis: »Als mich Herr Agassiz ankommen sah und die Art meiner Reise, die Fußpartie vom Schiffe in sein Haus, erfuhr, war er sehr verwundert und wollte kaum glauben, daß ich unbeschädigt und ohne Anstand durchgekommen sei. Nun wurde ich erst inne, wie höchst gewagt es für mich als Frau gewesen war, allein mit einem chinesischen Führer die Straßen Canton's betreten zu haben. ... Wohl hatte ich auf dem Wege vom Schiffe bis zur Faktorei bemerkt, daß Alt und Jung mir nachschrie und nachsah, mit Fingern nach mir wies, daß die Leute aus den Buden liefen und daß sich sogar nach und nach ein mich begleitender Zug bildete. Was blieb mir wohl übrig, als gute Miene zum bösen Spiel zu machen, – ich schritt furchtlos weiter, und vielleicht gerade weil ich keine Furcht zeigte, geschah mir auch nichts.«[42]

Schon kurze Zeit später kehrte sie China den Rücken und reiste über Singapur nach Ceylon, dann nach Indien, das sie Ende Oktober 1847 erreichte. Dort erhielt sie Zutritt in die Häuser vieler vornehmer Inder und nahm an einer Tigerjagd teil. Binnen kurzem reiste sie weiter nach Mesopotamien, nach Bagdad. Hier begegnete sie erneut den Frauen des Orients, schilderte sie nun als schön, aber auch als langweilig und ungebildet: »Keines der lieblichen Gesichter drückte irgendeine Erregung oder Empfindung aus – Geist und Bildung, die Würze des Lebens, fehlten.«[43] Bei einem Besuch im Harem des Paschas ging es dann allerdings lebhaft zu, da wurde so viel gelacht und geschwatzt, daß es Ida Pfeiffer zuviel wurde. »So strenge Anstand und Sittlichkeit an allen öffentlichen Orten beobachtet wird, so sitten- und anstandslos geht es in den Harems und Bädern zu. – Ich schlich mich, während ein Theil der Frauen mit Rauchen und Kaffee trinken beschäftigt war, hinweg und ging in einige der Nebengemächer. In wenigen Augenblicken hatte ich genug gesehen, um mit Abscheu und Mitleid gegen diese armen Geschöpfe erfüllt zu sein, die durch Müßiggang, durch Mangel an Kenntnissen und Moral so tief sinken, daß sie die Namen der Menschheit entweihen.«[44] »Nicht minder traurig machte mich der Besuch eines öffentlichen Frauenbades. Da waren Kinder vom zartesten Alter, Mädchen, Frauen und Matronen; die einen ließen sich Hände, Füße, Nägel, Augenbrauen, Haare usw. waschen und färben, die anderen wurden mit Wasser begossen oder mit wohlriechenden Oelen und Salben eingerieben, dazwischen tollte die Jugend herum, und das schlimmste war – ein großer Theil der Gesellschaft mußte wohl vermeinen im Paradiese zu sein, und zwar zur Zeit, wo des Apfels noch nicht gedacht wurde. Die hier geführten Gespräche sollen, was sich auch leicht denken läßt, dem Benehmen entsprechen. – Arme Jugend, wie sollst du Gefühl für Sittlichkeit bekommen, wenn du schon im zartesten Alter solchen Scenen und Unterhaltungen beiwohnst!«[45]

Von Bagdad ging es mit einer Karawane weiter nach Mossul, vierzehn Tage durch Wüsten und Steppen, voller Beschwerden und Gefahren, ohne alle Bequemlichkeit und Schutz. »Ich reiste wie der ärmste Araber und mußte wie er gefaßt sein, die glühendste Sonne auszuhalten, nichts als Brot und Wasser, höchstens eine Hand voll Datteln oder einige Gurken zu genießen, und den heißen Erdboden zur Schlafstätte zu haben.«[46] Ein kleines Register arabischer Worte hatte sie sich zugelegt, ansonsten verständigte sie sich durch Zeichensprache.

In Mossul schloß sie sich einer weiteren Karawane nach Täbris an. Dort begab sie sich sogleich in das Haus des Konsuls, der ihren Worten kaum zu glauben schien; »... er meinte, es grenze an's Fabelhafte, daß es einer Frau habe gelingen können, allein, ohne Sprachkenntnis durch solche Länder und solche Völker zu dringen.«[47]

Mitte August 1848 brach sie wieder auf; zog durch Georgien, Armenien, Mingrelien, über Eriwan und Tiflis nach Odessa, gelangte von da über Konstantinopel, Griechenland und Triest Anfang November 1848 nach Wien zurück. In wenig mehr als zwei Jahren hatte sie die Welt umrundet.

Eine Zeitlang dachte Ida Pfeiffer – sie war jetzt dreiundfünfzig Jahre alt –, sich zur Ruhe zu setzen. Aber nicht lange, da begann sie doch, eine weitere Reise, eine zweite Fahrt um die Erde – diesmal gen Osten – zu planen. Die österreichische Regierung stellte ihr 1500 Gulden zur Verfügung, und im März 1851 verließ sie Wien. Über Kapstadt und Singapur traf sie auf Sumatra ein und hatte dort im Juli 1852 ihr wohl aufregendstes und aufsehenerregendstes Erlebnis – in vielen Zeitungen wurde darüber berichtet: Sie begab sich zu den Battas, von denen behauptet wurde, sie seien Menschenfresser. »Alle betrachteten meine Reise als ein großes Wagestück, wiesen an den Hals und gaben mir durch Zeichen zu verstehen, daß sie befürchteten, man würde mir den Kopf abschneiden und mich auffressen.«[48]

Aber sie zeigte sich unbeeindruckt. Ihre Begleiter waren schwerbewaffnet, und ihr Führer wies sie an, sich nicht von ihm zu entfernen und stets hinter seinem Rücken zu bleiben. Überall im Lande war es bereits bekannt, wohin sie gehen wollte, und immer wieder stießen sie auf Männer, mit Lanzen und Parangs bewaffnet, die sie am Weitergehen hindern wollten, doch nach einigem Hin und Her ließen sie Ida Pfeiffer und ihre Begleiter weiterziehen. »An einem Orte aber schien es ernster zu werden. Mehr als achtzig bewaffnete Männer standen am Wege und erwarteten uns. Als wir an ihnen vorüber wollten, verstellten sie den Weg, und in einem Augenblicke hatten viele Lanzenknechte einen Kreis um mich geschlossen. Die Leute sahen über alle Beschreibung wild und fürchterlich aus. Sie waren groß und kräftig, viele an sechs Fuß hoch, die Gesichtszüge leidenschaftlich bewegt, ... Ich hatte zwar Angst – die Scene war zu entsetzlich –, doch verlor ich nicht meine Geistesgegenwart und setzte mich anschließend ruhig und vertrauensvoll auf einen Stein, der am Wege lag. Einige Rajahs traten auf mich zu, mit Worten und Zeichen drohend, daß, wenn ich nicht umkehre, man mich töten und verzehren würde. Die Worte verstand ich nicht, aber die Zeichen ließen mir keinen Zweifel, denn sie wiesen mit einem Messer an den Hals, mit den Zähnen an die Arme und bewegten die Zahnkiefer, als hätten sie den Mund schon voll von meinem

Fleische. Ich war natürlich schon seit dem Eintritte in dieses Land auf solche Scenen gefaßt, und hatte zu diesem Zweck einen kleinen Satz in ihrer Sprache gelernt. Mein Gedanke war, wenn ich etwas sagen könnte, was ihnen gefiele, hätte ich einen großen Vortheil über sie, denn die Wilden sind wie die Kinder – eine Kleinigkeit ist oft hinreichend, sie zu Freunden zu machen. Ich erhob mich also, klopfte den Vordersten, der sich am meisten an mich herandrängte, freundlich auf die Achsel und sagte mit heiterer, lächelnder Miene, halb Malaisch halb Battakisch: ›Ihr werdet eine Frau nicht töten und auffressen, am wenigsten so eine alte wie ich bin, deren Fleisch schon hart und zähe ist.‹ Durch Zeichen und Worte gab ich ihnen ferner zu verstehen, daß ich keine Furcht vor ihnen hätte, daß ich bereit sei, meinen Führer zurück zu lassen und allein mit ihnen zu gehen; ...«[49]

Von Celebes aus folgte per Segelschiff die 10150 Seemeilen lange Reise nach Kalifornien – zwei Monate nichts als Himmel und Wasser. Im September 1853 landete sie in San Francisco, besuchte die Goldwäscher am Sacramento und am Yuba, Indianer am Rogue-River. Im Dezember des gleichen Jahres reiste sie nach Peru, um dort die Cordilleren zu übersteigen. Die gerade ausgebrochene Revolution zwang sie aber, von Ecuador aus ihre mühevolle Wanderung über das Gebirge anzutreten. So erlebte sie auf der Hochebene von Ambato den Ausbruch des Vulkans Cotopari – ein Schauspiel, um das sie Alexander von Humboldt beneidete.

Da sie in Quito nicht die nötigen Begleiter fand, um den Amazonas zu befahren, mußte sie die beschwerliche Tour über die Cordilleren noch einmal machen. Dabei fiel sie in den Fluß Guaya, in dem es von Krokodilen wimmelte, aber keiner ihrer Begleiter bemühte sich, sie zu retten. Ida Pfeiffer kehrte nun tief enttäuscht dem spanischen Südamerika den Rücken und segelte nach New-Orleans. Bei der Landung dort erlebte sie, wie ein junges, weißhäutiges Mädchen unter dem Verdacht, eine Sklavin zu sein, ohne Umstände verhaftet wurde. »Kaum hatte die

Arme den Fuß an's Land gesetzt, so wurde sie von einem Gerichtsdiener angehalten und in das Gefängniß gebracht, wo sie abwarten mußte, bis ihre Verwandten kamen, zu beweisen, daß sie frei sei.«[50]

Und sie, die sich sonst so oft in Rassisten-Manier geäußert hatte, ging mit den Amerikanern hart ins Gericht, verteidigte mit Verve die natürlichen Rechte aller Menschen: »Ich bin natürlich der Sklaverei so feind, wie jeder Mensch, der ein Herz im Leibe hat. Ich sehe in ihr den größten Schandfleck der Menschheit und möchte behaupten, daß jeder, der Sklaven hält oder damit handelt, den Namen ›Mensch‹ oder gar ›Christ‹ nicht verdient. Ich war nicht das erste Mal in Sklavenstaaten, und überall erregte die Sklaverei meinen tiefsten Abscheu; aber hier noch ungleich mehr als irgendwo, denn hier war ich von Republikanern umgeben, die auf ihre Freiheit, auf ihre Gleichheitsrechte so stolz thun,... Und diese freien Männer können sich selbst so erniedrigen, können mit so öffentlichter Schamlosigkeit alle Grundsätze der Religion und Moral mit Füßen treten.«[51]

Ausführlich berichtete sie über die Greueltaten an den amerikanischen Sklaven. Ein anderes, wichtiges Thema war ihr während des Nordamerikaaufenthalts die Bildung der amerikanischen Mädchen. Ida Pfeiffer erfuhr, daß sie in sogenannten Seminarien in allen Zweigen der Wissenschaften und Künste Unterricht erhalten konnten, sogar in griechischer und lateinischer Sprache. Sie hatten also alle die Möglichkeiten, die für Ida Pfeiffer unerfüllte Wunschträume geblieben waren. Doch diese hatte, wie sich nun erwies, die Lektionen, zu denen man sie zwang, gründlich gelernt, ihre »verkehrten und verworrenen Ideen« waren weitgehend verschwunden. Sie urteilte über junge Frauen in Nordamerika: »Diese einseitige Erziehung, in welcher das Weibliche gänzlich vernachlässigt wird, möchte ich als Hauptursache jenes Hanges nach Emancipation betrachten, der die amerikanischen Mädchen und Frauen so stark charakterisiert. ... Die häuslichen Geschäfte müssen am Ende von jemandem verrichtet werden, und meiner Meinung nach sind dazu doch die Frauen passender als die Männer. ... Fühlen Mädchen einerseits Abscheu für die weiblichen Beschäftigungen, andererseits einen besonderen Drang nach einer Kunst oder Wissenschaft, die sie bis zur Vollkommenheit studieren und ausüben wollen, so mögen sie es thun, aber in diesem Fall nicht auf halbem Wege stehen bleiben, sondern sich vollkommen emancipieren, und so lange sie Professoren, Doktoren u. s. w. sind, dem Ehestande entsagen, denn schwer, wo nicht unmöglich ist es, die Pflichten des Mannes und der Frau zu gleicher Zeit zu erfüllen. Und doch möchten alle Emancipations-Proselytinnen bedenken, daß gerade der Beruf, von welchem sie sich emancipieren wollen, zu den schönsten und edelsten gehört. Oder kann es etwas Edleres geben, als den Beruf einer Mutter? ... Eine besonnene Hausfrau, eine vernünftige, liebende Mutter war und wird ewig das Ideal des Weibes bleiben.«[52]

Um jedes Mißverständnis auszuschließen, fügte sie dem hinzu, sie habe erst zu reisen begonnen, »als mir überhaupt keine häuslichen Pflichten mehr oblagen«.[53] Nach einem Besuch bei ihrem Sohn auf den Azoren endete ihre zweite Weltreise im Mai 1855 in Wien.

Die von Ida Pfeiffer gesammelten Naturalien und ethnographischen Gegenstände gelangten größtenteils in britische und österreichische Museen. Zeitweise eröffnete sie ein eigenes »Naturalien- und Kunstcabinet« mit freiem Eintritt für alle »Neugierigen und Wissenschaftsmenschen«. Großes Interesse zeigten Alexander von Humboldt und Karl Ritter in Berlin an den Reisen Ida Pfeiffers. Auf Antrag der beiden Gelehrten ernannte die Berliner Geographische Gesellschaft sie zum Ehrenmitglied, der König von Preußen verlieh ihr die Goldene Medaille für Wissenschaft und Kunst; außerdem gab Alexander von Humboldt, nachdem er sich vergebens bemüht hatte, sie davon abzuhalten, ihr ein Empfehlungsschreiben mit auf die Reise nach Madagaskar, die nach nur einem Wiener Jahr folgte. Mit diesem als außerordentlich gefährlich geltenden Ziel verließ die Reisende – sie war jetzt fast 59 Jahre alt – im Mai 1856 ein letztes Mal ihre

Heimatstadt. Sie erreichte die tropische Insel Ende April des folgenden Jahres.

Auch im Madagaskar-Bericht fehlen die obligatorischen Schilderungen zur Häßlichkeit und Sittenlosigkeit der Bewohner nicht. Ida Pfeiffer sah gar nochmals einen neuen Höhepunkt erreicht: »Ich kenne kein sittenloseres Volk als das von Madagaskar, ...«[54] Großes Mißfallen erregten ihr aber auch die wenigen europäischen Christen, deren Lebenswandel sie anprangert. Und ganz unbegreiflich war es ihr, daß Europäer freiwillig auf Madagaskar blieben, obwohl der hier erworbene Reichtum ihnen ein sorgenfreies und bequemes Leben in ihrem Heimatland ermöglichen könnte.

In Begleitung der Franzosen Lambert und Marius machte Ida Pfeiffer die beschwerliche zehntägige Reise nach Tananariva, der Hauptstadt und dem Wohnsitz der Königin, auf einer Hochebene in der Mitte der Insel.

Madagaskar war zu dieser Zeit noch nicht kolonisiert. Die Königin Ranavola – für Ida Pfeiffer bald eine hassenswerte Person – verteidigte ihr Land mit aller Kraft gegen europäische Einflüsse, annullierte den Vertrag, den ihr Vorgänger Radama mit den Engländern geschlossen hatte. »Aber auch die Franzosen fanden keine Gnade vor ihren Augen – sie wollte überhaupt nichts von Civilisation wissen und bestrebte sich, alle Keime derselben zu ersticken. Sie vertrieb die Missionare, verbot das Christentum und erschwerte jeden Verkehr mit den Europäern.«[55]

Ida Pfeiffer warf Ranavola Brutalität, Willkür, Herrschsucht vor, sie ließ sich in eine Verschwörung gegen dieses »grausame, blutdürstige Weib« verwickeln, die ihre Begleiter Lambert und Marius gemeinsam mit dem französischen Vertrauten und Arzt der Königin sowie dem Prinzen Rakato anzettelten. Wissend, daß bei einem Fehlschlagen ihr Leben in Gefahr sein würde, machte sie »zum bösen Spiele gute Miene«.[56] »Dieser Prinz ist bei Hoch und Tief gleich beliebt und geachtet, er verdient ... diese allgemeine Liebe und Achtung in vollem Maße. So grausam die Königin, seine Mutter, so gutherzig ist der Sohn, ...«[57]

Ida Pfeiffer hielt ausführlich die vielen guten Taten dieses Prinzen fest und »daß es ihm einerlei sei, ob Frankreich oder England, oder was immer für eine Nation die Insel in Besitz nehme, wenn nur das Volk gut regiert werde.«[58] Die Verschwörung scheiterte. »Was wird noch aus uns werden! ... Schon seit dem 20. Juni verkehrt beinahe niemand mehr mit uns, man betrachtet uns halb und halb als Staatsgefangene; wir sind unter diesen Verhältnissen gezwungen, den ganzen Tag über in unserem Häuschen zu verbleiben und können es nicht wagen, einen Fuß über die Türschwelle zu setzen.«[59] Die Königin hielt nun – Ida Pfeiffers Bericht zufolge – ein furchtbares Strafgericht unter den Einheimischen, mit bestialischen Methoden entledigte sie sich ihrer Gegner.

Ida Pfeiffer befürchtete auch für sich das Schlimmste. »Unser Gefängniß schließt sich immer enger und enger, und unsere Lage fängt an wirklich sehr kritisch zu werden. Wir haben soeben erfahren, daß seit gestern Abend ein königlicher Befehl jedermann ohne Ausnahme bei Todesstrafe untersagt, unser Haus zu betreten.«[60] Und dann »– dreizehn Tage haben wir in der peinlichsten Ungewißheit unseres Schicksals verlebt, jeden Augenblick auf eine Entscheidung gefaßt, bei Tag und Nacht durch den geringsten fremdartigen Lärm aufgeschreckt. Es war eine abscheuliche, eine fürchterliche Zeit!«[61] – wird das Urteil verkündet: Ausweisung! Die Königin rächt sich an den ausländischen Verschwörern auf subtile Weise. Sie sorgt dafür, daß die Reise von der Hauptstadt im Landesinneren zur Hafenstadt Tamatavé statt der üblichen acht ganze 53 Tage dauert. In den ungesundesten Gegenden mußten sie oft ein bis zwei Wochen in den erbärmlichsten Hütten verbringen, und gerade, wenn sie unter den heftigsten Fieberanfällen litten, die Reise fortsetzen. Bettzeug und warme Kleider waren Ida Pfeiffer schon in den ersten Tagen der Reise gestohlen worden, sie kam die 53 Tage nicht aus ihren Kleidern. »Ich litt unaussprechlich, besonders während der letzten drei Wochen, wo ich mich kaum mehr von meinem Lager erheben und einige Schritte weit schleppen konnte.«[62] Endlich in Tamatavé angekommen, schrieb sie: »Es ist wirklich ein Wunder, daß wir mit dem Leben davongekommen sind...«[63] Mit dem nächsten Schiff verließ sie am 16. September 1857 die Insel in Richtung Mauritius mit der Genugtuung, der Königin Ranavola nicht den Gefallen getan zu haben zu sterben – jedenfalls nicht auf Madagaskar.

Ida Pfeiffer kehrte nach längerem Aufenthalt auf Mauritius krank und geschwächt im September 1858 nach Wien zurück und starb am 28. Oktober an den Folgen des Madagaskarfiebers.

In den 17 Jahren ihres Reise-Lebens hatte sie 150000 Meilen zur See und 20000 englische Meilen zu Land zurückgelegt.[64] Sie war die erste Frau unter den Weltreisenden, die ihre Reiseeindrücke schriftlich festhielt.

HEIDEMARIE ZIENTECK

Briefe einer Reisendin

Ida von Hahn-Hahn
1805–1880

»O diese Sehnsucht nach Licht! sie zieht mich in den fernen Orient, ... Ich werde das nie finden, was ich suche, nie die Unmittelbarkeit zwischen dem schwachen Lichtfunken in mir und dem großen Lichtstrom *außer* mir finden!... Aber gesucht hab ich es mit einem glühenden – o nein, mit einer begeisterten Sehnsucht! Das ist der Zweck meines Lebens...«[1], so schreibt Ida von Hahn-Hahn ihrer Freundin Gräfin Emy Schonburg-Wechselburg am 16. September 1843 aus Konstantinopel.

Ida von Hahn-Hahn ist zu dieser Zeit 38 Jahre alt und befindet sich auf einer Reise in den Orient, die sie im August 1843 begonnen hatte und im Juni 1844, zurück in Dresden, beenden würde. Sie ist gemeinsam mit ihrem Lebensgefährten Graf Adolf von Bystram unterwegs. Der Entschluß zu dieser Reise, die ihr die Verwirklichung eines lange gehegten Wunsches bedeutete, war – so sagt sie selbst – mit viel Überwindung verbunden.

Ihre Reiseroute führte sie von Dresden nach Wien; ab da schiffte sie die Donau entlang durch das Schwarze Meer bis zum Bosporus nach Konstantinopel, weiter nach Smyrna und von dort nach Beirut. Es folgte der Besuch von Damaskus, danach setzte sie ihre Route als Ritt über Carmel und Nazareth nach Jerusalem fort. Dann, ebenfalls zu Pferd, weiter über Gaza durch die Wüste nach Kairo. Sie segelte ein Stück den Nil abwärts und kehrte schließlich über Kairo, Alexandrien, Athen, Ancona und Triest nach Dresden zurück.

Ihre Reiseerlebnisse verarbeitete Ida von Hahn-Hahn unterwegs in Briefen, die sie vor allem an die Mutter, aber auch an Schwester, Bruder und Freundin richtete. Als *Orientalische Briefe* wurden sie 1844 gesammelt, veröffentlicht und vom damaligen Lesepublikum mit Begeisterung aufgenommen. Die Autorin beschreibt darin ihre Eindrücke von Landschaften und Bauwerken, Sitten und Gebräuchen. Sie äußert sich zu Kunst, Religion und Politik, bringt ihre Einschätzungen verschiedener Völker zu Papier und zeigt Interesse an der Situation der Frauen. Ausgiebig schildert sie die Entwicklung historischer Zusammenhänge und Gegebenheiten für die Orte und Gegenden, die sie bereist. Ihre Briefe hinterlassen auch heute noch den Eindruck einer interessierten und weltoffenen Frau. Je nach Adressat/in variiert sie die Inhalte: Über Religion, ihren persönlichen Glauben und ihre Zweifel berichtet sie eher ihrer Freundin; der Mutter sendet sie vor allem freudige, begeisterte und farbenfrohe Beschreibungen von Gegenden, Orten und historischen Entwicklungen.

Eine Reise in den Orient, aus eigenem Entschluß und aus sehr persönlichem Motiv heraus unternommen, war zu ihrer Zeit keineswegs alltäglich, jedoch lebte Ida von Hahn-Hahn in jenen Jahren bereits finanziell und persönlich unabhängig.

Das hat nicht zuletzt mit ihrer Herkunft zu tun: Ida Marie Louise Sophie Friederike Gustave Gräfin von Hahn-Hahn wurde als Tochter von Karl Friedrich Graf von Hahn und Sophie Louise, geb. Freiin von Behr, am 22. Juni 1805 in Tressow, Mecklenburg, geboren. Ihre Eltern waren Cousin und Cousine, der Vater war damals unter dem Spitznamen »der Theatergraf« bekannt. Seine Passion führte dazu, daß das Gut oft von wandernden Theatergruppen bevölkert wurde. Für Ida bedeuteten diese Schauspielergesellschaften eine Fülle von Eindrücken und gleichzeitig angstbesetzten Erlebnissen. Aus der Neigung des Vaters folgte zum einen, daß er selten anwesend war, zum anderen eine extreme finanzielle Belastung. Als die Vermögensverhältnisse zerrüttet waren, wurde das Gut einem Zwangsverwalter übergeben. Die Ehe der Eltern wurde 1809 geschieden, und ab da lebte Ida mit der Mutter und den drei Geschwistern in bescheidenen Verhältnissen.

Die elterliche Ehescheidung befreite sie von den ihr unheimlichen Eindrücken. Sie entwickelte ein Erzähltalent, durch das sie den Beinamen Sheherazade erhielt. Sheherazade – so heißt die Erzählerin der Märchen von 1001 Nacht, der Märchen aus dem Orient, die Anfang des 18. Jahrhunderts, zunächst in die französische Sprache übersetzt, einen Siegeszug durch die europäische Literatur antraten: Der König Shehrijahr erlebt bei sich selbst und anderen Männern immer wieder die Schmach, daß Frauen ihren eigenen Willen, eigene Wünsche mit allen Mitteln und Listen durchsetzen, statt sich dem Willen der Männer zu beugen. Gegen den Schmerz dieser Erfahrung glaubt er sich wappnen zu können, indem er jede Nacht mit einer Jungfrau verbringt und diese am anderen Morgen töten läßt. Sheherazade gelingt es mit unerschöpflicher Erzählkunst, die Lebensgefahr für sich selbst und andere Frauen abzuwenden; sie erreicht es, den König zu faszinieren, ihr eigenes Leben zu retten und dem König dazu zu verhelfen, empfundene Schmach und Mißtrauen zu überwinden.

Als Kind kompensierte Ida von Hahn-Hahn ihre Erlebnisse durch Erzählen, als Erwachsene durch Schreiben. Die Schulbildung blieb rudimentär und beschränkte sich auf das, was Töchter der ostelbischen Adelskreise zu damaliger Zeit brauchten: nicht eine umfassende Bildung, sondern Vorbereitung auf das Leben in der Gesellschaft – Tapisserienähen, die Kunst des Klatsches und der Visiten. Im Alter von 21 Jahren, 1826, heiratete Ida ihren Vetter, den Grafen Friedrich Wilhelm Adolf von Hahn. Daher ihr »Doppel-Hahn«. Sie hatte Bedenken gegen diese Ehe, weil sie den »brutalen Herren- und Genußmenschen« nicht lieben könne und geistig keine gemeinsame Basis bestünde. Beides wurde von der Familie als »romantische Grille« abgetan und die Versorgungs- und Konventionsehe geschlossen. Ida schwärmte in dieser Zeit für George Byron (1788–1824), den englischen Romantiker und von den Frauen seiner Zeit gefeierten Dichter mit einer Passion für den Orient. Er galt als eine seltsame Mischung von männlicher Kraft und weiblicher Eitelkeit, hingebender Liebe und ausschweifender Sinnlichkeit, weltschmerzlicher Pose und echtem Leid, demokratischer Gesinnung und aristokratischem Dünkel. Im Kontrast zu diesen schöngeistigen Interessen Idas stand die Vorliebe des Gatten für Geländeritte.

Während ihrer Ehe war Ida von Hahn-Hahn Glanz- und Mittelpunkt der mecklenburgischen Aristokratie. Es wurde jedoch schnell deutlich, daß zwischen den Eheleuten keine Gemeinsamkeiten bestanden oder sich entwickelten. Ständige Auseinandersetzungen eskalierten in Gewalttätigkeiten seitens des Mannes. Ida war noch verheiratet, als sie den Baron Adolf von Bystram kennenlernte – mit ein Anlaß, daß sie in die formelle Scheidung einwilligte, die 1829 nach nur dreijähriger Ehe erfolgte. Kurz danach gebar sie eine Tochter, die geistig behindert war und in Pflege gegeben wurde. Das Ende der Ehe bedeutete für Ida den Makel der geschiedenen Frau, aber auch, erstmals finanziell unabhängig zu sein. Ihr stand eine Adligenrente zu, von der sie bescheiden leben konnte.

Seit 1834 lebte sie in freier Verbindung mit Bystram, mit dem sie viele Jahre später den Orient bereiste. Zunächst aber wurde sie 1830 ein zweites Mal Mutter und gab ihren Sohn zur Adoption frei. Ihre Beweggründe hierfür sind nicht genau dokumentierbar; wahrscheinlich wollte sie dem Makel unehelicher Mutterschaft entgehen, vor allem aber konnte sie sich das Ausleben schriftstellerischer Kreativität im familiären Rahmen nicht vorstellen. Ihr erstes Gedicht veröffentliche Ida von Hahn-Hahn im Jahr 1831. Mit Ende Zwanzig begann für sie die Zeit der Reisen und der Selbstfindung. Gemeinsam mit Bystram fuhr sie zunächst durch Deutschland, 1835 mehrmals in die Schweiz, 1838/39 nach Italien, 1840 nach Spanien und Frankreich, 1842 nach Skandinavien, 1843/44 in den Orient, 1846 nach England, Schottland und Irland und schließlich 1847 nach Italien und Sizilien. Die Reisen boten ihr die Möglichkeit, sich von familiärer Bevormundung und herrschendem Rollendiktat zu befreien. Reisen und Schreiben eröffneten der sehnsuchtsvoll Suchenden die Möglichkeit, ihren inneren Einklang zu finden.

Ab 1836 konnte sie sich durch ihre Schriftstellerei eigenständig finanzieren. In ihren Romanen findet sich beständig die Auseinandersetzung mit bestehenden gesellschaftlichen Konventionen und der ungleichen Geschlechterbeziehung – eine Auseinandersetzung mit der Welt und ihrer eigenen Geschichte mittels Literatur. Zwischen 1838 und 1848 verfaßte sie eine zwölfbändige Romanreihe mit stark autobiographischen Zügen. Die Bücher, in hoher Auflage verlegt und gelesen, handeln in verschiedenen Varianten stets vom ungleichen Verhältnis zwischen Mann und Frau und plädieren für individuelle Freiheit und Autonomie des Herzens. Die Eindrücke ihrer Reisen verarbeitete sie in Berichten und Briefen, die sie ebenfalls veröffentlichte. Sie entwickelte sich zur beliebtesten Romanautorin des Vormärz. Nach dem Verlust eines Auges (eine Operation, die das Schielen beheben sollte, mißlang) spottete Heinrich Heine über sie: »O diese Weiber!... Wenn sie schreiben, haben sie ein Auge auf das Papier und das andere auf einen Mann gerichtet, und dieses gilt von allen Schriftstellerinnen, mit Ausnahme der Gräfin Hahn-Hahn, die nur ein Auge hat.«[2]

Widersprüchlich wird sie in der Literaturgeschichtsschreibung interpretiert: Einige Autoren sprechen ihr wirkliches Emanzipationsstreben ab, ihre Vorstellungen über das Verhältnis der Geschlechter wird als »Freizeitbeschäftigung adliger Damen« abgetan, sie schildere »die exklusive Welt einer morbiden Aristokratie als Kulisse für weibliche Genies, die nichts anderes im Sinn haben, als sich selbst darzustellen...«[3] Renate Möhrmann hingegen sieht, daß Ida von Hahn-Hahn versucht hat, die »andere Frau« jenseits von Mutter, Madonna und Mätresse zu gestalten.

Ihre Medien sind Reisen und Schreiben. Sie ist auf der Suche – nach sich selbst, nach Antworten auf ihre Zweifel, nach Identität und Integrität. »Also nicht um mir Erinnerungen – sondern um

Hoffnungen zu sammeln, ... mache ich diese Reise; ...«[4] Diese Zeilen schrieb sie in Konstantinopel, am Anfang ihrer Begegnungen mit dem Orient. Sie verbrachte in dieser Stadt knapp vier Wochen und füllte währenddessen fast 200 (Druck-)Seiten mit Briefen an Mutter, Schwester, Bruder und Freundin. Sie hielt sich gemeinsam mit ihrem Lebensgefährten dort auf, erwähnte ihn in ihren Briefen aus Konstantinopel jedoch nicht, wie sie auch insgesamt in den orientalischen Briefen kaum auf ihn zu sprechen kam. Nicht nur deshalb hinterlassen die Briefe den Eindruck, daß sie allein und sich ihrer selbst bewußt diese Reise unternommen hat. Ida von Hahn-Hahn beschreibt die Menschen, die Sitten, das Treiben in den Städten. Sie besichtigt Moscheen und antike Stätten, begegnet dem Sultan, besucht einen Sklavinnenmarkt und einen Harem. Ihre subjektiven Schilderungen sind davon geprägt, daß sie den Orient als Adlige bereist; sie beschränkt ihre Begegnungen mit Menschen auf die höheren Gesellschaftsschichten, tritt nur selten aus diesen Kreisen heraus. Ihre anschaulichen Texte, die sie mit vielen historischen Erläuterungen versieht, zeugen von erstaunlichen Kenntnissen. Es bleibt offen, ob sie sich diese Geschichtskenntnisse hauptsächlich durch Gespräche vor Ort, etwa mit Europäern im Orient, oder durch Lektüre angeeignet hat. Die *Orientalischen Briefe* gehören zu ihren erfolgreichsten und faszinierendsten Reiseberichten; sie stellen zudem eine geistige Grenzüberschreitung dar: Eine Reise vom Okzident in den Orient beinhaltet die Begegnung zweier unterschiedlicher Kulturen – eine ungewöhnliche, beschwerliche und nur wenigen Frauen ihrer Zeit mögliche Erfahrung. Ida von Hahn-Hahn sagte von sich selbst, sie sei die erste deutsche Frau, die einen Paß für den Orient beantragte. Nur wenige Europäerinnen waren dort unterwegs, bemerkte sie in Damaskus: »... es sind so wenig Frauen hier ansässig und die Zahl der Reisenden, wenigstens der *Reisendinnen* ist so gering, daß mir nicht wohl zu Muth war.«[5] Während der Nilreise zu den Tempeln von Nubien notierte sie: »Selten kommen Reisende hierher; die spärlichen Namen auf dieser Felsenklippe eingegraben bewiesen es. Einen Frauennamen trug sie noch gar nicht; der meine ist der erste. Engländerinnen mögen indessen doch schon da gewesen sein; doch eine Deutsche gewiß nicht.«[6] Alle ihre Reisen innerhalb Deutschlands und Europas sind Ausdruck ihrer »begeisterten Sehnsucht«.[7] Diese *Sehnsucht* ist es, die sie veranlaßte, Reisen als einen Lebenszweck zu begreifen, und die *Suche* als selbstdefiniertes Charakteristikum ihrer Identität fand im Reisen einen befriedigenden Ausdruck.

Wie näherte sich Ida von Hahn-Hahn als Europäerin, als Aristokratin des 19. Jahrhunderts dem Orient? Dazu äußerte sie sich in einem Brief an den Bruder: »Nach allem, was ich hier höre, kommt mir überhaupt vor, als müsse man sich recht fest einprägen und immer vor Augen halten, weshalb man sie (die Reise, d. V.) eigentlich macht, um nicht häufig herabgestimmt und enttäuscht zu werden. Ich mache sie, um die Stätten kennen zu lernen, auf denen einst große Civilisationen gleich Blüten aus dem Kern ihrer Religionen *hervor-* und *untergingen*, als der Samenstaub jener Blüten taub ward. Ich mache sie, um die Stätten zu sehen, wo unsre Civilisation, die vielseitigste von Allen, die je gewesen, ihren Ursprung hat. Vergnügen, Unterhaltung, geistige und künstlerische Genüsse, eine ununterbrochene Reihe von Naturschönheiten erwarte ich nicht und suche ich nicht; begehrte ich sie: so würde ich nach Paris gehen, dann nach Italien, dann nach der Schweiz; ich könnte das in derselben Zeit, mit geringeren Kosten, ohne Mühsal; aber von dem Welttheil der *ist*, will ich zu dem hin, der *war*, aus der europäischen Gegenwart in die orientalische Vergangenheit. Da müssen Traurigkeiten, Wüsten, Ruinen, Desolationen herrschen; und einzeln und einsam, wie Sterne aus dem Wolkenhimmel, müssen hie und da majestätische, trostreiche, segenvolle Erinnerungen auftauchen, an welche der Geist seine Hofnungen knüpft, und dasjenige was *sein wird* aus dem was *gewesen ist* herausspinnt. Hofnungen will ich, nur Hofnungen! ... nicht für mich, nicht für Andere, aber für uns Alle. In Europa sieht es so hoffnungslos aus, so unruhig. Keinem ist wol auf seinem Platz, und er sucht in der Stille oder öffentlich einen andern ... Bin ich aber im Orient, betrachte ich

Lady Craven, 1750–1828 (Hans Ley, Die literarische Tätigkeit der Lady Craven, Erlangen 1904)

Ida Pfeiffer schreibt in der syrischen Wüste an ihrem Tagebuch (Ullstein Bilderdienst, in: Wolf Kielich, Vrouwen op outdekkingsreis, Amsterdam / Brüssel 1986)

Die Grotte von Antiparos

Ida Pfeiffer, 1797–1858 (Lexikon deutschsprachiger Schriftstellerinnen, Frankfurt 1987)

Ida von Hahn-Hahn (Lexikon deutschsprachiger Schriftstellerinnen, Frankfurt 1987)

Louise Mühlbach, 1814–1873 (Erinnerungsblätter, hrsg. von Thea Ebersberger, Leipzig/Jena 1902)

Mina Kruseman, 1839–1922

Marie von Bunsen, 1860–1941

Indien. Der Heilige Badeteich im berühmten, gewaltig großen Schiwa-Tempel von Madure in Süd-Indien (Marie von Bunsen, Im fernen Osten, Leipzig 1934)

die Ruinen des Sonnentempels zu Balbek, oder die Omars-Moschee über dem Tempel Salomons, oder den Sand über den Wunderwerken von Memphis und Theben – bedenke ich dabei, daß so viel Größe, Macht und Herrlichkeit untergehen, und daß dennoch unsere ganze große occidentalische Bildung frisch und neu ihnen folgen konnte: So giebt diese Betrachtung mir Zuversicht, für eine bis jetzt noch unbekannte aber gewisse und in ihrer Art vollkommene Phase, die neu über den Trümmern unsrer Welt beginnen wird.«[8] Auf die bewußte Suche nach dem alten Orient, einem von Europäern geschaffenen Bild vergangener Größe, begab sie sich mit dem Überlegenheitsgefühl ihrer eigenen Kultur. Die klare Trennung zwischen der »Zivilisiertheit« Europas auf der einen Seite, der Macht und Herrlichkeit des vergangenen Orients auf der anderen und im Gegensatz dazu der reale, bereiste Orient als dritte Komponente, erfüllten dabei auch den Zweck, die Zweifel, die in ihrem Reisemotiv angelegt sind, zu überdecken. Beunruhigt über die Situation in Europa um 1843 – fünf Jahre vor der Revolution –, stilisierte sie den Orient zum Symbol für Vergänglichkeit. Sie stellte dessen »Untergang« komplementär zur okzidentalen Bildung, versehen mit der Hoffnung, daß diese als Kontrast zum Orient weiter bestehenbleibe.

Das Verhältnis von Orient und Okzident besteht aus mehr als der bloßen geographischen Nachbarschaft von Räumen. Orient, der asiatische Osten, wird zum Synonym für das andere und Fremde, das in der zeitgenössischen Forschung und Literatur exotisch und bedrohlich erscheint und demgegenüber sich der Okzident kontrastierend definiert. Vor dem Hintergrund der europäischen Hegemonie, des Kolonialismus und Imperialismus entwickelte sich seit dem 18. Jahrhundert ein vielfältiges Interesse an der Erforschung vor allem des alten Orients. Voraussetzung war dabei in jeder Hinsicht die Annahme einer Andersartigkeit des Orients, um die mit verschiedenen Wünschen, Machtinteressen und Projektionen verwobenen Konstrukte der Bilder von Orient und Okzident festzuschreiben.[9]

Mit welchem Orientbild mochte Ida von Hahn-Hahn von daher zu ihrer Reise in den Orient aufgebrochen sein, und wie begann die Begegnung in Konstantinopel? Gibt es Anhaltspunkte, daß sie auf ihrer Reise durch den Orient – eine Region, in der sie als Frau sowohl Unterdrückte war als auch westliche Hegemonie über den Orient verkörperte – die Möglichkeit fand, sich von einem konstruierten Orientbild zu lösen?

Ida von Hahn-Hahn war sich bewußt, daß ihre Reiseeindrücke subjektiver, nicht wissenschaftlicher Art waren und ihre Begegnung mit dem Orient nicht vollkommen unvoreingenommen. Sie sprach selbst von ihrem »europäischen Auge«[10] und wußte, daß ihre Schilderungen in Zusammenhang mit ihrer eigenen, zerrissenen Persönlichkeit standen. In der Einleitung ihrer *Orientalischen Briefe* schrieb sie: »Denn wenn ich auch bereit bin, meinen Briefen tausend Unvollkommenheiten anzuerkennen, so muß ich doch die scheinbaren Widersprüche und Inconsequenzen ein wenig in Schutz nehmen, weil sie wirklich nur scheinbar sind. Am Montag sah ich ein Ding von der einen Seite an, und schrieb es Dir; am Mittwoch betrachtete ich es von der anderen, und schrieb es Dir auch. Erklärungen, Ergänzungen, die Du auf der Stelle haben mögtest, findest Du vielleicht erst zehn Briefe weiter; – vielleicht gar nicht, wenn ich nicht wieder an den Gegenstand gedacht habe, was auf einer an fremden und neuen Eindrücken reichen Reise ziemlich natürlich ist.«[11] Erklärungen und Sichtweisen des Orients sind ihr zufolge demnach vor allem subjektiver Natur. Inwieweit sie auch ein europäisches Orientbild verinnerlicht hatte, ebenso wie ein Okzidentbild, darüber reflektierte sie: »Ich hoffe, daß all meine Beschreibungen von Constantinopel sehr der Wahrheit treu sind, weil ich ganz wie ein Neuling, ohne Vorurtheil für oder wider, hergekommen bin. Das ist in Europa fast unmöglich! auf irgend eine Weise interessirt man sich dort bereits lange vorher für das Land in das man reist; aber dieses ist uns im Grunde gänzlich fremd, oder war es wenigstens mir dermaßen, daß ich nicht weiß, ob schon irgend Jemand eine Beschreibung von Constantinopel gemacht hat.«[12] Allerdings wußte Ida von Hahn-Hahn sich durchaus in einer Tradition reisender Frauen: Sie kannte ihre Vorgängerin Lady Mary Montagu durch deren Briefe aus dem Orient; sie wußte von Lady Hester Stanhope. Spuren früherer Orientneigungen lassen sich auch in ihrer Biographie finden: ihr Neckname Sheherazade, die Schwärmerei für Byron mit seinen romantischen Visionen des Orients. Die Unhaltbarkeit solch romantischer Bilder vermerkte sie mit entsprechender Enttäuschung: »Heute habe ich gleich eine der größten Kuriositäten von Constantinopel gesehen: den Sultan, ... Ein Sultan! welch ein Inbegriff von Macht, von Gewalt, von Pomp, liegt in dem Wort. Um zu vergleichen inwiefern Abdul-Medjid dem Begriff entspricht, stand ich auf der Straße neben der türkischen Trommel – grade wie in Europa die Gassenjungen. Die Straße war mit Sand beschüttet, und ein Spalier von europäisch uniformirten Soldaten gebildet. Vier prächtige Handpferde des Sultans, von Dienern geführt, eröffneten den Zug; dann folgten wol ein Dutzend alter Paschas oder Hofchargen, Alle in dem bekannten braunen Ueberrock mit dem rothen Fez, und auf schönen Pferden; unter ihnen ein wahres Scheusal, der Kislar Aga, der Chef der schwarzen Eunuchen. Dann eine Pause – und endlich ganz allein Sultan Abdul-Medjid, in einem langen dunkelblauen Mantel, über dem sich sein bleiches regungsloses Gesicht erhob. Er ritt ganz langsam, die Musik empfing ihn mit einem ohrzerreißenden *God save the King*, die Soldaten riefen ein mageres Vivat. Kein Lächeln trat in sein Antlitz, kein Blick belebte sein Auge; – von einem Gruß ist natürlich nicht die Rede! – Einige fanden seinen Blick fest und imponirend, ich fand ihn nur starr und glasig.... Das Schönste an ihm waren unstreitig die funkelnden Diamanten an seinem Fez und auf seiner Brust. Ich höre, er hat die fallende Sucht, oder Nervenzufälle, oder einen zu großen Harem. Genug, er sieht weder wie ein mächtiger Sultan noch wie ein blühender Jüngling aus.«[13]

In ihren *Orientalischen Briefen* verwies sie später auf weitere ihr aus der Lektüre bekannte Elemente der europäischen Sichtweise des Orients. Unter den Orientreisenden und orientalisierenden Künstlern ihrer Zeit waren ihr Rodin, Chateaubriand und Lamartine bekannt. Letzterer bereiste 1833, etwa 10 Jahre vor Ida von Hahn-Hahn, den Orient. »Lamartine faßt die Gegenstände mehr mit einer gewissen schwärmerischen Gemüthlichkeit auf, aber auch das macht, wenn man sie nicht kennt und sich doch für sie interessirt, einen befriedigenden Eindruck.«[14]

Oder sie verlängerte übernommene Sichtweisen ihrer Zeit in der eigenen Phantasie: »Orient und Occident stehen sich beim ersten Schritt nicht friedlich und freundlich gegenüber. Sie scheinen sich zu messen, wer der Herr und Herrscher sein solle. Der Orient spricht: ›Du wärest todt ohne mich! das Prinzip alles Lebens: das Licht – der Keim jeder Gesittung: die Religionen gehen von mir aus, wie der Sonnenstral.‹ – Und der Occident spricht: ›Ich aber habe das Prinzip verarbeitet, den Keim zur Blüte gebracht. Du bist todt wie die Blume, welche dahinwelkt nachdem sie ihren Samen gestreut hat. Ich lebe, denn in mir ist Bewegung.‹«[15] Sie erkannte das Machtgefälle in der Beziehung von Okzident zu Orient ebenso wie die tatsächliche Ungleichheit: »Diese Europäer die in türkischen Dienst treten, kommen versuchsweise auf eine Reihe von Jahren um dies oder jenes einzuführen, und gehen fort wenn die Zeit um ist zu der sie sich verpflichtet haben. Oder sie kommen um sich Vermögen zu erwerben, weil sie stark bezahlt werden, und gehen sobald sie das Ziel erreicht haben. Oder endlich kommen sie abentheurermäßig um in der Türkei ihr Glück zu versuchen. Aus Interesse für Volk und Land kommt kein Europäer hierher und noch weniger bleibt er hier um einen andern als einen persönlichen Zweck: was für ein Nutzen oder Segen könnte daraus dem Land und Volk für die Dauer oder in die Zukunft hinein ersprießen?«[16] Und bereits im siebten Brief schrieb sie: »Dies Geschmacklose ist immer das Europäische: ein fremdartiges Element, das sich eingedrängt hat und nun seinen Platz behauptet – gleichviel wo.«[17] Für sie zeigte sich die Andersartigkeit deutlich an den unterschiedlichen Religionen: »... denn das was Grundstein und Kern des Lebens der Völker bildet und der Masse die Seele einhaucht: die Religion – ist hier eine andre.«[18]

Nach Said wird innerhalb der imaginativen Konstruktion von

Orient und Okzident die Andersartigkeit und Fremdheit mit Wertungen versehen und in den akademischen Disziplinen der Orientalistik zur Realität gemacht: »Was er vor sich sieht, ist der Orient im Prozeß seines unausweichlichen, voraussehbaren Zerfalls, übernommen durch und bestimmt für die europäische Oberhoheit. So ist der Orient in Lamartines klimaktischer Vision wieder als ein europäisches Recht geboren, Macht über ihn zu besitzen.«[19] Indem das Fremde in Kategorien gefaßt wird, um die Bedrohlichkeit wegzumanipulieren, beobachtete Details generalisiert und in unabänderliche Gesetze über orientalische Natur, Temperament, Mentalität, Sitte, Typ u. a. m. verwandelt werden, verändert sich lebendige Realität zu Textmaterial, an das wiederum die Realität angepaßt wird. Der Orient wird durch einen verzerrenden Spiegel entworfen und gesehen; der eingeschränkte Blick in diesen Spiegel erhält größere Autorität als die Wirklichkeit. So vermitteln die Texte nicht nur Kenntnisse, die als Realität gelten, sie schaffen auch die »Realität«, die sie zu beschreiben scheinen. Die Dogmen, auf deren Grundlage sich seit etwa der zweiten Hälfte des 18. Jahrhunderts die Umsetzung dieses Denkprinzips vollzog, lassen sich zusammenfassen: 1. Es besteht eine absolute, systematische Differenz zwischen rational, entwickelt und menschlich überlegen für den Westen – und andersartig, unterlegen und unterentwickelt für den Orient; 2. Vorgehensweise und Werkzeug ist die Abstraktion von Texten, besonders aus den klassischen orientalischen Zivilisationen. Diese haben mehr Evidenz als direkte orientalische Gegebenheiten; 3. Der Orient bekommt Synonyme wie: ewig, uniform, unfähig, sich selbst zu definieren. Der Westen nimmt an, ein äußerst allgemeines Vokabular sei unausweichlich und objektiv; 4. Der Orient ist im Grunde etwas, das gefürchtet oder kontrolliert werden muß.[20]

Fasziniert von der Größe vergangener orientalischer Zivilisationen, war Ida von Hahn-Hahn auf der Suche nach ihren Spuren. Die daraus erwachsene europäische Kultur war für sie der Inbegriff allen Seins. Interessiert begegnete sie dem Ungewohnten, dennoch verharrte ihre Wahrnehmung orientalischer Gegenwart im ständigen Vergleich mit Europa; ihr Denken war bestimmt von europäischen Werten, nach deren Maßstäben sie beobachtete. So beispielsweise, wenn sie sich mit »Sittenreinheit« auseinandersetzte: »Die Türken stehen im Ruf großer Sittenreinheit. Ich will diesen nicht schmälern, nur bemerken, daß man dabei vom europäischen Begriff ausgehen muß, der es unsittlich nennt außer der Ehe oder ohne Ehe Kinder zu haben. Aber der Türke, der jede Sclavin kaufen und in seinen Harem führen darf, die ihm gefällt, hält die Kinder von zwanzig Sclavinnen für ebenso rechtmäßig, als von seiner Frau, und ich denke, wenn man die Mode der Harems in Europa einführte, würde auch dort von selbst die Unsittlichkeit der natürlichen Kinder wegfallen – nur freilich auf Kosten dieser noch größeren Unsittlichkeit der Harems selbst. Ich glaube nicht, daß in diesem Punkt der Türk einen Vorzug vor dem Europäer hat. Die Frauen besonders sollen trotz Schleier, Gitterfenster und Eunuchen, Liebeshändel genug anzuspinnen wissen – hauptsächlich beim Besuch des Besestan. Daher existirt auch ein Gesetz, daß sie nicht in die Buden hineingehen dürfen, sondern vor derselben ihre Einkäufe machen müssen. Ferner ein andres, das den Kaufleuten befiehlt, möglichst unschöne Kaufdiener in ihrem Laden zu haben. Das Alles zeugt nicht von wundervoller Sittenreinheit – sollte ich meinen.«[21] In Konstantinopel betrat sie den Orient, erlebte das Fremde und andere vor Ort und blieb dabei doch außen. Ihr Blick und ihre Sichtweise des Orients waren geprägt vom Status der adligen Europäerin. Und als eine solche reagierte sie auch auf die Ablehnung, mit der sie konfrontiert wurde, wenn sie die Kreise der Oberschicht verließ. »Ich trage einen blauen (Schleier, d. V.) und hüte mich sehr, einen hülfreichen Arm anzunehmen; denn obgleich es mir unendlich gleichgültig ist ob Pöbel hinter mir drein schreit oder nicht, so habe ich doch große Aversion vor Steinwürfen, weil sie weh thun, und trotz aller Vorsichtsmaßregeln entgeht man ihnen doch kaum. ›Steine her! wir wollen die Hunde steinigen‹! riefen sich neulich in einer abgelegenen Straße von Scutari Kinder vor den Hausthüren zu;

und der Dragoman mußte sie heftig bedrohen um sie zur Ruhe zu bringen... Ich habe bei dem Allen nur das Gefühl, daß ich der Brut von Herzen die Ruthe gönnte; und die Ueberzeugung, daß ich durchaus nicht zur Märtyrin tauge. Immer wünsche ich unwillkürlich mich vertheidigen zu können.«[22] Als selbstbewußte Schriftstellerin, deren Eintreten für freie und gleichberechtigte Liebesbeziehungen sie in Opposition zu herrschenden Vorstellungen ihrer Zeit brachte, hatte sie durch die Beschreibung des Orients und insbesondere durch die Darstellung der Frauen im Orient die Möglichkeit, den europäischen Blickwinkel zu verlassen und eine andere Wahrnehmung orientalischer Realität zu entwickeln.

Ihrer Freundin schilderte sie den Besuch einer »Tanzandacht« und schrieb: »Für die türkischen Frauen ist eine besondere, vergitterte, kleine Emporkirche angebracht. Ich ging zuerst dorthin; ich bin nun einmal neugierig auf die türkischen Weiber. Bei dergleichen Expeditionen habe ich eine sehr freundliche Gefährtin an Fräulein Balbiani, welche der Sprache des Landes mächtig und mit allen Sitten und Gebräuchen bekannt ist. Frauenzimmer *allein* – ich meine fränkische – sind im Grunde sicherer als in Begleitung eines Mannes, weil es nach türkischem Begriff unanständig ist, daß beide Geschlechter sich öffentlich zusammen zeigen.«[23] Trotz ihrer Neugier gestaltete sich die Kontaktaufnahme zu Orientalinnen schwierig. »Sie mögen sich wol gräßlich langweilen immerfort unter einander leben zu müssen. Bei den Mewlewi, bevor die Ceremonie begann, waren sie von unermeßlicher Fraglust, aber immer in der alleroberflächlichsten Weise. Woher? – Aus Frankistan. – Das genügt ihnen vollkommen. Darunter verstehen sie Europa von Malta bis Spitzbergen. Keine einzige Frage über das fremde unbekannte Land! Fragen nach Kleidern, nach Kindern – unerhört stupid. Sie langweilten mich; hübsch waren sie auch nicht, durch die Gitter sah ich schlecht – wir gingen hinab.«[24]

Der Besuch des Harems von Konstantinopel war eine spannungsvoll erwartete Attraktion für Ida von Hahn-Hahn. Ihre Beschreibungen von der Realität dieses Harems sind jedoch ablehnend und stehen im Gegensatz zu denen der Lady Mary Montagu, die hundert Jahre vorher ihre Eindrücke über denselben Harem niederschrieb. Wußte sie im Vorfeld schon: »Ich kann mir vorstellen wie ein Harem das Brutnest aller bösen Eigenschaften wird, deren Keime im Character des Weibes schlummern. Immer von Nebenbuhlerinnen umgeben, immer bewacht und umringt von diesen Scheusalen, den Eunuchen, immer unbeschäftigt, muß Eifersucht, Neid, Bitterkeit, Haß, Lust an Ränken, grenzenlose Gefallsucht als helle Flamme aufschlagen. Man will die gehaßten Nebenbuhlerinnen besiegen – das liegt in der Natur jedes Weibes! und sage man immerhin, daß die Orientalinnen an den Harem gewöhnt sind und daß Gewohnheit alles erträglich, ja leicht mache, so ist das eine von den vielen halbwahren, abgebrauchten Phrasen. Ja, sie treten in das Joch des Harems, und dessen Form ist ihnen zur Gewohnheit geworden; aber gegen den Inhalt sträubt sich ihr Instinkt – ich will nicht sagen ihr Bewußtsein, denn das mag bei Wenigen erwachen, ...«,[25] so fand sie mit dieser Erwartungshaltung keinen Zugang und ihre Verannahmen bei ihrem Besuch bestätigt. Ihrem Bruder teilte sie mit, daß sie wiederum keine Spur von Schönheit fand, außer bei der Favoritin, die ihren Gefallen fand. Und: »Natürlich blieb die Conversation ziemlich auf Aeußerlichkeiten beschränkt, denn Fragen die sie nicht beantworten wollten und die mich am meisten interessirten, z. B. wie das Verhältniß einer Favoritsclavin zur Frau des Hauses sei, ließen sie fallen – als unser Dolmetsch darauf hindeutete... Und dann haben sie auch das Surrogat aller Frauen zu ihrer Disposition, denen ein großes Interesse im Leben fehlt, und das man eben so häufig in der europäischen Gesellschaft, als im türkischen Harem findet: die Intrigue.«[26] Ida von Hahn-Hahn erlebte den Harem als einen Ort, an dem wahres Leben nicht gedeihen kann. Ein Ort, an dem Frauen abgeschnitten sind vom Leben, gezwungen, sich Beschäftigung zu suchen im kleinsten Kreise und scheinbar darin aufzugehen. Ihr Schluß daraus ist, daß Frauen sich dort nicht zu bewußten und kreativen Menschen entwikkeln können. Dabei entspricht ihre Logik, daß Frauen auf weibliche Charakterzüge wie Neid und Eifersucht verfallen, den Vorstellungen des bürgerlichen Frauenbildes, das diese Eigenschaften als typisch weiblich definiert.

Ida von Hahn-Hahn war in Konstantinopel mit selbstgesteckten und fremdgesetzten Grenzen konfrontiert. Als Frau, die versuchte, unabhängig von den Rollenvorstellungen ihrer Zeit zu leben, ermöglichten ihr die sexistischen Aussagen über Frauen und die gezogene Parallele zwischen Haremsfrauen und Frauen der europäischen Gesellschaft, sich komplementär dazu zu stellen.

Auch ihre Eindrücke von promenierenden Frauen der Oberschicht sind unter diesem Aspekt zu betrachten. »Da sitzen sie auf Teppichen, die am Boden ausgebreitet werden, in Gesellschaft beisammen und unterhalten sich wie sie können, mit Zuckerwerk essen, plaudern, auch Taback rauchen, jedoch immer unter sich, und bis auf Augen und Nasenwurzel verschleiert. Männer sind auch da, allein in geringer Zahl, die ebenfalls rauchend beisammen sitzen, und sich nicht um die Frauen zu kümmern scheinen. Indessen sieht man denn doch beide Geschlechter an öffentlichen Orten, so daß die Frauen nicht vollkommen von fremden Männern abgeschnitten sind. Diese Gruppen unter den Bäumen nehmen sich recht eigenthümlich aus, besonders sollt' ich meinen im Bilde. In der Wirklichkeit, in der schönen freien Natur, sind sie etwas leblos und plump, denn ich finde dies ewige Kauern auf der Erde höchst ungraziös, ich mögte sagen monströs, weil man die menschliche Gestalt immer nur zur Hälfte sieht. Aber wol den Frauen, wenn man sie nur sitzend erblickt! welch ein Gang, welche krumme Beine, welche einwärts gekehrte Füße! Nicht einen Tanzmeister – nur einen Exerzirmeister mögt' ich ihnen gönnen, damit sie nicht so gräßlich einher watschelten. Es ist schon besser, daß sie sich lagern!«[27]

• • • •

Die Beurteilung des Frauenlebens und der Frauen im Orient, die bei Mary Montagu am Anfang des 18. Jahrhunderts so positiv ausfällt, zeigt bei Elizabeth Craven erste, noch unwesentliche Brüche und verkehrt sich bei vielen Reisendinnen, die um die Mitte des 19. Jahrhunderts islamische Länder bereisen, in ihr Gegenteil: Ida Pfeiffer und Ida von Hahn-Hahn sind dafür charakteristische Beispiele.

Die Ursachen dafür dürften auf mehreren Ebenen zu suchen sein: Sie hängen zusammen mit dem persönlichen, aber auch von der jeweiligen Zeit und der Klasse bedingten Frauenideal und Moralbegriff der Reisendin sowie mit der zunehmenden imperialistischen Durchdringung Nordafrikas und Asiens im Verlauf des 19. Jahrhunderts, durch die Kultur und Menschen dieses Gebiets als in wachsendem Maße inferior erschienen. Wesentlich sind aber auch Veränderungen der Lage der Frauen des Orients in dieser Zeit und die jeweilige Nähe bzw. Distanz, die die reisende Frau zu ihnen herstellt. Mary Montagu, die sich so lobend äußerte, hielt sich insgesamt wesentlich länger in ihrem Gastland auf als ihre Nachfolgerinnen, und sie besuchte nur wenige Orte. So konnten Bekanntschaften entstehen, Freundschaften geschlossen und tiefere Einblicke gewonnen werden – der Harem wurde nicht lediglich auf der Durchreise und über männliche Vermittler besichtigt.

Während des Jahres, in dem sie in Konstantinopel lebte, brachte Mary Montagu eine Tochter zur Welt und hielt sich, was Geburt und Wochenbett anging, an die türkischen Sitten, denn »ich bin in keine von unseren Gewohnheiten so verliebt, daß ich sie beibehalte, wenn sie nicht nötig sind«.[28] Sie trug darüber hinaus nicht nur mit Vorliebe die farbenfrohe türkische Frauenkleidung, sondern lernte auch die Sprache ihres Gastlandes und stellte mit Bezug auf ihre Freundin Fatima fest: »... und jetzt, da ich ihre Sprache verstehe, finde ich ihren Geist ebenso reizvoll wie ihre Schönheit.«[29]

Die Fähigkeit, ohne Dolmetscher/in mit den einheimischen Frauen zu sprechen, besaßen die genannten späteren Reisendinnen nicht, die jedoch die Oberflächlichkeit der Gespräche im Harem oder die fehlenden Sprachkenntnisse der Orientalinnen bemängelten.

Allerdings spiegeln die Einschätzungen des Frauenlebens in den Reiseberichten zum Teil auch reale Entwicklung im Orient wider, denn sogar in Istanbul wurden Frauen zunehmend aus der Öffentlich-

keit verdrängt. Vor allem im 18. und 19. Jahrhundert reglementierten immer wieder Gesetze und Erlasse, die vor allem in der Hauptstadt selbst angewandt wurden, die Kleidung der Frauen; sie legten aber auch fest, an welchen Orten und in welcher Kleidung sie sich aufhalten durften. Die erste nachgewiesene osmanische Bedeckungsordnung stammt aus dem Jahr 1725 – erging also wenige Jahre nach dem Aufenthalt Mary Montagus –, und es heißt in ihr u. a.: »Manch sittenlose Frauen fanden... Gelegenheit, sich mit der Absicht, die Menschen der Straße zu verführen, extrem herauszuputzen. Sie lassen sich Kleider im neuen Stil schneidern, setzen auf ihren Kopf merkwürdige Bedeckungen, imitieren christliche Frauen, zeigen sich in unzähligen schamlosen Modellen und lassen dabei Ehre und Anstand völlig außer acht.... Von nun an dürfen Frauen, deren Ferace-Kragen größer als handbreit ist und deren Yemeni (handgefärbtes leichtes Kopftuch) mehr als drei Bahnen mißt, nicht auf die Straße gehen... Es ist öffentlich bekanntzugeben, daß jenen Frauen, von denen diese Vorschrift nicht eingehalten wird, die Krägen abgeschnitten und Kleider zerrissen werden. Alle Unbelehrbaren sind festzunehmen und in andere Städte zu verbannen.«[30]

In den folgenden Jahrzehnten wurden immer neue, sich teilweise widersprechende Anordnungen verfügt, die manchmal sogar den Gewandmachern mit der Todesstrafe drohten.[31] Aber erst ab der zweiten Hälfte des 19. Jahrhunderts wurde in Istanbul der dunkle Tscharschaf getragen. 1881 wurde dann den islamischen Frauen Istanbuls verboten, sich auf den belebten Plätzen der Stadt aufzuhalten, im großen Basar zu promenieren oder sich in Läden hinzusetzen, sie durften sich auf öffentlichen Plätzen nicht in Gruppen versammeln, und kein Mann durfte in der Öffentlichkeit eine Frau ansprechen oder »ihr ein Zeichen geben«.[32]

»In ländlichen Gegenden, in denen Frauen auf den Feldern arbeiteten, ließen sich solche Anordnungen nicht durchsetzen. Obwohl sie auch in den Städten nicht in allen Einzelheiten befolgt wurden, vertrieben diese Gesetze Frauen doch effektiv aus der männlichen Welt von Handel und Politik und beschränkten sie auf Weben, Geburtshilfe und andere Aufgaben, die sich mit der Absonderung vereinbaren ließen; die wenigen, die noch Geschäfte oder Marktstände führten, taten dies gewöhnlich tief verschleiert. Der strengsten Absonderung unterlagen die

Konkubinen des Sultans und freie türkische Frauen der oberen Klassen, die sich den Luxus von Sklaven und geschlossenen Wagen leisten konnten.«[33] *Und diese waren es, zu denen europäische Reisendinnen aufgrund ihrer eigenen sozialen Herkunft am ehesten Kontakt fanden.*

• • • •

Der Sklavinnenmarkt, den sie in Konstantinopel besuchte, widerte sie an. Nicht sosehr die Sklavenmarktprozedur an sich, vielmehr ekelte sie die »Häßlichkeit« der Sklavinnen, die sie voller Abwertung ihrem Bruder beschrieb.

Die Konfrontation mit einer unerträglichen Realität bringt hochmütige und rassistische Beurteilungen hervor. Nicht etwa die Tatsache der Sklaverei, die zu damaliger Zeit auch Praxis europäischer Herrschaftsform in den Kolonien war, ist Ziel ihrer Kritik; vielmehr beharrt sie auf der »Tierhaftigkeit« der Sklavinnen, dem Gegenpart zum Adel in der Gesellschaftshierarchie. Sie zeigt hier europäisches und ständisches Hegemoniedenken. Adressiert an ihren Bruder, den einzigen männlichen Empfänger, legt eine herabwürdigende Beschreibung der Sklavinnen die Vermutung nahe, daß der Spiegel Orient / Okzident, dessen imaginative Struktur ebenso das Verhältnis von Sklavin / Frau zu Herr / Mann kennzeichnet, von ihr nicht enttarnt wurde. Ihr Klassenbewußtsein scheint stärker zu sein als ihre Vorstellung von der Emanzipation der Frau.

Diese Reise ermöglichte ihr aber, sich persönlich zu bestärken in ihrer Abgrenzung von gesellschaftlichen Rollenzuweisungen an die europäische Frau. Durch ihre eigene Distanz zu gesellschaftlichen Konventionen gewann sie zeitweise einen Blickwinkel, von dem aus sie die eigene und die fremde Kultur nicht mehr allein mit vorgegebenen Metaphern betrachtete. Beispielsweise führt ihre Meinung, derzufolge sie bei den türkischen Frauen weder Schönheit noch Lebensart findet, nicht zu der Konsequenz, türkische Frauen seien »unkultiviert« und die europäischen seien »kultiviert«, sondern zu einer persönlichen Abgrenzung. Indem sie zwischen äußerlich völlig unterschiedlichen Lebensweisen unter verschiedenen Gesichtspunkten immer wieder auch Parallelen zwischen der europäischen und der türkischen Gesellschaft zieht, setzt sie sich selbst bewußt davon ab.

Nicht zuletzt die Unvereinbarkeit von aristokratischem und emanzipatorischem Standpunkt erwies sich im weiteren Verlauf ihres Lebens als eine Barriere und führte zu einem Bruch. Die Revolution von 1848, die sie vier Jahre nach ihrer Rückkehr aus dem Orient erlebte, entsetzte sie. Im gleichen Jahr starb ihr Freund Bystram, was sie sehr erschütterte. Beide Ereignisse beeinflußten ihren Entschluß, zum Katholizismus überzutreten, wesentlich. Sie konvertierte 1850, im Alter von 45 Jahren. Als Novizin trat sie in das Mutterhaus des Ordens »Zum guten Hirten« in Angers/Frankreich ein und gründete 1854 mit Mitteln aus ihren schriftstellerischen Einkünften ein Kloster dieses Ordens in Mainz als Rettungsstelle für »gefallene Mädchen«. Dort hielt sie sich, abgesehen von zwei Italienreisen 1868/69 und 1873, für den Rest ihres Lebens auf, ohne jedoch Nonne zu werden. Sie verfaßte noch zahlreiche Bekenntnisromane, darunter *Von Babylon nach Jerusalem*, in dem sie ihre eigene Geschichte behandelt. Der Orient bleibt Symbol ihrer Suche nach Hoffnung, ihrer eigenen Ungewißheit und des Wunsches nach Harmonie und politischer Versöhnung.

Dies reflektierte sie am Ende ihrer Reise: »Das muß ich denn aber doch sagen: wer das Reisen wie eine oberflächliche Zerstreuung betrachtet, der gehe nicht in den Orient. Vergnügungen bietet er nicht, nur Lehren und Offenbarungen. Das habe ich vorausgesetzt, sie gesucht und gefunden, und darum bin ich vollkommen mit meiner Reise zufrieden, nur freilich wieder in meiner Art und Weise: ohne Extase und Uebertreibung.«[34]

Elke Marquart

Eine Dame besichtigt den Orient

Louise Mühlbach
1814–1873

»Ich bin in Neapel gewesen und in Rom, ... Aber die Aussicht da droben, auf die Citadelle von Kairo, überragt Alles, was ich bis dahin gesehen.«[1] Die Begeisterung, die hier zum Ausdruck kommt, zieht sich wie ein roter Faden durch die beiden Bände *Reisebriefe aus Ägypten* der Louise Mühlbach, wie sich Clara Mundt als Schriftstellerin nennt. In einem späteren Brief an ihren Verleger schrieb sie von Ägypten als einem »Wunderlande«, dem Land des »Genusses und der Entzückungen«.[2]

Kein Wunder – angesichts der gesellschaftlichen Kreise, in denen sie sich während ihres Aufenthaltes, der im März 1870 im Hafen von Alexandria begann, bewegte.

Sie war zu diesem Zeitpunkt 56 Jahre alt. »Die Mühlbach«, wie sie damals genannt wurde, schrieb im Laufe ihres Lebens 290 Bücher und zahlreiche Artikel. Nach einer Augenoperation stellte sie 1864 einen Stenographen ein. Sie galt als die meistgelesene, gefeiertste Schriftstellerin ihrer Zeit. Kritiker warfen ihr »Oberflächlichkeit, Vielschreiberei und Phantasie-Luxus« vor. Einer unter ihnen prophezeite ihr 1870, drei Jahre vor ihrem Tod: »Dies ist ihres Schicksals Entweder-Oder: Heut' sind sie Mode oder morgen Moder!«[3]

Schon früh hatte sie Kontakt zu Ida Hahn. Zwischen den beiden entwickelte sich eine langjährige Freundschaft. »... und wir hatten dann unsere Hände ineinandergelegt und uns gelobt, Schriftstellerinnen zu werden und von niemand in der Welt uns zurückhalten zu lassen.«[4] Einige Zeilen weiter heißt es: »... da wußten wir nichts von den Dornen, Schmerzen und Enttäuschungen, welche jeder Künstler und Dichter auf seinem Lebenswege findet, wir sahen damals nur Rosen und Sonnenstrahlen und träumten nur von Lorbeerkronen und Ruhm.«

Louise Mühlbach meisterte viele Schwierigkeiten, erfüllte nicht nur ihre Aufgaben als Ehefrau, Mutter und Gesellschaftsdame, sondern betätigte sich auch und vor allem als Schriftstellerin. Fanny Lewald schrieb voller Bewunderung über sie: »Um so mehr fiel es mir auf, was Louise Mühlbach aus ihrer Zeit zu machen wußte.... Man sah, für diese Frau war fortwährendes, rastloses Arbeiten eine Art von Lebensbedingung, eine Notwendigkeit, und nie, seit ich sie kenne, habe ich sie ermüdet oder gar abgespannt gesehen.«[5] Zur Zeit der Ägyptenreise war Louise Mühlbach jedoch schon seit fast zehn Jahren Witwe. Ihre mehr als zwanzigjährige Ehe mit Theodor Mundt, der dem *Jungen Deutschland* angehörte, galt unter Zeitgenossen als glücklich und nahezu »ideale Gemeinschaft«.[6]

Trug Louise Mühlbach schon während der Ehe zum Unterhalt der Familie bei, so war sie nach dem Tode Mundts auf die Einkünfte aus ihrer schriftstellerischen Tätigkeit angewiesen. Ihre Bücher wandten sich an ein Publikum aus dem Bürgertum. Louise Mühlbachs Reise nach Ägypten ergab sich eher zufällig. Einer ihrer Freunde nahm 1869 an der Eröffnung des Suezkanals teil und hatte so die Bekanntschaft des Khediven von Ägypten gemacht. Louise Mühlbachs Tochter und Reisebegleiterin, Thea Ebersberger, erinnert sich an den Besuch dieses Freundes: »... (er) verabschiedete sich von meiner Mutter, die mit lebhaftestem Interesse von dieser Reise hörte, die auf ihren phantastischen und auf alles Außergewöhnliche gerichteten Sinn mächtigen Reiz ausübte, wie sie ihm sagte. Er bemerkte so en passant ›Möchten Sie auch hin? Ich verschaffe Ihnen eine Einladung‹ – worauf meine Mutter lebhaft zustimmte.«[7] Zu ihrer Überraschung hielt er Wort, sie nahm an.

Kurz vor der Abreise schrieb sie ihrem Verleger von dieser Einladung und erwähnte, der Khedive erwarte wohl von ihr, daß sie ein Buch über dessen Großvater und Gründer des neuen

Ägypten, Mohammed Ali, schreiben werde. Sie hatte, bevor sie überhaupt einen Fuß in dieses Land setzte, schon eine Vorstellung von Titel und ungefährem Umfang des Buches. Eine Woche nach Erhalt der Einladung brachen Mutter und Tochter, begleitet von der Dienerschaft, auf: Die Reise ging über Wien nach Triest und von dort per Luxusdampfer nach Alexandria.

Die Überfahrt verlief turbulent, da sie in einen Sturm gerieten. Dramatisch schildert sie die Ereignisse an Bord und beginnt ihre Reisebriefe mit den Worten: »Ich lebe noch!... Man liebt ja das Leben nie mehr, als wenn es von Todesgefahr bedroht worden und so war's mit uns!«[8]

Sie fährt fort: »...und (ich) kollerte wie ein federleichtes Etwas über das Deck hin, gerade dem heulenden Abgrund entgegen. Um mich hörte ich es schreien und jammern und Hilfe rufen –... und sah den schwarzen Abgrund vor mir... in einer Minute wär's geschehen...« – wenn nicht der Kapitän sich als Held und Retter in der Not erwiesen hätte: »...und daß wir heute das Land der Pyramiden und der Wunder noch erreichen, verdanken wir nächst Gott... dem Capitän... der uns mit energischer Entschlossenheit aus der Gefahr errettete.«[9]

In Alexandria angekommen, konnte sie kaum glauben, »endlich im Land der Pharaonen und der alten Geschichte«[10] zu sein. »Afrika! Niemals war ich auf den Gedanken gekommen, daß es möglich sein könnte, den gelben Strand von Afrika zu betreten! Nie waren meine kühnsten Wünsche und Träume über Italien hinausgegangen, wo ich vor Jahren einst so glückliche Tage verlebt. Wenn ich in stillen Sinnen mir meine Zukunft überdachte und mich fragte, welche Wünsche ich mir noch erfüllen möchte, so richteten sich meine sehnsüchtigen Blicke immer hin auf Rom, das wiederzusehen mir als ein glänzender Traum von Glück erschien... Dasselbe Gefühl übermannte mich, als wir, die tiefgrünen Wogen des Meeres dahinschaukelnd jetzt im Dämmerscheine, vor uns die Küste von Afrika erblickten. Bis dahin war mir meine Reise wie ein Traum gewesen, und traumhaft wirklich hatte sie für mich begonnen.«[11]

Gleich nach der Ankunft in Alexandria begegnete sie erstmalig schwarzen Sklaven, die beim Anlegen des Schiffes halfen. Erstaunt und distanziert, aber auch von oben herab und ängstlich, beschreibt sie diese Situation: »Wie die Katzen klettern und schwingen sie sich hinauf, die schwarzen, nackten Leute. Und ein Schreien, Wüthen und Toben... als wäre das Schiff von den schwarzen Kerls erobert und in Besitz genommen. Mir ward ängstlich zu Muthe, meine Tochter klammerte sich an mich und glaubte uns von wirklicher Gefahr bedroht.«[12] Das Fremde und Unbekannte, das sich ihr näherte, bedeutete Bedrohung. So spürte sie denn Erleichterung, als sie von einem Beamten des Khediven abgeholt wurde, der sie in ihr Hotel bringen sollte. »Am Ufer empfing mich ein Zweiter Beamter der Municipalität, nach dem Inhalt unserer Koffer, nach unserem Paß wurde nicht gefragt, denn die Eingeladenen des Khedive sind mit diesen Plackereien verschont.«[13] So wurde schon bei ihrer Ankunft klar, daß sie nicht als gewöhnliche Touristin nach Ägypten gekommen war, sondern daß ihr, der europäischen Dame, Privilegien eingeräumt wurden.

Ein deutscher Professor, später ägyptischer Beamter in Kairo, schrieb über Louise Mühlbachs Aufenthalt nicht eben wohlwollend: »Und sie traf richtig ein mit Sack und Pack und in Begleitung ihrer ›rehäugigen‹ Tochter und der dazugehörigen Dienerschaft, um auf Vizekönigliche Kosten in dem ersten Hotel Kairos ihren sechsmonatlichen Aufenthalt zu nehmen, wobei ihr die schönsten Wagen des Vizekönigs und sonstige den vornehmen Reisenden erwiesene Ehrungen zur Verfügung gestellt wurden.«[14]

Was suchte, was erlebte Louise Mühlbach nun im Orient? Aufschluß darüber geben die *Reisebriefe aus Ägypten*, in denen sie protokollierte, was sie während ihres Aufenthalts für berichtenswert hielt. Sie adressierte diese Briefe nicht an bestimmte Personen, sondern an ihre Leserschaft. 1871 erschienen sie als Buch: mehr als 500 Druckseiten, die zuvor fast gänzlich in der Tagespresse zu lesen gewesen waren. Louise gibt an, sie habe die Reisebriefe geschrieben, »weil alle Welt mich darum beschwor, und weil der Herausgeber der Tagespresse mich posttäglich mit Anforderungen nach diesen versprochenen Reiseberichten bombardierte«.[15] Ihre Eindrücke seien »ganz individuell, nichts von Schilderung der Denkmäler, sondern was ich erlebte, und – das können Sie mir glauben, das haben die Touristen nicht erlebt und gesehen, keinen Harem, keine Feste bei den Prinzessinnen, keine Diners en famille beim Khedive – und dergleichen mehr«.[16]

In ihren Reisebriefen erzählt sie Geschichten und Legenden, »allerliebste Anekdoten«, sie trifft die »curiosesten« Leute, Gaukler und Derwische, Frauen aller Hautfarben und die politische Prominenz des Landes. Sie sammelt Souvenirs: die landesübliche Tracht, eine zerrissene Zinktafel und ein altes, abgenutztes Tintenfaß, in Spiritus eingelegte Taranteln und Skorpione.

Sie weiß die Ruinen und Bauwerke verschiedenen Ereignissen und Personen zuzuordnen, sie schildert ausführlich und detailliert, schmückt alles mit ein wenig Phantasie und viel Pathos. Einem Mitpassagier legt sie den Satz in den Mund, der über ihre eigene Motivation zur Reise, über ihre Herangehensweise an Ägypten Aufschluß gibt: »Ägypten ist das Land der ewigen Jugend, der ewigen Schönheit, des köstlichen Genusses. Man findet in Ägypten seine Jugend wieder, und das Herz, welches in Europa stillgestanden und nichts mehr empfunden hat, lebt wieder auf in Ägypten, es liebt und jauchzt wieder. Sie finden in Ägypten alles, Madame! Sie finden da die Liebe, die Jugend, den Lebensgenuß und die Freude am Dasein. Sie finden alles, außer die Moral!«[17]

Das Luxushotel, das sie doch »zu sehr an europäische Gasthöfe erinnerte«,[18] verließ Louise Mühlbach sehr schnell, um mit ihren Besichtigungen zu beginnen.

Am Anfang ihres Streifzuges stand die Entdeckung des alten Alexandria, wo sie Tempel, Monumente und Ruinen aufsuchte, wodurch »die Erinnerung wach wird an vergangene Zeiten, da Ägypten noch groß war«. Sie machte »einsame Spaziergänge durch die große und schöne Stadt, die am Ufer des Meeres sich lagert, und deren Sandhügel, welche der Wüstenwind zusammengeweht, sich erheben gleich den Gräbern der verschütteten Jahrtausende«.[19]

Zwei Briefe widmete sie ganz dem »Alten Alexandrien«, über das sie viele Geschichten und Legenden zu erzählen weiß; natürlich auch die Liebesgeschichte von Cäsar und Kleopatra. Sie glorifizierte den alten Orient, sehnte die alten Zeiten herbei, wagte nicht, »hineinzublicken in die Zeiten, da Alexandrien noch nicht existierte«,[20] ebensowenig faszinierte sie die Zeit, da Alexandria nicht mehr so berühmt war wie zu Zeiten Alexanders des Großen und Kleopatras. Vom neuen Alexandria wandte sie sich enttäuscht ab, denn: »... die alte Welt interessiert Niemand, nur die neue Welt hat Werth.« Sie konkretisiert: »Nur das Geld hat Werth in Alexandrien und ihm jagt man nach mit allen Mitteln und Kräften.« Dem folgt ihre Ansicht, das Geld läge für jedermann auf der Straße und »Wer Energie und Kräfte und Intelligenz besitzt, hat nur nöthig, nach Alexandrien zu gehen, um ein reicher Mann zu werden«.[21]

Mit dem Zug fuhr Louise Mühlbach von Alexandria nach Kairo, durch die Wüstenstädte, und bemerkte dazu: »Bei jedem Aufenthaltsorte tritt das orientalische Leben näher an uns heran, braune und schwarze Menschen in ihren eigenthümlichen, verschiedenartigsten Trachten kommen herbei, die europäische Kleidung verschwindet immer mehr.«[22]

Aus dem sicheren, bequemen Abteil heraus genoß sie es, den »Orient« zu beobachten. Sie behielt die Distanz, die ihr Sicherheit bedeutete, achtete auch während ihres weiteren Aufenthalts darauf, daß sie räumlich und sozial bestehenblieb – daß ausschließlich sie, die Europäerin, die Dame, den Grad einer Annäherung bestimmte, die Grenzen überschritt.

In Kairo durchstreifte sie die Stadt, passierte die prächtige Schubra-Allee, eine der bekanntesten Straßen im reichsten Viertel Kairos, auf der sie dem Frühlingsfest beiwohnte. Sie spazierte die Musikstraße entlang, an der sich neben einheimischen Basaren auch europäische Geschäfte angesiedelt hatten. Sie ging auf die Zitadelle, von der sie die ganze Stadt überblicken konnte und deren Anblick sie in Bann zog. Auf ihren weiteren Wegen durch die Stadt begegnete ihr ein Pilgerzug, dann ein Trauerzug, der ein totes Mädchen trug, was Louise Mühlbach daran erkannte, daß die Leiche verschleiert war. »... auch im Tode darf sie ihr verhülltes Antlitz nicht der Welt und dem Himmel zeigen; ...«[23] Sie bekam einen »Zikr«, einen Totengesang mit, und notierte: »Es ist ein entsetzlicher, widerwärtiger Genuß, einem solchen Zikr zuzuschauen.«[24] Hochzeits- und Verlobungszüge, an denen sie vorüberging, boten Anlaß, auf Riten, Sitten und Gebräuche hinzuweisen. Sie schreibt, die Braut sei so verschleiert und eingepackt, daß sie schon fast einem Paket gleiche. Der Bräutigam hingegen zeige »ein fröhliches Lächeln und zwei Reihen glänzend weißer Perlenzähne«.[25]

Da sie sich informiert hatte über Land und Leute, wußte sie auch, daß die Brautleute sich erst bei ihrer Verehelichung kennenlernten, sie von den Eltern, hauptsächlich der Mitgift wegen, verheiratet wurden. Da sie sich in ihren früheren Werken ausdrücklich gegen die Konvenienzehe ausgesprochen hatte, entsprach diese Praxis nicht ihren Vorstellungen; sie äußerte sich aber nicht weiter dazu. Allerdings erwähnt sie, daß jeder Mann das Recht habe, sich vier Frauen zu nehmen. Auf ihre Frage, warum dies so sei, erhielt sie von einem arabischen Bekannten die Antwort: »Was wollen Sie, Madame: Die Europäer suchen in der einen Frau, der sie sich vermählen, alle Vorzüge ihres Geschlechts! Sie wollen Schönheit und Jugend, Reichthum, Herzensgüthe, Thugend und Geist, alles in Einer Frau vereinigt sehen. Wir Araber wissen, daß das unmöglich ist und sind daher bescheiden genug, in den Vier Frauen zu suchen, was die Europäer in Einer Frau sicherlich nicht finden!«[26]

Das »Straßenleben« schildert Louise Mühlbach immer wieder, denn: »Aus demselben heraus klingt und singt und rauscht und braust das ganze Leben, Denken und Empfinden der Gegenwart uns entgegen, und man kann nirgends so sehr den Charakter und die Sitten eines Volkes studiren wie hier in Kairo bei einer Wanderung durch die Straßen.«[27]

»Studiren«, beobachten – und zwar durchaus auch in Gebieten, in die sich gewöhnlich kaum ein Europäer, noch weniger eine Dame ihres Standes hineinwagt: die ärmeren und armen Viertel der Stadt. »Freilich, wer nur eine geputzte Dame sein und nur sehen will, was jede nur von dem Dragoman geführte Reisende zu sehen bekommt, der darf sich in so einem miserablen Kaffeehause umgeben vom Schmutze der Straßen, nicht niederlassen...«

Auch in diesem »elendsten aller Kaffeehäuser« hielt sie sich in angemessener männlicher Begleitung auf, mit dem Ziel, »nicht nur das Leben zu genießen, sondern auch ein wenig zu studiren«.[28] Gegenüber arbeitete ein Schuhflicker: »...die Sonne sticht und der gute Mann hat sich ein allerliebstes Schutzdach gegen dieselbe gemacht: einen Fetzen Leinwand, vielleicht ein Stückchen Mumienleinwand, das er irgend wo aufgerafft, hat er... ausgebreitet.... unter diesem seltsamen Baldachin arbeitet er vergnüglich und emsig.«[29]

Solch bilderbuchschöne Armut paßte in ihre Vorstellung vom Märchenland Ägypten, und wo die Beschreibung des So-Gesehenen nicht ausreichte, um den Eindruck von einer trotz der Armut heilen Welt hervorzurufen, nahm Louise Mühlbach ihre Phantasie zur Hilfe: Sie sah in Kairo einen Mann, der auf dem Rücken einen Krug mit Nilschlamm trug, den er als »schönes Wasser«, offensichtlich seine einzige Einnahmequelle, verkaufte. Louise schreibt: »Aber der Mann ist schmutzig und zerlumpt, und kein anständiger und vermögender Mensch wird aus dem Kruge trinken,... Irgend ein Fremder oder ein gutherziger Türke findet sich wohl an jedem Tage, der dem Wasserträger einen Bakschisch darreicht.«

Verharmlosend fährt sie fort, »...und man gebraucht in Kairo so wenig, um zu leben!«[30] Sie bagatellisierte die Situation der Armen, spielte deren Armut herunter. »Die Straßen sind ungepflastert, weich, ein gutes Lager für den Armen, die milde Luft deckt ihn zu und die Sonne weckt ihn am Morgen.«[31] Durch Attribute wie »weich« oder »mild« schafft sie ein fast idyllisches Bild. So bekümmert sie die Armut nicht weiter, zumal sie erklärt, daß der Arme wohl jeden Tag jemanden finden werde, der ihm ein wenig Geld für seinen Lebensunterhalt geben werde. Sie tat das natürlich auch. Sie kritisierte nicht, daß das Khediven-Haus auf Kosten des Volkes einen verschwenderischen Lebensstil führte. Das wäre nicht nur unhöflich gewesen, sondern auch inkonsequent, da sie selbst während dieser Reise davon profitierte und sich sonst einige Eskapaden nicht hätte leisten können.

Louise Mühlbach nahm teil an diversen gesellschaftlichen Ereignissen: Sie tanzte auf einem orientalischen Hofball, erhielt eine Audienz beim Khediven, was für eine Dame außergewöhnlich war, dinierte mit der Elite des Orients und Okzidents »echt türkisch« und beschreibt, daß ihr das Essen nicht geschmeckt hat: »... ich bekenne offen, daß ich barbarisch genug war, an diesem türkischen Diner durchaus keinen Gefallen zu finden.« Und die gefüllten Weinblätter mundeten ihr ebenfalls nicht: »... ich legte mir von dieser Speise zwei Röllchen auf den Teller und begann, muthig davon zu essen; aber es gefiel mir ganz und gar nicht.«[32] Dennoch beeindruckten sie derartige Festivitäten. Sie bewunderte »prächtig geschmückte Damen an den Armen ihrer Kavaliere«, war erstaunt über »ein Gewirre von Nationaltrachten aller Länder« und hörte »ein Gewirr und Gewoge von Sprachen, Tönen und Klängen«.[33] Besonderes Interesse fanden »diese schönen Griechinnen« und »syrischen Damen des Orients«.[34] Sie parlierte mit Persönlichkeiten, auch mit dem Khediven; allerdings sperrte sie dabei ihre Leser aus. »Was ich mit dem Khedive über Ägypten, über die Zukunft seines Landes und die Politik gesprochen habe, wäre indiskret zu wiederholen, gerade weil der Khedive sich mit edler Offenheit und mit liebenswürdiger Lebhaftigkeit... äußerte.«[35]

Auf diesen Festen begegnete Louise dem modernen Orient, und sie stellt fest, daß »ein Ball im Orient... sich doch ein wenig von unseren Bällen im Abendlande (unterscheidet, d. V.). Bei uns ist der Tanz Nebensache, hier die Hauptsache«.[36]

Wie schon ihr Schweigen über den Inhalt des Gesprächs mit dem Khediven andeutet, äußerte Louise Mühlbach sich in ihren

Reiseberichten zu politischen Fragen nicht – mit einer nicht unwesentlichen Ausnahme: Sie stellt sich gegen die Fremdherrschaft in Ägypten, gegen die privilegierte Stellung der Generalkonsuln aller Länder sowie gegen deren Verhalten im Land. Sie schreibt: »Jeder Consul einer auswärtigen Macht ist wie ein kleiner König.« Und weiter: »Die Stellung der Consuln hier in Alexandrien ist überhaupt eine ausnahmsweise seltsame und die größte Qual und Last für die Regierung.« Diese Konsuln benähmen sich »ungehörig«, und selbst der Vizekönig sei nicht in der Lage, sich dagegen zur Wehr zu setzen. Denn der türkische Sultan, welcher faktisch der »Herr« über Ägypten sei, stelle sich gegen den Khediven. Der Sultan wolle diesen demütigen, um seine Macht zu demonstrieren. So sei es beispielsweise schwierig, in Ägypten lebender Gesetzesbrecher aus dem Ausland habhaft zu werden, da oftmals deren Generalkonsuln sie unter ihren Schutz nähmen, um sie der ägyptischen Justiz zu entziehen. Würden sie dennoch gefaßt, könnten sie nicht nach ägyptischem Recht verurteilt werden, sondern lediglich nach dem ihres Herkunftslandes.

Louise kritisiert aber nicht nur die türkische Fremdherrschaft und den Sultan, sondern auch Frankreich und die Franzosen. In einem Dialog mit der Khediven-Mutter wird ihre Haltung gegenüber Frankreich deutlich. Die Mutter des Khediven hatte sich nach einem Attentatsversuch auf Napoleon III. darüber ereifert, daß das französische Volk es gewagt hatte, sich gegen den Kaiser aufzulehnen: Das Volk könne »nur durch seine Fürsten glücklich und groß werden...!«

Louise Mühlbach schreibt dazu: »Ich natürlich erlaubte mir nicht, der Prinzessin zu widersprechen, und wagte nur schüchtern, einige Andeutungen zu machen, wie das Regiment des Kaisers Napoleon doch vielleicht einiges zu wünschen übrig lasse und woher es wohl kommen möge, daß das französische Volk nicht so zufrieden wäre.«

Louise plädiert für ein Ende jeglicher Fremdherrschaft über Ägypten: »... es wird vielleicht die Zeit kommen, wo der Khedive nicht nur französisch, sondern auch englisch und deutsch spricht, und dann wird er diese Fesseln brechen, die ihn an Frankreich und Stambul binden.«[37] Das paßt zu den Positionen, die sie auch in Deutschland vertrat: Sie stand der 1848er Revolution positiv gegenüber, verteidigte sie etwa in einem heftigen Streit gegenüber Ida von Hahn-Hahn, welche die Revolution als »Verbrechen und Nichtswürdigkeiten« bezeichnete. Louise »konnte und durfte es nicht dulden, wollte es nicht hören«, daß die »hohen und heiligen Bestrebungen des Volkes«, ihre Freunde und deren Ideen, denen sie selber »huldigt«, daß das Volk von Ida von Hahn-Hahn als eine »dumme und rohe Masse von Pöbel«[38] bezeichnet wurde. Ida von Hahn-Hahn und Louise Mühlbach sahen sich danach viele Jahre nicht mehr.

Doch zurück nach Ägypten: Obwohl sie, wie erwähnt, beschlossen hatte, über Mohammed Ali ein eigenes Buch zu schreiben, kam sie an ihm auch in ihren Reisebriefen nicht vorbei. Sie berichtet von einem Ereignis auf der Zitadelle, bei dem Mohammed Ali des Machtgewinns halber 300 Mamelukken töten ließ. Dieses grauenhafte Niedermetzeln verteidigt Louise: »...um Bedeutendes zu vollbringen, durfte er die furchtbare That, mit welcher er seine Herrschaft begündete, nicht scheuen.«[39] Oder, ganz ähnlich an anderer Stelle: »Was er begonnen, wird vollendet werden, und das Blut der Mamelukken wird nicht umsonst vergossen sein, es hat den Boden getränkt für die neue Herrlichkeit des Ägyptenvolkes.«[40]

Louise Mühlbach nahm in Ägypten nicht nur an höfischen Einladungen teil, sondern gelangte auch in weitere »Innenräume«: Moschee, Universität und Harem. Sie scheute sich nicht, religiöse Schranken zu durchbrechen, um an einer besonderen Darbietung teilzunehmen, dem Tanz der Derwische. Sie beschreibt zunächst die Räumlichkeiten der Moschee sowie die Kleidung der Tänzer, um dann ihre Aufmerksamkeit der Zeremonie zuzuwenden: »Zuerst, ..., ein andächtiges Wiederholen des Wortes: ›Allah! Allah!‹ Bald fliegt es in immer rascherer Folge von Mund zu Mund, und auf einmal strecken die Derwische ihre Arme zum Himmel empor, ...und beginnen langsam sich auf der Stelle... herumzudrehen, ... immer rascher, immer unaufhaltsamer drehen sich die Derwische... im Kreise herum. Dann auf einmal... bleiben sie auf der selben Stelle plötzlich stehen, in der sie sich eben in so furchtbaren Schwingungen gedreht.«[41]

Eine weitere Grenzüberschreitung beging sie beim Besuch der Universität der El-Azhar-Moschee. Sie begann ihre Besichtigung mit den Worten: »Freilich entsprechen die Wissenschaften des Orients und die Studien nicht mehr den großen Zeiten, da Alexandrien, die Stadt der Städte, der Hort der Wissenschaften war, da dorthin sich alle Gelehrten wandten und da hier im Orient die größte aller Bibliotheken sich befand.«[42] Nach diesem Ausdruck des Bedauerns kokettiert sie damit, daß sie sich erneut auf ein Terrain, auf das sich kaum Fremde wagten, begab. »Für die Europäer ist es nicht ganz ohne Gefahr, die Universität in der riesengroßen Moschee El-Azhar zu besuchen; denn die Ungläubigen sind im Orient weit mehr verhaßt, als wir meinen.«[43] Um ihre Aussage zu belegen, schreibt sie, nicht ohne Phantasie: »Den Christen ist es zuweilen schlimm genug ergangen, wenn sie die Universität... besucht haben. Der Fanatismus der Studenten hat sie nicht bloß mit Schimpfreden verfolgt, sondern sie sogar thätlich insultiert.«[44] Ihr wurde als Begleitschutz ein bewaffneter Beamter mitgegeben.

Das, was sie in der Universität ansah und beschrieb, geht kaum über Äußerlichkeiten hinaus, da sie das Gesprochene nicht verstehen konnte und ihr Dragoman sie nicht begleitete. »Überall die verschiedenartigsten Gruppen; hier ein Kreis von ernsten Männern mit langen weißen Bärten. ... Dort ein alter Mann, der sein ganzes Leben damit hinbringt, den Kuran ganz und gar abzuschreiben, ... Hier lautes Geschwirre und Getöne, denn in der Mitte dieser großen Gruppe sitzt ein Professor, ...«[45]

Sie begegnete ausschließlich Männern, denn nur sie besaßen – wie auch im zeitgenössischen Deutschland – das Privileg studieren zu dürfen. Es wurden der Koran, die Religions-, Zivil- und Kriminalgesetze sowie Algebra gelehrt, »insofern sie sich auf die Auslegung des mohammedanischen Kalenders und die Berechnung der Gebetsstunden bezieht«.[46]

Über die Bildung der Frau schreibt sie an anderer Stelle: »... das einzige, was Frauen in Ägypten lernen, wenn sie überhaupt etwas lernen, ist Musik und Poesie ...«

• • • •

Zur Zeit der Reise Louise Mühlbachs nach Ägypten gab es dort für Mädchen neben den traditionellen Koranschulen, die elementare Kenntnisse im Schreiben und Lesen vermittelten, einige Missionsschulen und die Hebammenschule, die 1832 gegründet worden war – »Allerdings fand Mohammed Ali unter den Privilegierten keinen Vater, der seine Tochter hinschicken wollte. Er wandte sich an seine Söldner und versprach ihnen freie Ausbildung, Kleidung, Unterkunft für die Töchter; aber ohne Erfolg. Nun versuchte er, durch einen Befehl die Söldner zu zwingen, aber diese ließen sich lieber einsperren, als ihren Töchtern ›Schande‹ zuzufügen. ... Auch die Bauern ließen sich von seinem lukrativen Angebot nicht gewinnen und nahmen die Bestrafung auf sich. Schließlich konnte die Schule doch 1836 den Betrieb mit acht Schülerinnen aufnehmen. Es waren Waisenmädchen, befreite Sklavinnen und Dienstmädchen, die ihre soziale Lage verändern wollten. ... Es wurde ihnen Geburtshilfe, Hygiene, Therapie von Krankheiten, kleine Chirurgie, Verbandslehre, arabische Sprache und französische etc. beigebracht. Sie bekamen ein monatliches Gehalt, das sich allmählich erhöhte; Kleidung und Ausbildung waren frei. Die Absolventinnen bekamen einen Dienstboten, einen Esel sowie eine Stelle am geburtshilflichen Krankenhaus mit Unterkunft. Um den guten Ruf seiner Absolventinnen zu wahren, verheiratete sie Mohammed Ali mit deren Kollegen aus der Medizinschule. Das Ehepaar zieht dann in eine von der ägyptischen Regierung kostenlos eingerichtete Wohnung für ihr Leben lang ein. Jeder von ihnen bekommt... ein Maultier, für den Transport während der Arbeit. Bedingung für die Männer war, daß ihre Frauen weiterhin ihren Beruf ausübten. Allmählich gewöhnte sich die Bevölkerung an die Hebammen. Besonders Familien mit niedrigem Einkommen und Waisenmädchen bemühten sich um die Aufnahme in die Schule, Mädchen zwischen 12–13 Jahren wurden aufgenommen. Als 1873 die Primarschulen für Mädchen gegründet wurden, setzte man als

Aufnahmebedingungen für die Hebammenschule den Primarschulabschluß voraus.«[47] *Zum Vergleich die Bildungsmöglichkeiten von Frauen im Deutschland des 19. Jahrhunderts: Als qualifizierten Frauenberuf gab es nur den der Lehrerin. Eine Ausbildung dafür, die denen in den Lehrerseminaren vergleichbar war, konnten Frauen ab 1832 – dem gleichen Jahr, in dem in Ägypten die Hebammenschule eröffnet wurde – in Berlin oder Münster erwerben. Knapp zwei Jahrzehnte nach dem Besuch Louise Mühlbachs in Ägypten richtete Helene Lange 1889 in Berlin die ersten »Realkurse für Frauen« ein, 1896 legten erstmals externe Schülerinnen die Reifeprüfung ab, und die volle Immatrikulation an Universitäten wurde Frauen in Deutschland nach und nach im ersten Jahrzehnt des 20. Jahrhunderts gewährt.*[48]

In Ägypten nahmen 1926 die ersten Frauen ein reguläres Studium auf, nachdem seit 1906 einzelne im Ausland studiert hatten.[49] *Privatunterricht und Selbststudium, auf die Frauen im 19. Jahrhundert weitgehend angewiesen waren, hatten auch im Orient in wohlhabenden Kreisen Tradition.*

• • • •

Und die Begegnungen Louise Mühlbachs mit ägyptischen Frauen? Zunächst einmal nahm sie verkleidet, d. h. verschleiert, an einem Familienfest teil. Es wurde die Geburt des ersten Sohnes eines angesehenen Kaufmanns gefeiert, und »weil mehrere seiner Anverwandten es durchaus übel vermerken würden, wenn eine fränkische Dame sich in seinen Harim eingeschlichen, welcher sonst so streng bewacht wird«, zog sie die Maskerade dem Nicht-zusehen-Können vor. Sie verließ gerade das Haus, als ihr ein Zug mit Haremsdamen entgegenkam. Ihre Begleiter waren ganz aufgeregt und wollten Louise fortführen, denn »da muß jeder fliehen und keiner darf es wagen, bleiben zu wollen, wenn der Harim kommt«.[50] Doch sie wollte die Frauen sehen, die »da drüben in dem Palaste mit verschlossenen Gittern« wohnten. Sie bemitleidete die Frauen des Harems, »und (man) freut sich des jugendlichen Lebens und freut sich, daß man nicht hinter der hohen Pforte eingeschlossen ist, ...«[51]

Dieser Kontakt blieb nicht der einzige, denn da sie sich in den privilegierten Kreisen bewegte, konnte sie den Harem des Vizekönigs besuchen. Sie hatte gehört, daß die Prinzessinnen sich auf ihren Besuch freuten und ihr zu Ehren ein kleines Fest veranstalten wollten. »Sie können (sich) wohl denken, daß wir, ich sowohl als auch meine Tochter, sehr gespannt auf dasselbe waren und daß unsere Gedanken bis zum nächsten Tage ebensoviel mit der nöthigen Toilette, als mit der Neugierde auf den Harem beschäftigt waren.«[52] Bekleidet mit »langen, hofmäßigen Schleppkleidern«, also standesgemäß, brachte man sie nun mit einer Hofequipage zum Harem. Dort wurden sie zunächst von »vier großen, häßlichen Eunuchen« am Arm gefaßt und zu dem Teil des Schlosses, in dem die Prinzessinnen lebten, geführt. Eine aus der Schweiz stammende Erzieherin der kleinen Prinzessinnen begrüßte sie zu ihrer Überraschung in deutscher Sprache, sodann begannen die Besichtigungen im Harem. In einem »ungeheuren, mit Divans und Teppichen geschmückten Saale« trafen sie auf die Prinzessinnen. »Jetzt... betrachtete ich mir ein wenig die schönen Frauen, und wahrlich, die Prinzessinnen waren wohl der Betrachtung Werth.« Ihre Schilderungen bleiben überwiegend bei Äußerlichkeiten: »Die Damen waren gekleidet nach der neuesten französischen Mode in prächtigen seidengestickten Gewändern, und reicher Schmuck blitzte an ihren Händen, Armen und Ohren.« Selbst am Tschibuk, der Wasserpfeife, funkeln Rubine und Brillanten.

Die Frau des früheren Vizekönigs, die »eine hohe, schlanke Gestalt, ein edles, bleiches Angesicht mit tiefen, schwarzen Augen« hat, trägt ein »dunkelblaues Atlasgewand, so eng sich an die schlanken Glieder anschmiegend, daß man sie unter demselben erkennen konnte,...«[53] »Die Damen des Harims verstehen es wohl, ihre Reize zu pflegen und zu bewahren.« Und weiter: »Sie sind jung und schön, die schwarzen Augen flammen und glühen, wie's nur die Augen der Orientalinnen tun, die Purpurlippen sind stets zu einem Lächeln bereit und zeigen dann zwei Reihen der köstlichsten Zähne. Die Gestalten sind nicht schlank, sondern haben jene üppige Fülle, wie sie die Orientalen lieben.«[54] Das Lustobjekt Frau. Nicht in Frage gestellt, sondern besichtigt! Louise Mühlbach, die in Deutschland für die Emanzipation der Frau eingetreten ist, beschreibt all dies kommentarlos. Sie, die sich gegen die Konvenienzehe gewandt hat und in dem biographischen Roman über *Aphra Behn* kritisiert, daß Männer nur auf die Schönheit der Frauen achten und nicht auf das, was in ihnen steckt, fragt nicht nach der Lebenssituation der Frauen im Harem. Allerdings: die hierarchische Struktur wird anschaulich geschildert. Neben den vier Frauen des Khediven, den Prinzessinnen, gibt es Sklavinnen, die sich um die Bedienung jener zu kümmern haben. Die Dienerinnen haben die Aufgabe, nicht nur den Prinzessinnen, sondern auch den Sklavinnen zur Verfügung zu stehen. Doch auch zwischen den Sklavinnen gibt es Unterschiede – neben den Bediensteten die Künstlerinnen: Tänzerinnen, Musikerinnen und Sängerinnen. Eine solche Hierarchie mag durchaus auch in Louise Mühlbachs Sinn gewesen sein, war sie doch in Deutschland für das Ammenwesen eingetreten mit der Begründung: »Die Frauen aus unseren Bildungskreisen können sich niemals so herabstimmen, bloß als Maschine und Thier so hinzuvegitieren, ... von einer Amme kann man verlangen, daß sie nur Maschine ist und regelmäßig wie ein Uhrwerk ihre Functionen vollbringe.«[55]

Aber zurück zum Harem: Da sie sich hier anläßlich eines Festes aufhielt, kam Louisa Mühlbach in den Genuß, das Können der erwähnten Künstlerinnen bestaunen zu dürfen. Enthusiastisch beschreibt sie, was sie sah: Schöne Gestalten, die sich drehen, und »köstlich war das üppige und selige Lächeln, das ihre Lippen umschwebte, wunderbar der Glanz der flammenden Augen; immer verzückter wurden ihre Gesichter, immer glühender die Bewegungen«.[56] »Denn die ägyptischen Tänzerinnen tanzen nicht wie bei uns mit dem ganzen Körper, nicht die ganze Gestalt hebt und schwingt sich im Tanze, sondern sie tanzen bald mit den Armen allein, während der Körper ruht...« Nach einem langen, kräftezehrenden Tanz sinken sie »endlich athemlos, keuchend, aber nicht vor Erschöpfung, sondern in wonniger Lust« zu Boden nieder. Der Musikerin, die eine große

Künstlerin ist, hören die Prinzessinnen »mit verklärten Gesichtern« zu. In das »entzückte Rufen« am Ende der Darbietung stimmten Louise und ihre Tochter begeistert mit ein. Die Distanz, die für einen Augenblick gemeinsamer sinnlicher Erfahrung aufgehoben schien, stellte sich gleich darauf wieder her. Louise schildert ihren Eindruck von der Sängerin mit Befremden: »... und nun hob sich eine Menschenstimme empor. Schrillend mit lautem Getön, mit seltsam vibrierender Stimme, wie es bei den ägyptischen Sängerinnen als schön erachtet wird, begann sie zu singen...« Sie schenkt den Zuhörerinnen große Aufmerksamkeit und sieht an dem »süßen Beben und Zittern der Tänzerinnen und an dem Gesichtsausdruck der Prinzessinnen, daß es ein Liebeslied ist«.[57] Sie kann deren Empfindungen nicht ganz teilen und gibt zu: »Ich meinesteils, da ich die Worte nicht verstand, war von der etwas eintönigen Melodie und dem schrillen Gesange nicht gerührt worden.« Relativierend fügt sie hinzu: »Bei den Ägypterinnen ist aber die Melodie Nebensache, und die deutliche Aussprache der Worte... ist ihnen die Hauptsache.«[58]

Nach vielfachen Besichtigungen und Besuchen ging der Aufenthalt Louise Mühlbachs in Ägypten zu Ende: Im Mai 1870 fuhr sie nach Deutschland zurück, »wo die Formen so steif und die Moral so eng ist«.

Conny Lausch-Jäger

Eine reis(z)ende Feministin

Mina Kruseman
1839–1922

Kruseman, Mina – auf diesen Namen stieß ich zum erstenmal bei meinen Recherchen zum Thema: »Reisende Holländerinnen zur Zeit der Vereinigten Ostindischen Compagnie (VOC)«.

Niederländisch-Indien, das heutige Indonesien, war eine der frühen und für die europäischen Herren lukrativsten Kolonien überhaupt. Die ersten Stützpunkte der VOC wurden zu Beginn des 17. Jahrhunderts erobert, und um die Mitte des 19. Jahrhunderts, in der Kindheit Mina Krusemans, war die Kolonie zum »Rettungsgurt geworden, der die Niederlande über Wasser hielt«.[1] Mit den kolonialen Profiten wurden die Staatsfinanzen des »Mutterlandes« saniert. Dies war nur möglich, indem die Bevölkerung gewaltsam und systematisch ausgepreßt wurde – mittels einer Kolonialadministration, die in den Niederlanden rekrutiert wurde. Sie bestand wie in allen europäischen Kolonien aus Männern. Aber schon in den frühen Jahren der VOC gelangten auch niederländische Frauen nach Indonesien: Im Jahre 1609 kam mit dem ersten Generalgouverneur auch ein Transport von 36 Frauen an, die mit holländischen Siedlern verheiratet werden sollten. Nach diesem ersten Schub folgten in kleinen Gruppen weitere Frauen, teils unter abenteuerlichen Umständen. So wurde in den Registern von Batavia am 6. Juni 1675 notiert: »Am Vormittag ist hier an der Reede das Schiff ›Eylant Mauritius‹ aus dem Vaterland über das Kap der Guten Hoffnung angekommen; ... mit 289 Menschen an Bord, davon: 156 Seefahrer, 19 Militärs, 6 Frauen, 7 Kinder und 1 freier Mann;

... auf der Reise gestorben sind: 6 Seefahrer, 13 Militärs, 2 Frauen und 3 Kinder; auf der anderen Seite wurde unterwegs ein Kind geboren und auch eine Weibsperson unter den Soldaten gefunden.«[2]

Gegen die Frauen, die unter Soldaten lebten, ging die VOC bald vor. Erwünscht waren in der Kolonie dagegen vor allem die Ehefrauen der Gouverneure: Sie legten den Grundstein für die indonesische Kolonialgesellschaft und bestimmten die gesellschaftlichen Verhaltensweisen. In weiteren Transporten kamen Frauen, welche »Töchter der Compagnie« genannt wurden. Diese Bezeichnung war nicht als Auszeichnung zu verstehen. Es handelte sich dabei – so Jean Gelman Taylor – um junge Frauen von »geringer« Herkunft, die in Holland mit der VOC einen Vertrag abgeschlossen hatten. Darin verpflichteten sie sich, sich in Indien niederzulassen und zu heiraten. Die VOC bezahlte ihnen die Überfahrt, sie bekamen Kleidung, einen niedrigen Lohn und einen Brautschatz. Im Jahre 1623 wird über die Ankunft einer Gruppe von 82 Frauen berichtet, die in Begleitung der Ehefrauen einfacher Angestellter reisten.[3]

Frauen aus der Mittel- und Oberschicht kamen als »Handschoentjes« (Handschühchen) in die Kolonie: Junge Männer, die ausgewandert waren, um Karriere zu machen, ließen – nachdem sie ihr Ziel erreicht hatten – ihre Bräute nachkommen. Für die Eltern des Mädchens war es nicht denkbar, ihre unverheiratete Tochter in die Fremde ziehen zu lassen, für den Mann war es nicht möglich, zu den Hochzeitsformalitäten nach Holland zurückzukehren. So wurde die Ehe mit einem Bevollmächtigten geschlossen, wobei der Bräutigam durch seinen Handschuh symbolisch anwesend war.

Andere Frauen kamen als Gouvernante, Haushälterin, Gesellschaftsdame, Näherin oder Lehrerin nach Niederländisch-Indien und heirateten später dort. Als weitere Gruppe sind Nonnen und Missionarinnen zu nennen.

Dennoch: Frauen blieben unter der europäischen Bevölkerung in der Kolonie eine Minderheit. Noch 1880 kamen auf 100 weiße Männer nur 15 niederländische Frauen, um die Jahrhundertwende war ihre Zahl dann auf 31 gestiegen.[4] Aus der Feder von Frauen gibt es so nur wenige Quellen zum Leben in Niederländisch-Indien. In größerer Zahl sind sie erst für das 19. Jahrhundert bekannt, eine Reihe von Schriftstellerinnen schildert vor allem in Romanen, meist in kritischer Absicht, das ihnen aus eigener Anschauung vertraute Leben in der fernen Kolonie.

Zu diesen Frauen gehört auch Mina Kruseman: Schriftstellerin, Sängerin und Schauspielerin – keine alltäglichen Berufe für Frauen in der damaligen Zeit. Aber Mina Kruseman war auch keine »alltägliche« Frau, das wird besonders deutlich bei ihrer radikalen Haltung zum Militär und ihrer Auffassung von der Frauenrolle. Beides wird immer wieder wichtig in ihrem Leben. Und so war der Umgang mit ihr für viele Zeitgenossen nicht bequem; ihre eigenwilligen und umstrittenen Ideen und Auffassungen, ihr nonkonformes Verhalten reizten viele Menschen, Leben und Arbeit erforderten, daß sie viel reiste.

Mina, die eigentlich Wilhelmina Jacoba Pauline Rudolphine hieß, wurde am 25. September 1839 in Velp (Niederlande) geboren. Sie war die Tochter von Hendrik Georg Kruseman und Jenny Dorothee Hermine Cornelia Cantzlaar, die noch eine ältere und zwei jüngere Töchter hatten. Alle vier wurden in Holland geboren, verbrachten aber einen Teil ihrer Jugend in Niederländisch-Indien. Minas Vater war Offizier in Indonesien. Sein Beruf bedingte, daß die Familie des öfteren umziehen mußte. Eine geregelte schulische Erziehung war somit den Kruseman-Töchtern nicht vergönnt. Doch bedeutete das für Mina, daß sie viel von dem Land kennenlernte; sie liebte vor allem Java. Mina Krusemans Jugend, aber auch ihr späteres Leben und Werk, wurde entscheidend durch ihre »Contramine« (Opposition) zum Vater als hochdekoriertem Kolonialoffizier geprägt. An seiner Autorität entwickelte sich Minas Persönlichkeit. Statt vor seinen Ansichten zu resignieren, stellte sie sich kämpferisch gegen alle Werte, die er repräsentierte: Sie wurde zur Pazifistin und setzte sich für die elementaren Rechte der Frau ein. Zweifel oder Selbstkritik waren ihr zeitlebens fremd, im Gegenteil, Mina trat immer lautstark, kompromißlos und autoritär für ihre Überzeugungen ein.

Sie war fünfzehn Jahre alt, als sie hörte, daß ihr Vater für seinen Dienst am Vaterland eine Auszeichnung erhalten und als Generalmajor pensioniert werden sollte. Entsetzt stellte sie ihn zur Rede und verlangte, daß er seine Medaille an den König (Willem I.) zurückschicke. Vater und Tochter stritten sich über dieses Thema so heftig, daß dies für Mina zum Anlaß wurde, die elterliche Wohnung zu verlassen und zu Freunden zu ziehen.

Doch der Protest nutzte wenig. Der Vater wurde pensioniert, die Familie ging zurück in die Niederlande – auch Mina reiste mit nach Europa. Sie wohnten in Ginneken, einem Ort in der Nähe von Breda. Eine stille, eintönige Zeit begann. Ein Tag wie der andere: von 9 bis 11 Uhr wird gelernt, anschließend Kaffee, danach Zeit zum Klavierspielen, Sticken oder Schreiben. Nach dem Essen geht die Familie spazieren. So verging die Zeit. Mina fühlte sich unglücklich in dem fremden Land, wo alles so einengend war. Sie vermißte Indonesien, besonders die Insel Java mit ihrer phantastischen Flora und abwechslungsreichen Landschaft.

Mit 19 Jahren verfaßte sie eine Studie für Frauen und Mädchen über deren Stellung in Ehe und Gesellschaft: »Die Welt duldet nicht, daß eine Frau, und noch viel weniger ein Mädchen, sich außerhalb des engen Kreises ihrer eintönigen, unbedeutenden, häuslichen Beschäftigung bewegt. Man will nicht, daß sie sich mit etwas anderem beschäftigen als mit der Küche, der Wäsche, dem Saubermachen, dem Einkochen, dem Nähkörbchen, dem Stricken usw., usw. Man hört sie nicht gerne über wissenschaftliche Themen reden oder Urteile abgeben über Dinge, die außerhalb ihres Haushalts liegen. Lieber vernimmt man aus ihrem Mund: ›Ich weiß es nicht‹ oder ›Es ist mir egal‹, als daß sie über Dinge sprechen, die nicht im Bereich der Küche und des Kinderzimmers liegen.« [5]

Mina wußte, daß die meisten Frauen eine untergeordnete Rolle im Leben spielen. Lebenslänglich eine Statistenrolle – das hielt sie für unerträglich. Doch, so stellt sie fest, wo man auch hinsieht: Mädchen werden von Anfang an auf diese Rolle vorbereitet. Dazu dann noch etwas Künstlerisches, das erhöht ihren Wert für die Ehe. Aber was geschieht mit den Talenten einer Frau, wenn sie heiratet? Sie liegen brach, dienen allenfalls der Unterhaltung des Mannes. Minas berechtigte Frage: Wozu eigentlich der ganze Aufwand?

Sie bedauert die verheirateten Frauen sehr. Auf die Frage nach dem Grund der Eheschließung antworten, so Mina, zwar alle verschieden: aus Liebe, weil die Eltern es so wollten, weil der jetzige Ehemann sie immer wieder gefragt habe und dergleichen – aber der wahre Grund sei der, daß die Frauen keine alten Jungfern werden wollten. Denn so paradox es klinge, die Ehe scheine trotz alledem der einzige Weg zum weiblichen Glück! Würden gebildete und kluge Frauen den Männern Angst machen? Diese Frage stellt sich Mina des öfteren, ohne eine eindeutige Antwort geben zu können.[6]

Im Dezember 1859 starb die Mutter an Krebs, Mina zog mit ihrem Vater und den beiden Schwestern nach Brüssel. Die Zwanzigjährige und ihre Schwester möchten »Chanteuse« werden, ein Metier, das äußerst verpönt ist. Aber die Kruseman-Schwestern setzten sich durch. Nachdem sie eine Prüfung abgelegt hatten, wurden sie am Konservatorium zugelassen: dreimal in der Woche Gesangs- und Klavierunterricht. Doch Meinungsverschiedenheiten mit dem Professor führten dazu, daß Mina das Konservatorium verließ.

Noch führte sie das wohlbehütete Leben einer höheren Tochter: Aus den Briefen geht hervor, daß sie im Jahre 1865 verlobt gewesen ist. Sie schreibt im Juli aus Brüssel: »Ich liebe... und ich glaube nicht, daß ich ihn unglücklich machen werde, genau so wenig wie er mich. Er soll ruhig kommen, meinerseits hat er nichts zu befürchten.«[7]

Diese Beziehung ging aus familiären Gründen auseinander; nach der Trennung machte sich Mina im März 1866 ernsthaft Gedanken, nach »Indien« zurückzukehren, um dort z. B. Musikunterricht zu geben. Sie versuchte, eine Familie zu finden, bei der sie dort wohnen könnte – es blieb jedoch bei den Plänen. Sie versuchte statt dessen, zunächst in der Musikwelt Fuß zu fassen, was recht schwierig war, galt es doch, vorab einige Steine aus dem Weg zu räumen. Bekannte versuchten, sie vom Künstlerleben abzubringen, aber Mina blieb hartnäckig: Sie liebte die Abwechslung, das Reisen und Umherziehen.

Schließlich stellte sie sich in Paris als Sängerin vor. Da sie völlig unbekannt war, keine Referenzen hatte, wollte man nichts von ihr wissen. Existenzielle Sorgen bedeutete das nicht – solange ihr Vater lebte, griff er Mina finanziell unter die Arme. Sie konnte sich bezüglich eines Engagements geduldig zeigen und schlug 1869 sogar ein Angebot aus den Vereinigten Staaten aus, um zuerst in Paris ihre musikalische Ausbildung abzuschließen. Fünf Monate lebte sie dort, begeistert von der Welt der Musik, aber auch heftig berührt vom Ausbruch des deutsch-französischen Krieges im Juli 1870. Sie sah darin ein Verbrechen, das die ganze Welt unterstützte.

Um ihre Karriere weiter voranzutreiben, beschloß sie bald, in die Vereinigten Staaten zu gehen, plante ihre erste große Reise aus eigenem Entschluß. Am 8. Juli 1871 war es soweit. Mina Kruseman fuhr über London nach New York. Diese Stadt versetzte sie in Begeisterung. Bei der Ankunft fühlte sie sich an Batavia (Indonesien) erinnert: überall kleine Inselchen und im Hafen viele, viele Dampfschiffe und Segelboote in allen Größen und Schattierungen.

Alles war hier anders, moderner. Amerika war »ihr« Land, es war für sie das Land der Träume. »New York ist magnifique! Nicht so monumental wie Paris, nicht so severe wie London, nicht so einfach wie Brüssel oder Den Haag, nicht so gemein betriebsam wie Amsterdam oder Rotterdam. Es hat von allen diesen Städten etwas, und deshalb ist kein Vergleich möglich, obwohl der erste Eindruck mich am meisten an Paris erinnerte.«[8] Sie fährt fort: »Ich empfinde die Art zu leben hier als die vollkommenste, die ich je irgendwo in der Welt erlebt habe. Es ist der Komfort von allen Ländern, vereinigt mit der Freiheit und dem ›sans gêne‹, welches nur Amerika versteht.«[9] Aber sie war nicht gekommen, um sich das Land anzusehen, sondern um unter dem Namen »Stella Oristorio di Frama« als Konzertsängerin aufzutreten. Sie hatte, ihren eigenen Angaben zufolge, Erfolg bei ihrem ersten Auftritt, doch die Schwierigkeiten blieben. Als Frau und Künstlerin in einer Männerwelt, war sie auf Manager angewiesen, um bekannt zu werden. Da Mina nicht bereit war, ihre Prinzipien über Bord zu werfen und intimen Kontakten mit Männern zuzustimmen, und das hätte sie tun müssen – folgen wir ihrem Bericht –, um bekannt zu werden, versuchte sie es auf eigene Faust. Sie gab viel Geld für Werbemittel aus, annoncierte in der Zeitung, wo sie sich als Mezzosopran anbot, gab kleine Konzerte und machte eine Tournee durch den Süden der Vereinigten Staaten. Doch um durchzuhalten, brauchte Mina viel Geld, und das hatte sie nicht. Enttäuscht kehrte sie nach Europa zurück und rechnete in einem Aufsatz »Etwas über Amerika« mit dem einstigen Land ihrer Träume ab, das ihr zum Land, wo Haß und Geld regieren, geworden war.

Da ihre Sängerinnen-Karriere vorerst zu Ende war, versuchte Mina in den Niederlanden einen Verleger zu finden. Er sollte ihr Buch *Een huwelijk in Indie* (Eine Ehe in Indien) veröffentlichen, das sie während ihres Aufenthalts in den USA geschrieben hatte. Wie sie selbst dieses Buch sieht, klingt im Vorwort an: »Dieses Buch ist kein Buch voller Wissen und Gelehrtheit, keine poetische Fiktion, reich an kühnen Träumen und Unwahrscheinlichkeiten, keine Geschichte, kein Roman, auch keine Novelle; aber alles und nichts, denn es ist ein trauriger Schrei aus dem wirklichen Leben, eine schwache Kopie der fantastischen Realität, ein Griff aus der Natur, frei und grillig wiedergegeben, so wie die Wahrheit ist.« Die Handlung spielt in Niederländisch-Indien, schildert das Leben europäischer Familien dort. Hauptperson ist die fünfzehnjährige Louise, ein Mädchen aus gutem Hause, umgeben von einem Stab eigener Sklavinnen. Unter den Europäern in Indonesien werden Feste und Bälle veranstaltet, und Louise besucht solche Veranstaltungen oft. Hier begegnet sie an einem Abend dem Residenten, einem hohen holländischen Beamten. Er ist sehr viel älter als sie, findet Gefallen an ihr und bittet die Eltern um die Hand ihrer Tochter. Diese sehen darin eine gute Partie für ihr Kind und nicht zuletzt für sich selbst – sie stimmen zu. Louise will ihn nicht heiraten. Sie erklärt sowohl ihren Eltern als auch ihrem zukünftigen Mann, daß sie nur gezwungenermaßen heiratet. Doch dessenungeachtet findet die Hochzeit statt. Im Haus des Residenten begegnet die junge Ehefrau der Indonesierin Mina, die zehn Jahre lang die Haushälterin ihres Mannes war – worunter in diesem Zusammenhang vor allem die Geliebte, Njai genannt, zu verstehen ist. Aus dieser Beziehung entstammen zwei Kinder. Mina war zwar die Ehe versprochen, doch der Resident hatte sie nach der Bekanntschaft mit Louise von einem auf den andern Tag verstoßen. Die beiden Frauen schließen Freundschaft, ohne daß Louises Mann etwas davon erfährt. Als Louise krank wird, pflegt Mina sie und wird dabei vom Residenten entdeckt, der sie grausam verprügelt; an den Folgen der Verletzungen stirbt Mina. Louise bleibt bei ihrem Ehemann und versorgt Minas Söhne.

Auf einem Empfang lernt Louise Georg kennen, in den sie sich verliebt. Dieser Rivale bleibt nicht ungeschoren – er wird vom Residenten bei der Jagd angeschossen und stirbt. Louise erkrankt daraufhin und verlangt die Scheidung, aber vergeblich. Schließlich verläßt Louise ihren Mann und zieht auf das Gut ihres ehemaligen Geliebten, wo sie dessen Freund trifft, verwirrt ist, sich mit ihm einläßt, von ihm schwanger wird und einen Sohn gebiert. Der Tragik nicht genug! Auch der Freund stirbt. Nun versucht der Resident und Ehemann erneut Einfluß zu gewinnen, doch Louise weigert sich. Die Scheidung folgt, und sie kehrt mit ihrem Kind zu ihren Eltern zurück. Diese schicken ihr Enkelkind nach Holland, um es dem ihrer Meinung nach schädlichen Einfluß der Mutter zu entziehen. Die Großeltern vermögen den Kontakt zwischen Mutter und Kind gänzlich zu unterbrechen.

Hier wird vor kolonialem Hintergrund das Leben einer Frau, ihre lebenslange Bevormundung, plastisch vorgeführt: Eltern und Ehemann bestimmen über Tun und Handeln der Tochter und Ehefrau.

Mina Kruseman fand einen Verleger in der Person von Nijhoff und hielt Lesungen aus ihrem noch unveröffentlichten Buch. In Briefen an ihren Vater schrieb sie, sie sei erfolgreich, in der Zeitung dagegen war zu lesen, daß man es gar nicht schätzte, wenn Frauen öffentlich auftraten! Durch ihren Verleger Nijhoff lernte sie Betsy Perk kennen, die beiden Frauen traten in Briefkontakt zueinander.

Christina Elisabeth Perk wurde am 26. März 1833 in Delft geboren. Schon als Jugendliche sozial engagiert, begegnete Betsy in ihrem Geburtsort Delft einer Frau, die ihr über die Frauenbewegung in den USA erzählte. Sie gründeten zusammen einen Verein, der sich »Arbeit adelt« nannte. Ziel war, die Lust an der Arbeit bei den Frauen zu wecken und nicht genutzte Talente zu fördern. Frauen sollten sich bilden und ein eigenes Arbeitsgebiet suchen, um dadurch unabhängig zu werden. Außerdem war Betsy publizistisch tätig. Sie gab zwei Frauenzeitschriften heraus und gehörte zu den ersten niederländischen Feministinnen.

1872 näherten sich Betsy und Mina so weit an, daß sie beschlossen, gemeinsame Lesungen zu veranstalten. Sie schienen ein »starkes Duo« zu sein. Am 6. März starteten sie mit ihrer Tournee in Arnheim. Betsy und Mina hatten jeweils ihren eigenen Part im Programm. Das zentrale Thema war immer wieder die Stellung der Frau im 19. Jahrhundert und die Kritik an den Verhältnissen. Mina las aus ihrer Novelle *Zusters* (Schwestern), in der sie viele ihrer eigenen Erlebnisse verarbeitet hat und die exzentrische Norah für sich sprechen läßt: »›Nähen, Stricken, Wäsche waschen, schön sein. Aber dafür haben wir doch keine Bücher gewälzt. Als ich klein war, wollte ich nicht lernen und wurde dazu gezwungen. Heute will ich studieren und arbeiten, und da soll ich nur schön sein und abwarten. Ich soll eben so leben, wie die anderen das für richtig halten.‹«[10] Nach Jahren sehen sich die Schwestern wieder und eine fragt Norah, wie viele Kinder sie einmal haben möchte, worauf diese antwortet: »Ich hoffe keine, denn ich wüßte nicht, was ich mit ihnen anfangen sollte. Wenn ich Söhne hätte, würde ich aus ihnen keine Soldaten machen wollen. Und hätte ich Töchter, so würde ich sie gern frei und unabhängig sehen.«[11]

Diese Vortragsabende brachten viel Aufruhr, vor allem durch Mina, die kein Blatt vor den Mund nahm und deutlich mehr Freiheit und Rechte für die Frau forderte. Die Zeitungen kritisierten beide Frauen sehr. Gerade das war für Mina eine Herausforderung, den eingeschlagenen Weg weiterzugehen. Betsy und Mina reisten durch die Niederlande, hielten ihre Lesungen, und es zeigte sich überall das gleiche Bild: Entrüstung, aber auch Zustimmung.

Mina versuchte sich in unterschiedlichen literarischen Gattungen: So schrieb sie auch ein kleines Theaterstück, das sie *Cendrillon, een fantaisie op Asschepoestertje* (Cendrillon, eine Phantasie über Aschenputtel) nannte. Zwar waren die Kritiken der Zeitungen verheerend, aber Mina Kruseman ließ sich davon nicht entmutigen. Sie schlug, auf ihre Art, mit Worten zurück, wetterte gegen Offiziere und die römisch-katholische Kirche.

Bei den Lesungen stand Betsy Perk meistens im Schatten der feurigen und provozierenden Mina, das hatte Auswirkungen auf ihr Verhältnis. Mina wurde durch Betsys Unsicherheit irritiert, woran ihr eigenes Auftreten sicherlich nicht unschuldig war, und sie fand Betsy Perk nicht konsequent genug. Betsy war für Mina eine Frau, die aus zwei Hälften bestand; es wäre ihrer Meinung nach besser gewesen, wenn Betsy entweder eine ganze Tölpelin oder aber eine ganze Hexe gewesen wäre. In einem Wutanfall schleuderte Mina einmal Betsy entgegen: »Tu souilles ce que tu touches!« (Du beschmutzt alles, was du anfaßt!) So verwundert es nicht, daß die beiden Frauen ihre gemeinsame Arbeit im Mai 1873 beendeten.

In die Zeit der Freundschaft mit Betsy fiel auch die Bekanntschaft mit Eduard Douwes Dekker. Er hatte unter dem Pseudonym Multatuli, »Ich habe viel gelitten«, die Zustände, die damals in Niederländisch-Indien herrschten, in seinem Werk *Max*

Havelaar (1860) beschrieben und hoffte, auf diese Weise gegen Korruption und Machtmißbrauch vorgehen zu können. Doch positive Wirkungen in der Kolonie selbst blieben aus; immerhin aber fand das kritische Werk breites Echo in den Niederlanden, man echauffierte sich.

E. D. Dekker hatte von Mina Kruseman gehört und sah in ihr eine mögliche Mitstreiterin. Mina war stolz auf den ersten Brief von ihm, der voll des Lobes war. Es entstand ein regelmäßiger, freundschaftlicher Briefwechsel, eine persönliche Bekanntschaft und vielleicht auch eine Liebesbeziehung.[12] Mina machte Dekker immer wieder Mut, nicht aufzugeben. Von einem Theaterstück Dekkers, *De Vorstenschool* (Die Fürstenschule), war Mina höchst angetan. Es gelang ihr, Interessenten zu finden, die das Stück aufführen lassen wollten – mit Mina in der weiblichen Hauptrolle. Sie war hocherfreut, im Gegensatz zu Dekker, und es entstanden Reibereien, verbunden mit privaten Auseinandersetzungen. Trotz der internen Querelen wurde die Uraufführung des Theaterstückes am 1. März 1875 ein großer Erfolg, worauf weitere Vorstellungen folgten. Über Minas Rolle waren die Meinungen wie immer geteilt. Der ständige Streit zwischen ihr und dem Autor führte dazu, daß das Stück neu besetzt wurde. Es kam zu einem Bruch, sie trennten sich.

Mina gab nicht auf – sie wollte auf die Bühne, und so folgte ein neues Theaterstück: *Een blik in de kunstenaarswereld* (Ein Blick in die Künstlerwelt). Mina Kruseman, Helene Gerritsen und Elize Baart zogen mit diesem Stück durchs Land. Wahrscheinlich war der Erfolg nicht wie erhofft, denn Mina fand Holland »antiartistisch« und erwartete von ihrem Vaterland – wie sie sich ausdrückt – gar nichts mehr. Im Januar 1877 war die Spieltournee beendet, und Mina faßte den Entschluß, nach »Indien« zurückzukehren, um das Stück dort aufzuführen.

Etwas später als geplant verließ Mina die Niederlande mit einem Dampfschiff. Die Reise führte durch den Suezkanal, der 1869 eröffnet worden war, und sie erlebte die Schiffsreise als etwas ganz Besonderes. Ihre Eindrücke verarbeitete sie zu großen Teilen in ihrem Roman *Parias*, in dem die Romanfigur Lize eine solche Reise unternimmt.

Bevor es losgeht, wird das Schiff mittels schwerer Eisenketten beladen, dazu lärmen die Dampfmaschinen. Ein Durcheinander an Geräuschen – ein turbulentes Stimmungsbild; da sind die Arbeiter, die sich zuschreien, Matrosen, die hin und her laufen, und Steuerleute, die ihre Befehle rufen und pfeifen. So hat sich Lize ein »Mailboot« nicht vorgestellt. Während der Reise sitzen die Passagiere meistens an Deck, unter einem Segeltuch. Das ist der angenehmste Ort an Bord, denn die Kabinen sind sehr eng und klein. Sie genießt es, sich den Wind um die Nase wehen zu lassen, den Horizont anzuschauen, der so endlos ist. Sie fühlt sich frei in solchen Augenblicken. Die Reise dauert etwa vierzig Tage, abhängig von der Strömung. In Batavia geht Lize an Land, wo für die Einwohner die Ankunft eines Schiffes mit fremden Menschen jedesmal ein großes Ereignis ist.[13]

Zurück zu Mina: Schon am 14. November 1877 trat sie in Niederländisch-Indien auf. Das Stück wurde ein großer Mißerfolg, sie war enttäuscht. Ihr Wunsch, in aller Ruhe von ihren Arbeitserträgen zu leben, erfüllte sich nicht – denn sie geriet wieder in Streit mit anderen: diesmal mit der europäischen Gesellschaft in Indonesien. In Holland galt Mina längst als »exzentrisch«, hier fand man kaum noch Bezeichnungen für sie. Ihr ganzes Auftreten, schon ihre äußere Erscheinung waren aufsehenerregend, dazu kamen ihre emanzipatorischen Auffassungen, die sie immer wieder in der Öffentlichkeit vortrug. Sie machte sich auch in Indonesien viele Feinde. Dennoch gab es eine Gruppe von Bekannten und Freunden, die sie unterstützten. Margot de Waal berichtet über eine Frau, die sich aus ihrer Kindheit an Mina Krusemans Auftreten in der Kolonie erinnert. Im »Java Bode« vom 28. Juli 1900 erzählt sie, daß alle Leute Mina anstarrten, wenn diese in einem weiten und lockeren Morgenrock, in einer offenen Kutsche, die Zügel selbst in der Hand haltend, durch Soerabaja fuhr. Eine sehr ungewöhnliche, durchaus imponierende Erscheinung, die Selbstbewußtsein und Freiheit ausstrahlte. Kinder riefen ihr nach und lachten über sie, die Erwachsenen lächelten. Man sprach über diese Person, fand sie komisch, frech, idiotisch... Die Frau erzählt weiter, daß ihr Vater ihr sagte, er hielte Mina für eine mutige und tüchtige Frau und würde sich freuen, wenn seine Tochter später so sein würde wie sie.[14]

Immer wieder Aufregung um Mina! Sie nahm für sich das Recht in Anspruch, frei zu sein, ihre eigene Meinung zu vertreten und so zu handeln, wie sie es für richtig hielt. Sie war in dieser Beziehung eine Wegbereiterin für manche Geschlechtsgenossin. Sie war aber nicht nur Einzelgängerin, sondern entwickelte auch soziales Engagement. Sie kümmerte sich um die »Indo-paupermeisjes«, auch »liplapjes« genannt. Das waren Kinder, in diesem Fall Mädchen, mit europäischem Vater und indonesischer Mutter, die aufgrund ihrer Herkunft aus der europäischen Gesellschaft verstoßen und von den Einheimischen nicht akzeptiert wurden. Mina betreute sie und leitete sie zu Näharbeiten an. Diese Arbeit bedeutete ihr sehr viel, im Vorwort zu *Parias* heißt es: »Und all jenen, die ich in meinem langen und bewegten Leben liebgehabt habe, nehmen meine Schülerinnen in Indien sicher den ersten Platz ein. Die beinahe europäischen Mädchen, die ›liplapjes‹ und die Chinesinnen, mit denen ich täglich wie mit jungen Schwestern umging, die mich verstanden und mit mir an der Gleichstellung der Frau zusammenarbeiteten. Diesen ehemaligen Schülerinnen, heute verheiratete Frauen und Mütter, widme ich dieses Buch. Sie werden sich darin zu Hause fühlen und alte Freunde und Freundinnen wiederfinden, die in den glücklichen Tagen ihre Freunde waren, und einen goldenen Glanz über ihr unbekümmertes und sonniges Dasein warfen.« »Paria« bedeutet: Aussätzige(r), Ausgestoßene(r) oder Außenseiter(in). Für Mina Kruseman waren ihre Schülerinnen Parias. In ihrem Buch beschreibt sie die Schicksale einiger dieser Mädchen. Da ist zum Beispiel Netje, deren Vater Europäer und deren Mutter Liplap ist. Die Zwölfjährige wird gezwungen, einen vierzigjährigen Assistent-Residenten zu heiraten. Sie vergiftet ihren Mann, rettet ihn aber, als er verspricht, sie freizugeben. Als sie 18 Jahre alt ist, wird sie endlich geschieden, ist aber als Giftmischerin verrufen. Sie heiratet einen anderen Mann. Nach zwanzig Jahren, das Ehepaar lebt mit seinen sechs Kindern in Holland, kann ihr Mann, der einen hohen Posten bekleidet, nicht weiter aufsteigen, da seiner Frau der Ruf einer Giftmischerin anhängt.

Mina stellt sich mit ihrem Buch eindeutig auf die Seite der »inländischen« Mädchen und Frauen, die von den Europäern diffamiert werden. Menschen, die benutzt und weggeworfen werden, wenn man sie nicht mehr braucht; indonesische Frauen, die von ihrem europäischen Mann vor die Tür gesetzt werden, wenn er eine europäische Frau heiraten will – kurz: Mina spricht hier Dinge an, die tabuisiert sind. Auch zum Kolonialismus bezieht sie Stellung; sie kann als *die* antikoloniale Schriftstellerin der Niederlande des 19. Jahrhunderts gelten.

In *Parias* macht Lize an Bord des Schiffes die Bekanntschaft einer Französin, deren Eltern ermordet worden sind. Sie ist entkommen, weil ihre Baboe (Kinderfrau) sie versteckt hat. Die Französin hat über ihre Empfindungen noch nie mit jemandem gesprochen. Lize beschwört sie zu reden, denn man müsse sich immer und überall gegen das Recht stellen, morden zu dürfen.

»›Das Recht zu morden?‹

›Ja, was ist Krieg führen und kolonisieren sonst? Das Recht zu rauben, wenn du willst.‹

›Ich verstehe Sie nicht, gnädige Frau.‹

›China ist doch das Land der Chinesen, nicht wahr?‹

›Ja, gewiß.‹

›So ist Indien das Land der Inländer.‹

›Natürlich.‹

›Und wer kommt unter dem Vorwand von Handel und Zivilisation, mit einer Schar von Christen-Missionaren als Spionen vorweg, um die armen Eingeborenen in ihrem eigenen Land zu ermorden, um ihnen den Boden ihrer Vorväter abzunehmen und die Schätze zu stehlen, die der Lohn waren für jahrhundertelange Arbeit?‹«[15] Und weiter heißt es: »Die Eingeborenen haben Recht, wenn sie keine Christen werden wollen. Denn die

Ungerechtigkeit und Grausamkeiten, die sie durch ihre christlichen Feinde kennengelernt haben, waren ihnen fremd, bevor die europäischen Zivilisationsfahnen und Kreuze auf ihren fruchtbaren, bebauten Boden gepflanzt wurden.«

Diese Meinung vertrat Mina Kruseman auch öffentlich, bei Gesprächen, bei Vorlesungen und in der Presse. Ihre Position bezog sie aus einer tiefen antimilitaristischen Grundhaltung und aus einem radikalen Feminismus. So radikal wie sie die militärische Macht in Frage stellte, bedrohte sie damit eine wesentliche Grundlage des Kolonialismus. Und wie sie die Gleichberechtigung der gesellschaftlich benachteiligten Frau forderte, setzte sie sich auch gegen die Diskriminierung der Kolonisierten ein. In ihrem Engagement ging Mina Kruseman bis an die Grenzen des für andere noch Erträglichen. Ihr egozentrisches Auftreten, ihre Ablehnung der zweifelnden Betsy Perk und ihr unversöhnlicher Konflikt mit Eduard Douwes Dekker zeigen ihre aggressive Persönlichkeit, der an Harmonie nicht gelegen war. Es ist somit kaum überraschend, daß die Europäer in den Kolonien Mina Kruseman in ihrem Engagement und als Person ablehnten und versuchten, dieser Frau das Leben zu erschweren.

• • • •

Parias – dieser Romantitel Mina Krusemans ist nicht ohne Bezug zum eigenen Leben und Verhalten, er stellt aber auch Verbindungen zu weiteren Schriftstellerinnen und Reisendinnen her, die diese Kategorie verwenden und für deren Bewußtsein sie eine zentrale Rolle spielt.[16] *Isabelle Eberhardt, die das »Recht auf ein unstetes Herumirren, das Recht auf Vagabondage«*[17] *forderte und für sich in Anspruch nahm, indem sie durch den Maghreb zog, schreibt: »Der Paria unerer modernen Gesellschaft ist der Nomade, der Vagabund ›ohne Heim noch Wohnsitz‹. Indem sie dem Namen irgendeines Außenseiters diese wenigen Worte hinzufügen, glauben die Hüter von Ordnung und Gesetz, ihn für immer zu brandmarken. Ein Heim zu haben, eine Familie, ein Eigentum oder eine öffentliche Funktion, einen gesicherten Lebensunterhalt, endlich ein würdiges Räderwerk der gesellschaftlichen Maschinerie zu sein*

– all das sind Dinge, die der überwältigenden Mehrheit der Menschen fast unerläßlich scheinen, ja gar den Intellektuellen, gar denen, die sich am freiesten glauben. Im Grunde aber ist das alles nur eine abgewandelte Form der Sklaverei ...«[18]

Die Paria ist, wie sich hier andeutet, nicht nur Ausgestoßene, Unreine, Verachtete, Unberührbare – sie ist auch die eigentlich Freie, die die allgemeine Unfreiheit durchschaut und überwindet, in deren Bewußtsein ihre Unterlegenheit präsent ist und dennoch ihre Überlegenheit begründet.

Vielleicht als erste hat Flora Tristan sich im Zusammenhang mit ihrer Reise nach Peru als Paria definiert: Sie überschrieb ihren Bericht mit »Pérégrinations d'une Paria 1833–34« (Wanderungen einer Paria). Während ihrer Reise Schlüsselfunktion für ihre Biographie zukommt, die durch Exil, Flucht und Suche gekennzeichnet ist, erhält der Begriff, den sie in diesem Zusammenhang für ihre Identität als Frau entwickelte, eine Funktion für ihr kämpferisches Bewußtsein: Nicht sie als Individuum, sondern alle Frauen haben den Status einer Paria. In ihrem unvollendeten, posthum veröffentlichten Werk »L'Emancipation de la Femme, ou le Testament de la Paria« (1845) schreibt sie: »In unserer unglückseligen Gesellschaft ist die Frau Paria von Geburt, Leibeigenschaft ihr Stand, Unglücklichsein ihre Pflicht, und fast immer muß sie wählen zwischen Heuchelei oder Schmach.«[19]

Reisende, fahrende, vagabundierende Frauen wurden und werden – ebenso wie schreibende Frauen überhaupt – auch deshalb »übersehen« und damit unblutig vernichtet, weil sie sich außerhalb stellen, ihre Aufbrüche in ferne Länder und ihre Abenteuer des Geistes machen sie zu Parias, die sich jedoch häufig nicht unterwerfen, sondern ihre Ausgrenzung von einem Minus in ein Plus verwandeln, sich als »negativ Privilegierte« definieren.[20]

• • • •

In *Parias* schreibt Mina über die Lebensmöglichkeiten in Indonesien: »Eigentlich ist es ein Land der ›unbegrenzten Möglichkeiten«, wenn man stark genug ist, sich selbst verwirklichen zu können. Man findet hier alles, was man braucht, um ein erfülltes und zufriedenes Leben zu führen. Normalerweise ist es ein Land für Kinder und alte Leute. Für diejenigen, die noch nach Wissen fiebern, nach Fortschritt suchen, Erfolg herbeisehnen, nach Erfahrungen jagen, die glänzen und genießen wollen, für die ist unser schönes Java nichts anderes als schön, großartig, stolz und herrlich sonnig, reich an Ertrag, üppig an Pflanzenreichtum, abwechslungsreich bezüglich der Naturszenen, aber... tödlich melancholisch.«[21]

Im Jahre 1881 lernte sie F. J. Hoffman kennen. Er hatte ein Theaterstück geschrieben, *Julia d'Alverno*, worin Mina die Hauptrolle spielen konnte. Mit diesem Mann wollte Mina zusammenleben. Sie war 42 Jahre alt, ihr Lebensgefährte Ende Zwanzig. Standesamtlich zu heiraten lehnte Mina ab, denn durch diesen Akt verliere eine Frau die Unabhängigkeit, da sie dann kein Recht mehr habe zu arbeiten, eigenes Geld zu besitzen.[22]

Diese Art des Zusammenlebens galt als Skandal, was man sie deutlich spüren ließ. Schließlich verließ sie 1883 gemeinsam mit ihrem Lebensgefährten Niederländisch-Indien und kehrte nach Europa zurück. Zuerst wohnte das Paar in Italien, wo Mina Kruseman zwei Töchter zur Welt brachte. Nach der Geburt der älteren ging sie zusammen mit ihrem Mann zum Standesamt, um die Geburt zu melden. Auf den Einwand des Beamten, es hätte ausgereicht, wenn der Ehemann allein gekommen wäre, entgegnete sie, daß das schlecht möglich wäre, da sie nicht verheiratet seien. Der schockierte Beamte fragte Herrn Hoffman, warum er eine so schöne Frau denn nicht heirate. Dieser verwies darauf, seine Partnerin lehne eine Heirat ab. Mina erklärte dem Beamten, daß sie unabhängig bleiben wolle...

Mina und ihr Lebensgefährte zogen später nach Frankreich, wo sie zuerst in Paris und später in Boulogne sur Seine wohnten. Ihre »Ehe« war sehr glücklich. Hoff, so nannte Mina ihn, war bei einem Pariser Maler angestellt, dessen Werke er photographierte. Aber als der Maler starb, begannen die Geldsorgen. Doch beide brachten sich mit Gesangs- und Geigenunterricht über die Runden. Sie lebten sehr ruhig und zurückgezogen.

Aus dieser Zeit, der erste Weltkrieg hatte gerade angefangen, sind von Mina noch einige Briefe an Bekannte überliefert. Hauptthema ist der Krieg. Sie versuchte, die Frauen wachzurütteln, denn solange die Frauen nicht aktiv etwas gegen den Krieg unternähmen, so lange werde alles beim alten bleiben. Ihr Mahnen blieb ungehört. In einem Brief an ihre Freundin schreibt sie im Februar 1921: »Ich bin müde, nicht vom Arbeiten, auch nicht vom Leben, aber von der Sehnsucht nach Raum und Luft, von der Suche nach Güte und der Sehnsucht nach Gerechtigkeit. Wie hat der Krieg das Leben besudelt und die Zukunft beschmutzt.«[23]

Wilhelmina Gröber-Rijnbeek

Alleinreisen ist Zwiegespräch

Marie von Bunsen
1860 – 1941

»Alleinreisen ist Zwiegespräch; nur das Fremde, Neue, nur das eigene, aufnahmedurstige Ich. Jeder Dritte stört. ›Aber‹, so wird erwidert, ›man will sich doch aussprechen!‹ Diesen primitiv naiven Drang kann man sich abgewöhnen.«[1]

Die Schriftstellerin und Malerin Marie von Bunsen war zu Zeiten dieses Ausspruches fast siebzig Jahre alt, und ihre großen Fahrten lagen hinter ihr. Jahrzehnte zuvor hatte sie das Alleinreisen für sich entdeckt: In Europa unternahm sie Rucksacktouren, größtenteils allein, ebenso große Ruderfahrten auf deutschen Flüssen. Bei Reisen in europäische Städte wurde sie von ihrer »Jungfer« begleitet. Asien durchzog sie als unbegleitete Europäerin, meist mit einheimischem Diener, zeitweise mit Trägern. Sie war zu Fuß unterwegs, mit eigenem Boot, zu Pferd und Esel, mit Sänfte, Wagen und Büffelkarren, per Auto, Eisenbahn und Schiff.

Marie von Bunsen sah die Gegenden Deutschlands, Europas, die USA und Kanada, Ägypten und viele Länder Asiens. Sie schrieb unterwegs Tagebücher und Briefe, veröffentlichte Reiseberichte, äußerte sich zu Land und Leuten, Flora und Fauna, Politik, Kunst- und Baugeschichte der bereisten Länder. Sie malte viel, schmückte ihre Bücher mit den eigenen Bildern, die zudem in Ausstellungen zu sehen waren.

Vor welchem Hintergrund lebte sie ihr Reise-Leben?

Marie von Bunsen wurde am 17. Januar 1860 in London – auf einer Reise – geboren. Ihre Mutter Emma Birkbeck stammte aus einer vermögenden englischen Quäkerfamilie. Der Vater Georg Bunsen war nach einem Studium zum Botschaftssekretär ausgebildet worden, widmete sich der Politik und der Wohltätigkeit. Die Familie lebte zur Zeit von Maries Geburt in der Burg Rheindorf bei Bonn.

Marie galt als eigenwilliges, frühreifes, intelligentes und selbständiges Mädchen, konnte mit drei Jahren lesen und nahm am Unterricht der beiden älteren Brüder als Zuhörerin teil. Von klein auf erlebten die insgesamt zehn Kinder das Reisen. »Die alljährliche Reise nach England war jedesmal ein Ereignis; mitleidig denke ich an die Eltern, welche in dem mit Kindern (immer eines an der mütterlichen Brust), Gouvernante und Nurse vollgepfropften Abteil diese damals weit über einen Tag währende Eisenbahnfahrt nach Rotterdam erdulden mußten. Das Hauptgewicht trug natürlich die Mutter, unaufhörlich schlichtete sie den Zank um die heißbegehrten Fensterplätze, holte dann aus den Tiefen ihrer Reisetasche kleine Bücher, aus denen sie uns vorlas. Wir schwiegen, hörten artig und beglückt zu; als jedoch die damals stets den Abschluß bildende Moralanwendung kam, entstand lautes Gemurmel: ›Das ist langweilig, das kennen wir schon!‹ Ein viereckiger Kasten aus poliertem Nußholz barg ein für die ganz Kleinen unumgängliches Gefäß, es wurde aus dem Fenster entleert; daß Bequemlichkeiten auf diesem Gebiet in den Zug eingebaut werden könnten, war noch niemandem eingefallen. Bedauerlich offenkundiges, atemloses Laufen am Bahnsteig entlang bis zu den gesuchten Türen gehörte zum Reisen. Auch die Erregung, wenn in voller Fahrt die Tür aufgerissen wurde und der Schaffner, sich mit einer Hand festhaltend, die Fahrkarten abverlangte. Dann bestiegen wir das Schiff, rannten in die Kajüten, zankten uns um die oberen Betten und waren dann meistens jämmerlich seekrank.«[2] In Keswick Old Hall, bei der englischen Großmutter, wurde den Kindern neben strenger Etikette viel Feiheit zuteil. Sie durchstreiften das Riesengelände auf eigene Faust, lernten die Natur kennen und lieben – eine wichtige Voraussetzung für Maries spätere Reisen.

1869 zog die Familie nach Berlin. Während des Hausbaus

spielten die Kinder unbeaufsichtigt auf der Baustelle, tummelten sich im Rohbau. Die zehnjährige Marie und ihre jüngeren Schwestern turnten in siebzig Fuß Höhe, das sind ungefähr zweiundzwanzig Meter, über freischwebende Balken. »Auch heute würde ich kaum vor einer Leiter zurückschrecken, auch nicht vor einem schmalen Laufsteg; solchen über reißendes Wasser zu überschreiten ließ mich Wetten gewinnen«, meinte sie mit neunundsechzig Jahren.[3]

Als die Familie 1873 länger in England lebte, besuchte Marie mit ihren Schwestern standesgemäß eine englische höhere Töchterschule; anschließend wurde sie in London, dank guter Beziehungen, ins Queen's College aufgenommen. Mit dem Vater und dem Bruder Lothar besichtigte sie Westminster Abbey, Museen, Galerien, hörte klassische Konzerte und nahm an kleineren Gesellschaften teil.

Im Frühjahr 1874 war die Familie dann wieder unterwegs: Von London über Antwerpen reiste sie in den Schwarzwald, dann zurück nach Cowes auf der Insel Wight, es folgte eine ausgedehnte Kreuzfahrt an der südenglischen und nordfranzösischen Küste, im Herbst kehrte man nach Berlin zurück.

Die Bunsen-Töchter besuchten nun die Crainsche Höhere Töchterschule; von dieser Schulzeit fühlte Marie sich wenig beeinflußt. Wichtiger war ihr das Eigenleben: Nachmittagelang saß sie im eigenen Zimmer, lernte, las und malte, wollte alles verstehen, alles war interessant, »ich möchte so gern geistig gebildet sein«.[4]

Der Vater führte sie zu Versammlungen in den Reichstag: »Auch bei der großen Sozialistendebatte, 16. und 17. September 1878, war ich zugegen.«[5] Sie besuchten zusammen viele Vorträge, die wissenschaftlichen Größen der verschiedensten Disziplinen lernte sie beim Abendessen im Elternhaus kennen.

Maries Mutter gals als schüchtern, hatte sprachliche Schwierigkeiten. So übernahm Marie als »perfect little lady« einen Teil ihrer gesellschaftlichen Pflichten.

Der Vater förderte, so die Tochter später, in jeder Weise die Entwicklung der Mädchen, trat für »geistige Frauenbildung«

ein. Sie erfuhr ihn als die große Beeinflussung ihres Lebens, sich selbst als das ihm wesensverwandteste seiner Kinder.

1877 wollte sie im soeben eröffneten »Crainschen Seminar« das Lehrerinnen-Examen machen. Anderes kam, so schreibt sie später, trotz ihrer Begabung und des Ehrgeizes nicht in Frage: »Heutzutage hätte ich natürlich ... das Abitur gemacht, um dann zu studieren. Damals wäre das sensationell gewesen, und es hätte nur in Genf, inmitten von kurzhaarigen Nihilistinnen geschehen können.«[6] Sie wollte den Lehrerinnenabschluß erreichen, ihn aber nicht gebrauchen. Als ihr dann wegen ihrer Unsicherheiten im Deutschen vom Examen abgeraten wurde, wertete sie das zwar als Enttäuschung, aber nicht als große: Am »Ausgehen« lag ihr mehr. In die Gesellschaft eingeführt, genoß sie dieses Leben, tanzte leidenschaftlich, trieb Sport und bildete sich weiter. Die Bunsen-Schwestern, sehr beliebt, »hatten Herzenserlebnisse, Hofmacher und Anträge«.[7] Marie aber blieb, wie vier ihrer Schwestern, unverheiratet – warum?

Sie führt mehrere Gründe an. Sie war mit Ansprüchen aufgewachsen: Haus, Garten, Tennisplatz, Gewächshaus, Stall, Wagen, Pferde, Diener, Jungfer. Und: »Uns Schwestern wäre, ohne daß es uns gesagt wurde, eine Verlobung ohne ausgesprochene Liebe als Schande erschienen.«[7] Außerdem durften aufgrund der Gegnerschaft Bunsen–Bismarck die als Ehemänner in Frage kommenden Gardeoffiziere nicht in der Bunsen-Villa verkehren. Daß Marie keine Ehe einging, kann schon vor diesem Hintergrund nicht als bewußter emanzipativer Akt verstanden werden, sie schreibt aber auch selbst: »Ich habe Liebe, noch öfter Verliebtheit, nicht jedoch die Glückswerte der Gattin und Mutter, dieses naturgemäßeste Geben und Nehmen der Frau gekannt. Meiner Überzeugung nach aus Zufall.«[8] Zwischen den Zeilen kritisierte Marie von Bunsen aber ihre Mutter, deren völlige Anpassung an den Gatten, die Aufopferung für die Kinder. Wollte sie sich das ersparen? Gesellschaftlich schadete es ihr nicht, ledig geblieben zu sein, denn: »Ich war die erste, geraume Zeit über die einzige unverheiratete Dame, der, ohne Amt noch eigentlichen Beruf, in der Berliner Welt die Stellung einer verheirateten Frau eingeräumt wurde.«[9]

In den eigenen Räumen bei ihren Eltern lebte sie nach ihren Vorstellungen, mit Aquarellen verdiente sie zeitweise beachtliche Summen, gehörte dem Künstlerinnen-Verein an und stellte auf Akademie-Ausstellungen aus; sie veröffentlichte Beiträge in Zeitungen und Zeitschriften, schrieb bis zum Jahre 1900 fünf Bücher.

Ihr Reiseleben teilt sich klar in zwei Phasen: die begleiteten Reisen mit den im 19. Jahrhundert und in ihrer Klasse für junge Mädchen selbstverständlichen Beschränkungen – und die dazu im Gegensatz stehenden, späteren Reisen allein.

Im Sommer 1879 besuchte Marie von Bunsen ihre Patin, lernte deren Tochter Elisabeth, Königin von Rumänien, kennen; die Freundschaft zwischen ihnen hielt lebenslang. Mehrmals in den späteren Jahren in Rumänien zu Gast, reiste sie dort mit der Freundin, die unter dem Namen Carmen Sylva als Dichterin bekannt war, »königlich«.

Auf ihrer ersten Italienreise im nachfolgenden Herbst erkrankte Marie an Malaria. »Zweieinhalb Monate lag ich dort in Neapel, Lungenentzündung und Rippenfellentzündung kamen hinzu, mein Leben hing an einem Faden. ... In Pozzuoli erlebte ich die stimmungsvollen Freuden der Genesung. Staunend, wie im Traum, ging ich auf der Terrasse zwischen Narzissen und Geranien und Orangenbäumen umher, mit dem Blick auf die Meeresbläue, auf die blaßblauen Inseln und Uferberge. Täglich trugen mich zwei barfüßige Eingeborene in einer blau und gelb angestrichenen Sänfte herauf zur Solfatara.«[10]

1881 erhielt sie eine Einladung ihres Onkels Bill Birkbeck, mit seiner Familie nach Ägypten zu reisen, eine Verwandte bezahlte für sie. »München – Venedig: mir neue Eindrücke! Ende November durchfuhren wir die Adria, auf Afrika haltend... In den ersten Tagen studierte ich noch fleißig ägyptische Geschichte und arabische Brocken, in den letzten Tagen habe ich hauptsächlich geflirtet.«[11] Am 1. Dezember trafen sie in Kairo ein. Gleich nach dem Abendessen ging sie mit dem Arzt des Onkels auf eine »traumhafte Wanderung« durch die Stadt: »Helles Mondlicht, die Straßen leer, hier und da lag einer lang ausgestreckt auf einer Matte und schlief. Aus den Gärten kamen Blumendüfte. Vor den Kaffeehäusern saßen Männer im roten Fez; eigentümliche Musik, Tamburin, Flöten und Gitarren, vor einigen Türen hing ein Vorhang (Spielhöllen), man hörte das Rollen des Geldes. Plötzlich befanden wir uns in einer wogenden Menschenmenge, Neger, Türken, Araber durcheinander, einige Frauen auf Balkonen. Minaretts, Bogen und Tore, enge Gassen, offene Höfe, ausrufende Speisenverkäufer, ein alles übertönendes Stimmengewirr. Bei einer Moschee staute sich die Menge, es muß sich um eine religiöse Feierlichkeit gehandelt haben. Dann eine stille Gegend; vor einem arabisch gekleideten Eingeborenen hockten zwei Männer und diktierten ihm einen Brief. Im hellsten, weißesten Mondlicht eine Seitengasse, sie endete in Palmen, vorn, im braunen Schatten, kamen dunkle verhüllte Gestalten hervor. Reich angefüllte Tage folgten. Was die Pyramiden, die Museen, die Moscheen einem empfänglichen jungen Wesen bedeuteten, läßt sich denken. ... da Onkel Bill, als typischer Brite, französisch nur mangelhaft sprach und an Verlegenheit litt, nahm er mich mit zur Audienz beim Vesir Cherif Pascha, um die beschleunigte Durchlassung seiner Jagdmunition zu bewirken. Von überrascht dasitzenden Fezherren umgeben, trug ich dem allmächtigen Pascha schwungvoll und erfolgreich unsere Wünsche vor. Alles wurde lächelnd und verbindlich bewilligt.«[12]

Auf der Dahabie »Sultana« fuhren sie den Nil entlang bis Abu Simbel; bei Wind wurde gesegelt, bei Flaute die Dahabie von der Mannschaft gezogen. »Morgens aufwachend, sah ich vom Bett aus die Umrisse der im dunkeln Gewand wasserschöpfenden Frauen, der Palmen, der Reiter im wehenden Mantel. Am Ende des Tages wurde die ›Sultana‹ an einem Dorf oder Städtchen verankert, neugierig spazierten wir umher. Abends zu Tisch trugen Nita (die Kusine, d. A.) und ich immer einheimische Tracht, das lange dunkelindigoblaue, vorn bestickte Gewand, bunte Ketten, schwere silberne Armbänder, den leichten schwarzen

Schleier und zitronengelbe, spitzschnabelige Schuhe. ... Oft wanderten wir jungen Mädchen mit Dr. Worthington im Mondschein umher. So ein verheirateter ortskundiger Herr gab einen idealen Beschützer ab; die siebzehnjährige Nita war mit allem von mir Vorgeschlagenen einverstanden, und er ließ sich bereitwillig bei Tag und Nacht zu Ruderfahrten im Boot, zu Wüstenerforschungen, Tempelbesuchen, Kamelritten bewegen. Hielt er eine Bucht für krokodilunverdächtig, konnten Onkel und Tante nicht dreinreden, und ich badete dort; hielt er die Gegend für sicher, durften wir nach Herzenslust umherwandern. Selbst meine schönsten späteren Reisen vermochten kaum eine Steigerung zu bringen.«[13]

Ägypten faszinierte Marie von Bunsen: »Uralt wirkte in ihrer Schlichtheit diese Menschheit, staunend erkannte ich oft unmittelbarste Überlieferung aus der Pharaonenzeit. Die gleiche Pritsche, die gleichen Körbe hatte ich im Kairo-Museum gesehen, in einer abgelegenen Ortschaft kaufte ich und trug allabendlich ein breites Perlenhalsband, in Form und Anordnung genau wie jenes, das die Könige einst schmückte.«[14] Einziger Wermutstropfen: Der Onkel läßt an für sie sehenswerten Orten vorbeisegeln, weil er sich nicht von anderen Dahabien überholen lassen will! Weihnachten und Neujahr brachten zwar Heimweh, aber auch Vergnügung: »Am Silvesterabend besuchten Nita und ich den grinsenden alten Negerkoch in seinem kleinen Küchenraum und gossen Blei. Vielleicht haben diese gottlosen Riten meinen ungünstigen Ruf bei den Eingeborenen verschuldet.«[15]

Diese von der Firma Cook veranstaltete exclusive Schiffsreise war eine der frühen Formen des organisierten Tourismus. Auf der Rückfahrt: »31. Januar. Schiffbruch! Das Kataraktgetriebe. Durcheinanderschreien, Menschengewimmel, das Wasser schäumte, und die Wellen brachen sich, fliehend ging das Schiff herunter, das Vorderteil tauchte ins Wasser, es spritzte hoch, es war aufregend und herrlich. Vor uns ein Felsen, an dem vorbei wir mit der Strömung schießen mußten. Es war ganz klar, daß wir anstoßen würden, wie wir schon so oft angestoßen hatten. Der Anprall kommt, unser Reis wankt heran, heult wie ein

Kind, schlägt die Arme über den Kopf. ... Das eindringende Wasser reicht stellenweise schon bis an die Knöchel, wir werden auf die... Boote gepackt und nach dem etwa zwanzig Schritt entfernten Ufer gerudert. ... Die Steuerbordseite sinkt tiefer und tiefer, mein Bett ist schon längst unter Wasser, so daß die unteren Sachen nicht mehr erreichbar sind. Sonst wird aber das meiste gerettet und am Ufer zwischen den Felsen aufgestapelt. Ringsumher in der Wildnis – Klavier, Schafe, Kleider, Kisten, Lebensmittel, Bettwäsche – alles durcheinander. ... wir ordnen und packen, unsere Schiffsleute weinen und streuen Sand auf ihr Haupt, der Koch hat jedoch einen Herd errichtet und rupft Hühner. ... Ein Verhör wird angestellt, alle Beteiligten sollen ihren Bericht abstatten.«[16] Die Schuld wird der Strömung, dem Schicksal und – Marie von Bunsen zugeschoben: »Erstens hatte die Kataraktenbevölkerung in der Nacht seltsames Heulen und Schreien gehört, da wußten sie, daß das nächste Schiff scheitern müsse. Zweitens, nur zagend kam Haschan (der Fremdenführer, d. A.) mit der Sprache heraus, habe das Unglück an der ›sitte kebir‹, der großen Dame, gelegen. Diese große Dame war ich; war es meine Augenfarbe (blau, d. A.), war es das Bleigießen, war sonst etwas an mir nicht geheuer? Ich war geschmeichelt, Haschan sah mich jedoch bedauernd und entschuldigend an. Drittens sei das im schlechten Leumund stehende Kataraktenvolk mit dem von Cook bezahlten Bakschisch unzufrieden und habe den Schiffbruch schon vorher beschlossen. Dies ist wohl die glaubhafteste Lösung.«[17]

Marie und Nita bedauerten den Schiffbruch nicht, denn nachdem alle auf verschiedenen Schiffen untergebracht worden waren, reisten sie mit Dr. Worthington auf der »Cheops«, genossen zu dritt die Rückreise nach Kairo – ohne die besorgte Verwandtschaft. Die restliche Zeit in Kairo verbrachten sie auf Gesellschaften, in Museen und in »unerhört malerischen Basaren«. Auf der Rückreise löste sich die Reisegesellschaft in Venedig auf, und den Rest des Frühlings verbrachte Marie in Florenz bei einer Tante.

Ein Jahr später schon hatte die inzwischen Zweiundzwanzigjährige die Möglichkeit, ihren Vater in die USA zu begleiten: Zur Eröffnungsfahrt der North-Pacific-Bahn. Sie reiste als einzige Frau mit, allerdings durfte sie nicht die ganze Tour mitmachen; während die Herren auf Eisenbahnfahrt gingen, wurde Marie bei amerikanischen Freunden am Hudson untergebracht. »Ich war ein klein wenig enttäuscht, doch habe ich in Highland-Falls in einem Ausländern sehr selten gewährten intim-freundschaftlichen Verkehr das amerikanische Landleben, Familienleben, Gesellschaftsleben kennengelernt. ... Etwas uneuropäisch war doch alles. ... Mit Poultney Bigelow (Sohn der Gastgeber, d. A.), manchmal auch mit anderen Herren, machte ich stundenlange Wanderungen in den Waldbergen. Bald gelangten wir in den Urwald, nie war hier geforstet worden, die verschiedenartigsten Bäume wuchsen und vermoderten zwischen gewaltigen Granitblöcken wirr durcheinander. Einmal hatte Poultney in dieser Gegend das Geräusch einer Klapperschlange gehört, das hat einen reizvollen Unterton gegeben. Oft gab es keinen Pfad, wir kraxelten drauflos, rutschten Abhänge hinunter.«[18] Über New York fuhr sie zu den Niagara-Fällen, traf dort den Vater wieder und bereiste mit ihm Kanada und verschiedene Staaten der USA. Sie verlebten »eine reizvolle letzte Woche in New York im Bigelowschen Stadthaus. Wir gaben unsere Empfehlungsbriefe ab, wurden viel eingeladen, lernten die Fifth-Avenue-Multimillionäre kennen. ... Ich hatte viel gesehen und manches gelernt; ... Ich hatte es wundervoll gehabt, war aber glücklich, in Europa und nicht in Amerika zu leben!«[19] 1885, mit immerhin fünfundzwanzig Jahren, durfte sie allein nach Paris reisen; auf Einladung eines siamesischen Prinzen lebte sie dort in dessen Familie.

Mit Freundinnen ging sie auf Wanderschaft durch Deutschland; in Berlin arbeitete sie in Bibliotheken, besuchte Museen und Galerien. Sie schwamm, wanderte, ruderte, segelte, ritt, lief Schlittschuh, spielte Golf und Tennis. »Im Winter 1896 habe ich mit dem Radfahren begonnen, das war damals ein kühner Schritt. ... Berlin war hierin rückständig, von Damen der Gesellschaft haben die Botschafterin von Keudell und ich, meines Wissens, als erste sich öffentlich draußen auf dem Rad gezeigt. ... auch konnte man von Fußgängern und Reitern schnöde Bemerkungen hören.«[20]

Die neunziger Jahre brachten ihr viel Leid: der älteste Bruder Karl starb 1890, der Vater 1895, vier Jahre darauf die Mutter. Nach dem Tod beider Eltern zog Marie in ihre erste eigene Wohnung. Die schönste Phase ihres Lebens, die bis Kriegsbeginn 1914 dauerte, begann nun für sie, von ihr als eine Zeit der Lebensfülle und Unabhängigkeit geschildert.

Marie von Bunsen reiste nun oft allein. Mit ihrem Ruderboot »Formosa« war sie auf deutschen Flüssen unterwegs: 1905 auf der Havel, 1908 auf Werra und Weser, auf der Oder 1909, den Neckar befuhr sie 1910. Die drei ersten Fahrten beschrieb sie in ihrem Buch »Im Ruderboot durch Deutschland«.

Sie aß und schlief im Boot und in Gasthäusern, besuchte manchmal zwischendurch Freunde und Bekannte; bei denen wartete oft ihre Jungfer mit dem großen Gepäck. Ihre langersehnte erste Nacht allein im Freien! »So binde ich die ›Formosa‹ an den Pfosten, packe aus, richte mich ein und bereite das Mahl. Vertrauensvoll koche ich mir Havelwasser zum Kakao und öffne die Büchsen. ... Dann versuche ich mein Schutzverdeck anzubringen. ... Ich hatte mir dasselbe sinnig ausgedacht und von meiner Jungfer ausführen lassen. Am Mast sollte es hochgezogen, am Heck, am Bug, an den Seiten mit Ringen und Haken befestigt werden; seitwärts ein kleiner Vorhang, der sich an einer Schnur hin und her schob. ... Das Prinzip war tadellos, in der Ausführung rächte sich mein Dilettantismus. Das Segeltuch fiel infolge seiner Schwere tütenartig zusammen; so wurde ich beim Liegen allerdings schön bedeckt, vom An- und Auskleiden in einem wenn auch noch so kleinen Zeltraum war jedoch nicht die Rede. Eine zweite Enttäuschung bereitete mir mein Revolver. Er war ganz neu, ich hatte ihn in der Feuerwaffen-Prüfungsanstalt in Halensee eingeschossen; jetzt gelang es mir nicht, ihn zu laden. Einen Revolver, ein (geliehenes, d. A.)

Hündchen und ein gutes Gewissen halte ich für voll ausreichenden Schutz; nun mußte ich eben auf ersteren verzichten, das ließ sich nicht ändern. Ich zog mich also aus und badete in der fahlen Dämmerung, ... darauf breitete ich den Jagdsack aus und kroch hinein. Vorsorglich hatte ich mir ein weißes Moskitonetz an den Sack nähen lassen, das tat gut, denn Mücken gab es in Masse. Da lag ich nun; seit Jahren und Jahren hatte ich mir Nächte im Freien gewünscht, endlich hatte ich es erreicht.«[21] Sie erregte Aufmerksamkeit: »Eine Dame, und ganz allein!« Sie genoß die Natur, die Muße. Aber es ging nicht nur gemütlich zu während der Tour: Als sie auf einer Insel in der Havel gerastet hatte und danach weiterrudern wollte, »fuhr ein Dampfer unerlaubt dicht an der allerdings sonst wohl menschenleeren, kleinen Inselwildnis vorbei; nicht nur durchnäßten mich die plötzlichen Wellen bis zu den Knien, sie hoben das Boot und schleuderten es aufs Ufer. Über eine halbe Stunde dauerte es, ehe ich nach anscheinend aussichtslosem, anstrengendem Schieben und Zerren und Heben das Fahrzeug endlich wieder los bekam. Bei solchen Gelegenheiten dankt man seinen Eltern, daß man Gardemaß besitzt – ja, ohne dasselbe sind einsame Ruderfahrten Damen kaum zu empfehlen.«[22] Zum Schluß der zweiwöchigen Havelfahrt, die sie über 120 Kilometer Wasserweg von Potsdam bis Wittenberge führte, resümierte sie: »Dann war meine Zeit um. Trotz der Sonnenhaube war mein Gesicht braun gebrannt; meine Hände wahrten, dank des beständigen Handschuhtragens, eine anständige Farbe, machten jedoch einen ›ausgeweiteten‹ Eindruck. Wie gesund und robust ich mich fühlte, läßt sich nicht sagen. Nun sollte eine Reihe von Besuchen beginnen: Jungfer, Koffer und Kultur.« In den nächsten Jahren war sie viel im Ruderboot unterwegs, nach dem Motto: »Wer glückliche, anregende Wochen verleben will, nehme sich ein Boot und rudere durch Deutschland.«[23]

Ihre selbständigen Reisen dehnte sie dann auf ganz Europa aus, begann damit 1906 in Sizilien. Sie entwickelte eine eigene Reisemethode. Wichtig waren ihr vor allem: ein zusammenhängendes Gebiet, die richtige (Jahres-)Zeit und vielseitige Vorbereitung. Dieses »halbstarre System« verlangt sorgfältige Planung, mit der Möglichkeit, Unerwartetes einzuschieben, und wenn gute Gründe vorlagen, rücksichtslos vom Geplanten abzuweichen. »Dann hingebendes Baedeker-Studium. Manchmal begegne ich anmaßenden Reisedilettanten, die ›darüber hinaus sind‹. Habt ihr eine Ahnung! Wie vieles habt ihr verpaßt, wie vieles ist euch entgangen, wieviel Zeit habt ihr nutzlos verloren!«[24] Sie war überzeugt: »Ohne Vorbereitung kann man nicht ›sehen‹. Und da der seltsamerweise noch immer geschätzte Weltreisende sich naiv wenig vorbereitet, ist seine Beurteilung so minderwertig.«[25] Dann: Tagebuch führen, denn wenn sich eine Reise lohne, lohne es auch, die Eindrücke festzuhalten. So wichtig wie die Vorbereitung war für sie auch die nachherige Bearbeitung, die erst die Abrundung und Zusammenfassung der Eindrücke gibt. Wer auf Reisen keine Kontakte wünschte, der/dem empfahl sie, ein Buch zu lesen oder die Landschaft intensiv zu betrachten. »Habe ich mich seit langem darauf gefreut, einer Berühmtheit zu begegnen, werde ich selbst die nächsten Freunde nicht mitnehmen wollen und werde mir selbstverständlich ein Zwiegespräch wünschen.«[26] Reisen ist nicht zum Erholen da, das kann frau/man auf dem Lande oder zu Hause tun. Reisen, fremde Länder kennenlernen, bedeutet starke Anspannung: »Stets bin ich ruhebedürftig heimgekehrt, aber sehr beglückt und bereichert!«[27]

Die Höhepunkte ihres Reise-Lebens allein bildeten die beiden Asienreisen, jede fast ein Jahr lang, 1911–12 und 1913–14. Auch dort gut vorbereitet unterwegs, schleppte sie dicke Bücherkisten mit (bzw. ließ schleppen), stöberte in jeder erreichbaren Bibliothek, in jedem Bücherladen. Das Buch über ihre Reisen in den Fernen Osten gestaltete Marie von Bunsen nach japanischem Vorbild und stattete es mit farbigen Aquarellen aus – stimmungsvolle Bilder, Träume vom Orient; die, wie sie anmerkte, »sind auf Anhieb an Ort und Stelle gemalt: sie dürfen eine gewisse dokumentarische Treue für sich in Anspruch nehmen.«[28]

Die Reisen in Asien erlebte sie abenteuerlich-abwechslungsreich; zu Fuß, per Hausboot, mit Pferdewagen und Büffelkarren, per Schiff und Eisenbahn, hoch zu Pferd und Esel. In Indien, beim »Radshput Maharadsha«, nahm sie an einem Ausflug in den Dschungel auf den königlichen Elefanten teil: »Als wir nachmittags beim Maharadsha Tee tranken, gab es die versprochene Überraschung. Aus dem Baumschatten trat etwas Großes, Dunkles und doch in der Sonne Glitzerndes. Es waren zwei Staatselefanten. Langsam kamen sie näher, Rüssel und Kopf waren stilistisch fein, die Struktur unterstreichend, mit grünen und blauen Ornamenten gemalt. Der eine trug einen Thronaufsatz, ... der andere einen mit flachgetriebenen Ornamenten, Blumen, Fischen und Arabesken geschmückten Silberthronsessel. Die Gehänge waren aus Goldbrokat. Schwere silberne Ketten schlangen sich über die Elefantenköpfe, hingen mit großen silbernen Glocken hernieder, schwerer Silberschmuck klirrte um die Fesseln. Oben saß der Mahaut, lenkte mit Worten und mit seinem Stachel, zur Seite schritten Wachen, hielten ihre von der Sonne blinkenden alten Lanzen. Wir schrien vor Freude auf, konnten uns gar nicht satt an diesen Farben und Linien sehen. Dann wurden die Treppen angelegt, wir Damen und der Kammerherr bestiegen den Elefanten mit dem grünen Behang, der Maharadsha den anderen, auf den er sich ohne Sessel, mit gekreuzten Beinen, auf die Polster des Silberthrons setzte. Hinter ihm der den Schirm haltende Adjutant. So wandelten wir durch den Dschungelwald. Affen schwangen sich von einem Baum zum anderen, Pfauen saßen auf den Zweigen oder ließen langsam ihre Prachtschweife durch die Gräser ziehen.«[29]

Als alleinreisende europäische Frau wurde sie überall angestaunt, fast immer auf das freundlichste aufgenommen. Aber auf der Wanderung durch Chinas Tempelberge geschah dies einmal nicht: »Als ich um die Ecke kam, kletterten soeben vier splitterfasernackte kleine Knaben eine an die Mauer gelehnte Leiter hinauf – ein frisches Bild. Als mich die vier erblickten, brüllten sie alle vor Angst. Während ich meine Camera einstellte, erklärten die herbeikommenden Eltern entschuldigend dem Tschang:

Fast nie kämen Fremde in diese Gegend, noch nie eine ausländische Frau, da hätten die dummen Kinder sich erschrocken.«[30]

Zehn asiatische Länder durchreiste sie, meist in der Begleitung eines einheimischen Dieners, von der jeweiligen Landessprache lernte sie genug, um sich verständigen zu können. Sie schrieb Briefe nach Hause, auch Reisebeschreibungen, die in deutschen Zeitschriften erschienen. Darin beurteilte sie kritisch die zunehmende Europäisierung, die ihrer Meinung nach von den Orientalen noch bereut werden würde. Menschen- und Flora/Faunabeschreibungen hielten sich die Waage; Kolonialismus stellte sie nicht in Frage. Kulturelle Unterschiede waren ihr aber gelegentlich nicht nur Anlaß zu Vergnügen, sondern auch zur Selbstironie: »Daß wir Europäer durchaus zu bestimmten Zeiten essen und schlafen müssen, erscheint den Orientalen eine lächerlich-pedantische Grille. Am Ufer ging ich heute nach dem Shalimar Mogulkaisergarten. Die Mandshis waren verstört, daß ich mich zu Fuß hinbemühte, statt im Shikari-Boot mich hinrudern zu lassen; Ahad (Marie von Bunsens indischer Diener, der schon seit Monaten mit ihr unterwegs ist, d. A.) kennt schon meine Sonderbarkeiten und wundert sich nicht mehr.«[31] Dies geschah während der Hausbootfahrt in Kaschmir, wo sie immer wieder ausstieg und das Hausboot viele Kilometer zu Fuß begleitete, wenn es gegen den Strom gezogen wurde.

Andererseits weisen Marie von Bunsens Schriften auch rassistische Tendenzen auf. Zwar bemühte sie sich, die Lebensumstände zu verstehen; aber oft kommt ein europäisch-abendländisches Überlegenheitsgefühl zum Ausdruck. Immer wieder vergleicht sie die Völker Asiens miteinander im Wesen und Aussehen; da finden sich Stellen wie »Japaner sind häßlich«, »die Trachten sind nicht übel«, »kulturlose Muselmänner«. Oder sie mokiert sich über eine Malakkin, die ein Buch über ihre Reiseerlebnisse in Europa schreiben will. Auch zeigt sie Standesdünkel gegenüber mitreisenden Europäern. Anmaßend beurteilt sie: »Am meisten Interesse erregte eine blutjunge, sehr hübsche, sehr elegante Engländerin. Natürlich wurde sie von der jüngeren Herrenwelt wie süßer Brei von Fliegen umringt. Sie wirkte soweit ganz einwandfrei, aber – zweite Sorte.«[32] Auch vor Männern machte ihre spitze Zunge nicht halt.

Durch die mitgebrachten Empfehlungen hatte sie den Vorteil, überall bevorzugt aufgenommen zu werden. Ihre Gesprächspartner: meist Männer, ihre Themen: Politik, Kunst, Literatur, Baugeschichte, Menschen, Sitten und Gebräuche. Beim bereits erwähnten Maharadscha lernte sie zwar seine Minister, Kammerherren und Adjutanten kennen, auch die anderen Gäste, nicht aber seine Frau.

1903, Jahre bevor sie nach Indien reiste, äußerte sie sich öffentlich zur indischen Witwenverbrennung. Deutlich stellte sie in ihrem Artikel vor Augen, was es ihrer Auffassung nach hieß, in Indien Witwe zu sein, sagte gar, daß der Feuertod vielleicht einem so elendiglichen Leben vorzuziehen sei. Als Ursache für dieses Jammerleben führte sie an: »Die unsägliche, gar nicht auszudenkende Grausamkeit lag in der allgemeinen männlich-egoistischen Nichtachtung der Frau.«[33]

Aber – sie entwickelte diese Kritik nicht weiter, machte nicht klar, welche Männer sie meinte: ob alle Männer oder nur die Inder. Für die Medien blieb sie eine Verfechterin der Witwenverbrennung. Später äußerte Marie von Bunsen sich noch einmal zum Sati: »Während ich in Indien war, kamen allein in Kalkutta zwei Fälle vor, in denen Witwen, jüngere Frauen, nachdem sie an der Leiche Abschied genommen hatten, auf der Dachterrasse sich mit Erdöl tränkten, sich anzündeten und, ehe Hilfe kam, verbrannten. Besonders in den vornehmen Kreisen werden noch heutzutage Witwen in der ersten Zeit auf das sorgfältigste bewacht, und sollte das vor der Hand Unwahrscheinliche stattfinden, die englische Regierung ein Ende nehmen, würde zweifellos der uralte Ritus wieder eingeführt werden.«[34]

Auch wenn Frauen als Gesprächspartnerinnen der Reisenden nur selten eine Rolle spielten, so notierte sie doch stets, was sie über ihre Situation in Erfahrung bringen oder beobachten konnte. In China sah sie sofort auf die Füße. »Einige Chinesinnen traten neugierig, aber höflich an mein offenes Fenster. Die

Raschheit, mit der meine Füllfeder, sonderbare Schriftzüge malend, über das Briefpapier glitt, schien ihnen hochinteressant. Die ältere Dame war in schwarzen Atlas gekleidet, ihre junge Tochter trug ein Übergewand aus pfirsichrosa Damast, darunter lilablauseidene Hosen. Die drei Dienerinnen waren in grauer und dunkelblauer Seide gekleidet; alle hatten kleine, aber unverkrüppelte Füße, die in geschmackvollen, bestickten seidenen Schuhen steckten. Wir lächelten uns an, sagten uns verbindliche Worte, betrachteten gegenseitig unseren Schmuck.«[35]

In Birma fand sie zwei Jahre später, 1913, die »unabhängigste Frau auf Erden«: »Daß ich diese in... Birma finden würde, war mir bekannt, aber selbst äußerlich ist es den Frauen anzumerken. Frei, aber nicht frech, unbekümmert, sicher und heiter ziehen die ansprechenden Gestalten vorbei. ... Blaugrüne, rosenrote, aprikosengelbe Seide umschlang als langes Untergewand diese Frauen, darüber ein weißes Jäckchen, an den bloßen braunen Füßen Sandalen, Blumen im rabenschwarzen Haar. Sie genießen ihr Leben und leisten dabei einbringliche Arbeit. Fast der gesamte Kleinbetrieb ruht in den Händen der Frauen, sozusagen hat jede im Bazar ihren eigenen Stand... In keinem orientalischen Land gehören Liebeleien so selbstverständlich zum Jugenddasein. ... Kastenunterschiede gibt es nicht, weder Mensch noch Tier hungern, Reichtum ist jedoch selten. ... Die Männer haben keineswegs den Eindruck, ihren Frauen zuviele Rechte einzuräumen, sie begreifen nicht das Staunen der Europäer und der anderen Orientalen. ›Gewiß‹, sagen sie, ›die Frau behält ihren eigenen Namen, das Verfügungsrecht über ihre Mitgift oder über ererbtes Gut, sie führt Geschäfte auf eigene Kosten und Gefahr, sie vertritt nicht nur sich selbst, sondern gegebenenfalls auch ihren Gatten vor Gericht. Warum nicht? Uns Männern kommt die Verwaltung, das öffentliche Leben zu, das geht Frauen nichts an, die haben ohnehin vollauf zu tun.‹ Deswegen ihr (der Birmesin, d. A.) zuversichtliches, natürliches, lebensfrohes Auftreten, deswegen stehen sie den Europäern näher als irgendeine Asiatin. Neben ihr huschten Hinduweiber vorbei, sie waren vornehmer gewachsen, hatten regelmäßigere Züge, ihre schleierhaften Gewänder fielen in klassisch schönem Wurf. Aber mit ihren scheuen Augen, ihrem zaghaften Schritt wirkten sie wie Sklavinnen neben der freien Frau.«[36]

• • • •

Eine Quelle, die Marie von Bunsen vor ihrer Reise zugänglich war, sind die Schriften von Mrs. Ernest Hart, die 1850 als Alice Marion Rowlands geboren worden war. In Begleitung ihres Ehemannes besuchte sie 1894 Burma, China und Indien. Nach ihrer Rückkehr veröffentlichte sie zunächst eine Reihe von Aufsätzen und 1897 ihr Buch »Picturesque Burma«. Auch sie schildert begeistert: »Frauen sind in Burma wahrscheinlich freier und glücklicher als irgendwo sonst auf der Welt. (...) Die Dinge sind auf seltsame Weise umgekehrt in Burma, denn hier sehen wir den Mann als die religiöse Seele der Nation und die Frau als ihr Gehirn. (...) Sie hat nicht tausendundeine Sorgen, wie sie die europäische Hausfrau plagen. (...) Ihr Ehemann behandelt sie gut; und wenn nicht, wenn er sie vernachlässigt, wenn er sie im Stich läßt, wenn er unfreundlich zu ihr ist oder sie mißbraucht, so geht sie lediglich zum nächsten Richter, legt ihren Fall dar, und er wird die Scheidung aussprechen, so daß sie mit allen ihren Besitztümern und Einkünften weggehen kann. (...) Heiraten ist in Burma eine Herzensangelegenheit. (...) Die Ehe wird von den Burmesen im Lichte einer Partnerschaft gesehen, in der die Ehefrau die gleichen Rechte hat wie der Ehemann; theoretisch ist der Ehemann Herr über seine Frau und hat die Kontrolle des Haushalts, der Kinder und des Familieneigentums, aber diese Macht kann nicht willkürlich, ohne Beratung mit der Ehefrau, ausgeübt werden, und da sie häufig die Brotverdienerin ist, beugt man sich selbstverständlich ihren Wünschen. Die Gleichberechtigung der Frauen in der Ehe wird besonders bei der Verfügungsgewalt über das Eigentum deutlich. Eigentum ist in persönliches und gemeinsames aufgeteilt. (...) Alles Eigentum, das der Frau vor der Eheschließung gehört, bleibt auch völlig das ihre, wenn sie zur Ehefrau wird! Im Fall der Scheidung erhält jeder Partner sein persönliches Eigentum sowie die Hälfte des gemeinsamen Besitzes, der Ehemann nimmt die männlichen Kinder und die Frau die weiblichen.«[37]

Die Beobachtungen von Alice Hart und Marie von Bunsen stimmen auch mit denen Alexandra David-Néels überein, die 1914 über den jungen, ihr gut bekannten künftigen Maharadscha von Sikkim und seine Braut schreibt: »Vor dieser ausgelassenen, eigenwilligen Birmanin, die aus einem Lande kommt, in dem die Frauen selbständiger als in Europa sind, hat er wohl etwas Angst. Die junge Ma Lat ist nicht gerade eine stille, unterwürfige Haremsdame!«[38]

Alma Karlin bereist in den zwanziger Jahren Burma. Sie teilt im Buch Im Banne der Südsee *den Enthusiasmus ihrer Vorgängerinnen, allerdings nicht ohne eine gewisse Einschränkung: »Frauen mit Kindern auf der Hüfte, betelkauend, lachend, jede von ihnen beinahe die Inhaberin eines winzigen Ladens, denn die Birmaninnen sind die glücklichsten und freiesten des Ostens, behalten allein, was sie verdienen, und dürfen sich ihren Gatten selbst wählen.«*

• • • •

Reisen und Schreiben bildeten für Marie von Bunsen einen untrennbaren Zusammenhang: Als ihr in Delhi der Koffer geplündert worden war, als sie entdeckte, daß alle Andenken – »Silber, Batiks, Stoffe, Lacksachen« – gestohlen worden waren, notierte sie am 7. 2. 1914: » – alles fort. Es war hart, immerhin waren alle Tagebücher unberührt, hätten die Diebe die ins Feuer geworfen, wäre ich dem Selbstmord nahe gewesen.«[39]

In ihren Erinnerungen schrieb sie zu den Asienreisen: »Mit unauslöschlicher Freude gedenke ich dieser Reisen in Asien, jedes der Länder ist mir nahe gekommen und nahe geblieben.«[40] Allerdings hatte sie sich während der Dampferfahrten trotz mancher angenehmen Bekanntschaft gründlich gelangweilt. Sonst war jeder Tag für sie neu und lebendig. »Versager sind kaum vorgekommen.« Marie von Bunsen bestritt, »von steter Unrast getrieben« unterwegs gewesen zu sein. Sie deutete ihre Reisetätigkeit so: »Selbstverständlich bin ich viel gereist. Es wäre doch stumpfsinnig, schwunglos gewesen, hätte ich es nicht getan, besaß ich doch Muße, Gesundheit, Mittel, Unabhängigkeit und Interesse. ... Mir genügt alljährlich eine

Abwesenheit, denn ich bin ausgesprochen häuslich und liebe meine vier Wände, liebe Berlin, liebe den regelmäßigen Lebensrhythmus. ... Noch kann ich umherschweifen, und so den Lebenskreis erweitern. Noch spinne ich an verschiedenen, auch außereuropäischen Reiseplänen.«[41] Zu dieser Zeit war sie zweiundsiebzig Jahre alt.

Marie von Bunsen betätigte sich in Deutschland auch politisch, beteiligte sich aber nicht am Frauenstimmrechtskampf, nicht an der Frauenbewegung. Noch 1916 redete sie gegen das Frauenstimmrecht. Doch im Dezember 1918 bekommen Deutschlands Frauen das Wahlrecht – »Nun erhielten wir... zugleich die Pflicht.« Sie schloß sich der Deutsch-Demokratischen Partei gleich nach deren Gründung an, sah bald den Wert des »ungebetenen Geschenkes« ein. Sie redete auf Wahlversammlungen für ihre Partei. Dennoch: Ihre Position blieb konservativ, ja reaktionär. Erschreckend ihre Reaktion auf die Ermordung von Rosa Luxemburg und Karl Liebknecht 1919: »Sie hatten Gewalt und Blut gepredigt, Gewalt und Blut waren ihnen geworden.«[42] Sie empfand damals nur Genugtuung. »Als ich Jahre darauf Rosa Luxemburgs ergreifend schöne Briefe aus dem Gefängnis las, schien mir meine damalige Auffassung roh. Aber von dieser Seite ihres Charakters ahnte ich ja nichts, ich wußte nur von ihrem dämonischen, aufreizenden Haß, von ihrem zersetzend scharfen Intellekt.«[43]

Durch die Inflation reduzierte sich ihr Vermögen. Doch auch in diesen Jahren ging sie immer wieder auf kleine Reisen. 1923 nahm sie in Darmstadt an der »Woche der Weisheit« teil, wanderte und fand schöne Fliegenpilze. Da sie gehört hatte, daß in Skandinavien gehäutete Fliegenpilze gegessen würden, ließ sie sich diese von ihrer entsetzten Zimmerwirtin zum Abendessen servieren. Am Morgen erwachte sie im Krankenhaus nach schweren Herz- und Tobsuchtsanfällen, schwebte noch in Lebensgefahr. Aber – »allmählich fand sich das schwergeprüfte Herz zurecht; daß ich mich ausgerechnet nach der ›Woche der Weisheit‹ so benommen, hat bei meinen Bekannten Heiterkeit erregt.«[44]

Im Juni 1941 starb Marie von Bunsen mit fast zweiundachtzig Jahren in ihrer Wohnung in Berlin. Im Nachruf schrieb Gertrud Bäumer: »Sie war der unabhängigste Mensch, der mir begegnet ist – frei von allen Vorurteilen und Befangenheiten, gleichgültig gegen jede bloße Konvention –, gerade weil ihr Wesen und ihr Lebensstil in höchstem Maße das hatten, was man Form nennen kann.«

Marie von Bunsen hatte nach ihren Vorstellungen und Wertmaßstäben das eigene Leben gestaltet, Konventionen eingehalten, aber auch gebrochen – ausgestattet mit den Privilegien ihrer Herkunft, ihrer Klasse, eines eigenen Vermögens. Reisen war ihr sehr wichtig, »aber während viele gepriesene Sommerfrischen mir gar nichts sagten, erkenne ich das mir Begehrenswerte auf den ersten Blick. Luftschlösser trug ich jahrzehntelang mit mir herum, sie haben sich immer verwirklicht; mögen meine anderen Gaben noch so beschränkt sein, zum Reisen hatte und habe ich Talent.«[45]

Undine Liebe-Hellig

Reisen als Abenteuer des Geistes – als Lamina und Bettelnonne in Tibet

Alexandra David-Néel
1868 – 1969

»Denn: Die Entdeckungsreise im eigentlichen Sinn, die Suche, ist nicht tot, ist unsterblich, vielleicht ewig, ... man geht auf den Horizont zu, weiß, daß man ihn niemals erreicht, aber der Weg ist Freude an sich.«[1]

Alexandra David-Néel, 1957

Das Leben Alexandra David Néels, dessen Höhepunkte die drei Reisejahrzehnte in den Ländern Asiens, vor allem in Tibet, bilden, umfaßte volle, bewußt gelebte, einhundert Jahre: Ihre frühesten Erinnerungen reichten zurück bis zum Ende der Pariser Kommune 1871, und sie verfolgte noch intensiv die Mondlandung und die Ereignisse des Mai 1968. Dazwischen liegt ein Leben als Buddhistin und Feministin, Opernsängerin und Orientalistin, Schriftstellerin und Journalistin, Forschungs- und Entdeckungsreisende. Was sie unter Reisen, unter Erforschen verstand, brachte sie kurz vor ihrem Tod noch einmal zum Ausdruck: »Ein Land durchforschen, heißt das Leben mit seinen Bewohnern teilen.«[2] Wach und unangepaßt war Alexandra David-Néel – inzwischen berühmt und hochdekoriert – auch noch als beinahe Hundertjährige: Als sie, die sich lange mit Anarchie beschäftigt hatte, 1968 die Vertreter der französischen Studentenbewegung empfing, fragte sie diese: »Besucht ihr mich, um mir eine Lektion in Anarchie zu geben oder um von mir etwas darüber zu lernen?«[3]

Ihr Eindruck vom Ende der Pariser Kommune kann als Schlüssel zum Verständnis von Alexandra David-Néels Biographie gesehen werden: »Als ich gestern etwas datierte, fiel mir plötzlich auf, daß es der 18. März war, der Jahrestag der ›Commune‹, der Tag, an dem die Föderierten losgezogen sind. Habe ich Dir eigentlich jemals erzählt, daß ich nach der Massenerschießung, als man die Leichen rasch in die dazu vorbereiteten Gräben warf, an der Mauer der Föderierten gewesen bin? Irgendwie sehe ich alles noch vage vor mir. Ich war damals zwei Jahre alt! Falls Du zum erstenmal hiervon hörst, wirst Du sicher wissen wollen, wer mich dorthin geführt hat. Es war mein Vater; er wollte, daß ich mich später an ein möglichst eindrucksvolles Beispiel menschlicher Grausamkeit erinnern könnte.«[4]

Der sozialistische Vater, der von seinem Kapital lebte und sich als Journalist versuchte, bekam allerdings keine Revolutionärin zur Tochter. Sie wollte ihr Leben nicht von der Politik bestimmen lassen, sondern entwickelte »geradezu eine tiefe Abscheu vor allem, was mit Politik zusammenhängt«,[5] und suchte einen Weg weg vom Leid. »Nicht leiden müssen – mir scheint, dies sei das einzig Wichtige«, heißt es in ihren Reisetagebüchern.[6]

Ihre Kindheit und Jugend, die sie in Paris und Brüssel verbrachte, bezeichnete Alexandra David-Néel als elend und verzweifelt.[7] Damit meinte sie jedoch nicht die materielle Seite: Sie wuchs in gutbürgerlichen Verhältnissen auf, erhielt die für höhere Töchter standesgemäße Erziehung, einschließlich Pensionat und musikalischer Ausbildung, wurde am belgischen Hof eingeführt. Aus diesen geraden, vorgezeichneten Bahnen brach sie immer wieder aus. »Ich konnte davonlaufen, bevor ich gehen konnte«[8], scherzte sie später.

Als Zwanzigjährige, die Eltern hatten inzwischen den größten Teil ihres Vermögens verloren, brach sie dann nach England auf, um ihre Englischkenntnisse zu verbessern. Aus den anarchistischen Kreisen, in denen sie in Brüssel verkehrte, wechselte sie in London über zur Theosophischen Gesellschaft; sie wurde außerdem Freimaurerin. Zurück in Paris, begann sie das Studium der Orientalistik. Sie gehörte zu den ersten Frauen, die in

Europa studieren konnten. »Diejenigen, die sich in meiner Jugend bemühten, uns in den schmalen Korridoren und Wendeltreppen der alten Sorbonne zwischen Tür und Wand einzuquetschen oder uns die Stufen hinunterzustoßen, die den Mädchen, die vor ihnen saßen in höchst anmutiger Weise ihre Hutnadeln in den Kopf drückten und ihnen Fußtritte versetzten, wenn sie im Hörsaal in einer höheren Reihe saßen – diese Herrschaften sind älter geworden und haben zum Teil ihre Einstellung beibehalten. Mußte damals nicht mehrmals die Polizei eingreifen, um Medizinstudentinnen zu schützen, die man ganz lieb mit Tischbeinen durchzuprügeln begonnen hatte? Du hast vielleicht selbst in Deiner Jugend von derartigen Vorkommnissen gehört, und vielleicht fandest Du es sogar lustig und witzig, wenn Frauen so behandelt wurden, die nicht nur reich waren, sondern außerdem die unverschämte Dreistigkeit besaßen, ihr Brot mit etwas anderem als ihrem Geschlecht verdienen zu wollen.«[9]

Während ihres Orientalistik-Studiums an der Sorbonne wurde die junge Alexandra David zur Buddhistin. Buddhismus verstand sie weniger als Religion, vielmehr als Philosophie und »vernünftige Mystik«: »In sich selbst muß man die Flamme nähren, die einen wärmt, auf sich selbst muß man sich stützen können«,[10] schrieb sie 1912 aus Gangtok in Sikkim. Wie sie zur Buddhistin wurde, versuchte sie später in Kalimpong dem Dalai Lama, dem Oberhaupt der tibetischen Buddhisten, verständlich zu machen: »Er stellt mir natürlich die unvermeidliche Frage, seit wann ich Buddhistin bin und wie ich es geworden sei. Aber sein tibetisches Gehirn dürfte sicherlich schwerlich verstehen, daß man auf europäischen Universitätsbänken, als Studentin orientalischer Philosophie, Buddhistin werden kann. Daß ich keinen Guru, keinen Lehrer, gehabt habe, übersteigt seine Begriffe... Er ist ganz durcheinander, als ich ihm sage, daß ich bereits den Grundsätzen des Buddhismus folgte, als ich noch gar keinen Buddhisten kannte und vielleicht sogar die einzige Buddhistin in Paris war. Immerhin lacht er und meint, dies sei in der Tat ein ausgezeichneter Grund, auf einen Lehrmeister zu verzichten.«[11]

Den Studentenjahren in Paris folgte die erste Asienreise, finanziert aus einer kleinen Erbschaft, die ihr eine Tante hinterlassen hatte. Etwa eineinhalb Jahre reiste Alexandra David durch Indien und Ceylon. Diese erste unmittelbare Begegnung mit der Geisteswelt Asiens blieb jedoch zunächst Episode: Alexandra David kehrte nach Paris zurück, und beinahe zwei Jahrzehnte vergingen noch, bevor ihr eigentliches Reiseleben begann und die Erforschung des Buddhismus zu ihrem Lebensinhalt wurde. In Paris veröffentlichte sie nun Artikel, unter anderem in sozialistischen Zeitschriften, aber sie konnte ihren Lebensunterhalt davon nur knapp bestreiten. Das bedeutete Entbehrungen: »Die ›Heringstage‹ bezeichneten... die unterste Stufe des Not-Thermometers. Damals in Paris zog ich mich in meine kleine Wohnung zurück. Beim Kolonialwarenhändler in der Nachbarschaft ließ ich mir ein Dutzend Heringe anschreiben, die ich einlegte. Mit einem sparsamst abgemessenen Stück würzte ich Tag für Tag, morgens und abends, einen Teller Pellkartoffeln!«[12]

In dieser Zeit beendete sie ihre Ausbildung als Sopranistin, die sie auch während des Orientalistik-Studiums nicht aufgegeben hatte. Sie fand Engagements in der Provinz und 1894/95 in Indochina. »Mademoiselle Myrial« hatte in den Kolonien beachtliche Erfolge, was sie hoffen ließ, nun in Paris auftreten zu können. Doch dort blieb die Anerkennung aus; also reiste sie wieder durch die Provinz, nahm ein Engagement in Athen an und schließlich in Tunis, wo sie Leiterin des Casinos wurde und ihre Sängerinnenlaufbahn beendete. Dort lernte sie im Jahre 1900 Philippe Néel, Ingenieur und Lebemann, kennen, den sie vier Jahre später heiratete. Ihr Vater, der Jahre vorher die freie Verbindung und das Zusammenleben seiner gegen die Ehe revoltierenden Tochter mit dem Musiker Jean Haustont akzeptiert hatte, gab seiner Verblüffung in einem Brief an den künftigen Schwiegersohn Ausdruck: »Monsieur, Ihr Brief hat höchstes Erstaunen in mir geweckt. Bis zum heutigen Tage hat meine Tochter immer wieder ihren festen Willen bekundet, ihre Freiheit niemals aufgeben zu wollen, und sie hat es bei keiner Gelegenheit unterlassen, gegen die untergeordnete Stellung zu protestieren, die das Gesetz verheirateten Frauen aufzwingt und die sie in ihren Handlungen einschränkt...«[13]

Mit Jean Haustont hatte Alexandra David viele Gemeinsamkeiten: Sie schrieben zusammen eine Oper, er setzte ihr erstes Buch, den Essay *Pour la vie* (Für das Leben). Von ihrem Ehemann dagegen trennten sie in geistiger Hinsicht Welten. Zwischen beiden scheint in den ersten Jahren eine leidenschaftliche Beziehung bestanden zu haben, aber schon vor der Hochzeit fühlte sie sich nicht nur enttäuscht, sondern auch getäuscht, und in ihren Briefen deutet sie an, daß Philippe Néel sie kurz nach der Eheschließung gedemütigt habe. Über ihr Verhältnis zueinander schrieb sie damals: »Wir haben zweifellos eine einmalige Ehe geschlossen; wir haben eher aus Bosheit als aus Zärtlichkeit geheiratet. ... Du bist nicht der Mann meiner Träume, und ich bin wahrscheinlich noch weniger die Frau, die Du brauchst.«[14] Und kurz darauf: »Mein Freund, wenn Du wüßtest, wie mir vor einem Leben, wie meine Eltern es führten, graut: Wie zwei Statuen stehen sie sich seit über fünfzig Jahren gegenüber und sind sich heute noch genauso fremd wie am ersten Tag, verschlossen füreinander, ohne geistige oder gefühlsmäßige Bande. Nicht wahr, solch ein Leben steht uns nicht bevor, so eins wollen wir nicht, wir werden ein anderes zustande bringen.«[15]

Sie versuchte zunächst, als Journalistin und Schriftstellerin auf eigenen Füßen zu stehen. Ihre Texte veröffentlichte sie unter dem Pseudonym Alexandra Myrial, damit möglichst keine Verbindung zu Philippe Néel hergestellt werden konnte. Sie hielt sich oft in Paris, Brüssel und London auf, weit entfernt von der ehelichen Wohnung in Tunis. In dieser Phase schrieb sie ungezählte Artikel für verschiedene Zeitungen und Zeitschriften, darunter die feministische Tageszeitung, die damals in Frankreich existierte, und veröffentlichte auch eine Reihe von Broschüren. 1909 erschien *Féminisme Rationnel* (Rationaler Feminismus): Die Mutterschaft als Falle[16] ist eines der Themen, die sie ausführlich behandelte. Ihre feministische Position schließt eine Reihe von Forderungen ein, die die Frauenbewegung noch heute diskutiert: die nach

Lohn für Hausarbeit etwa[17] oder nach dem »Zimmer für sich allein«, worunter sie sich – den klimatischen Bedingungen des Mittelmeerraumes angepaßt – einen gemeinsamen Garten und getrennte Wohnstätten vorstellt.[18] »Ich lege allerdings großen Wert darauf, daß ich eine Wohnung für mich allein habe, wo ich um drei Uhr morgens aufstehen und um neun Uhr zu Bett gehen kann, wo ich mich, wenn ich gerade Lust dazu habe, eine oder zwei Wochen einschließen kann, ohne daß ich Dich störe oder von Dir gestört werde. ... Du empfängst, wen Du willst, aber Du verlangst von mir, dabei anwesend zu sein, mich umzuziehen, an Festessen teilzunehmen oder mich einladen zu lassen.«[19] In *Féminisme Rationnel* beschwor sie 1909 außerdem die Einheit aller Frauen und sprach deutlich aus, was für ihr eigenes Leben wichtig war: Wenn wir den festen Willen haben, uns zu emanzipieren... wird es zunächst einmal notwendig sein, uns von der inneren Unmündigkeit, in die wir uns selbst bringen, zu befreien. Der Mann hat einen zu wichtigen Platz im Leben der Mehrheit der Frauen. ... Ich spreche von dem Platz, den er im weiblichen Bewußtsein einnimmt.«[20]

Was Philippe Néel angeht, wies Alexandra David ihm einen eigenartigen Platz als Befreiung aus der »Unmündigkeit« zu: In den Jahren und Jahrzehnten nach 1911 sah sich das Paar überhaupt nur noch selten und verbrachte kaum eine Nacht unter dem gleichen Dach. Allerdings dauerte es noch viele Jahrzehnte, bis sie nicht nur *für* ihre intellektuelle Arbeit, sondern auch *von* deren Erträgen leben konnte. Ein Leben nach ihren Vorstellungen bedeutete bescheidene Ansprüche in bezug auf Komfort und materielle Dinge. Eine »Bedienung«, für eine Frau ihrer Herkunft und Zeit selbstverständlich, hatte sie jedoch immer, und auch in Asien wußte sie sich diese stets zu verschaffen. Sie befreite sich damit von nahezu jeglicher Hausarbeit, auch für ihre eigene Person.

Was ihr Leben in Europa und Nordafrika angeht, gelang es ihr mittels rastloser Produktion von Artikeln, Broschüren, Büchern und Vorträgen, meist über orientalische Themen, ein eigenes Einkommen zu verdienen. Diese begrenzten Mittel reichten jedoch für große Reisen nicht aus, zumal unterwegs, vor allem in noch weitgehend abgeschiedenen Teilen Asiens, diese Tätigkeit nicht fortgesetzt werden konnte und damit die Existenz als freie Schriftstellerin und Journalistin nicht zu sichern war. Die Ehe mit dem wohlhabenden Philippe Néel war daher vor allem in materieller Hinsicht eine wichtige Voraussetzung für die ausgedehnten Asienreisen, die Alexandra David-Néel unternahm. Er hatte ihr, die jahrelang an depressiven Verstimmungen litt, schon 1906 vorgeschlagen: »Ich würde gerne auf manches verzichten, um Dich ruhiger zu wissen; Du wirst mir antworten, daß nur Götter das Allerhöchste erreichen, den Frieden finden. Doch wo sind sie, die Götter? *Was würdest du zu einer großen Reise sagen?*«[21]

Bis diese Reise beginnen konnte, mußten jedoch umfangreiche Vorbereitungen getroffen werden. Publikationen waren abzuschließen, Ersparnisse mußten angelegt und Forschungsgelder eingeworben werden. Reisen in den Süden Tunesiens waren nötig. Kontakte zu Orientalist/innen mußten geknüpft und vertieft werden, ebenso wie zu Hindus, Buddhist/innen, Freidenker/innen und Theosoph/innen. 1910, ein knappes Jahr vor dem großen Aufbruch, heißt es in einem Brief: »Ich bin auf dem richtigen Weg, für meine Neurasthenie bleibt keine Zeit mehr.«[22]

Am 9. August 1911 schiffte Alexandra David-Néel, inzwischen 43 Jahre alt, sich ein: »Das Schiff übertrifft an Schmutz alles, was ich bisher gesehen habe. ... In meiner Kabine gibt es Ratten, sie haben deutliche Spuren hinterlassen«,[23] schrieb sie am nächsten Tag an Philippe, den sie erst vierzehn Jahre später wiedersah und an den sie während dieser Zeit viele Briefe richtete. Ihre Briefe sind Ausdruck der persönlichen Beziehung zu Philippe Néel, sie bildeten darüber hinaus aber auch die stabile Verbindung zur Außenwelt, die sie als Reisende und Einsiedlerin brauchte. Sie erhielt auf diese Weise wichtige Informationen darüber, was in der Welt außerhalb des Himalaya vorging – von regionalen und internationalen tagespolitischen Ereignissen bis hin zu den Katastrophen zweier Weltkriege. Außerdem konnte sie bei der Konstruktion ihrer Einsiedelei in Tibet den Ingenieur um fachmännischen Rat fragen. Auch bat sie ihn immer wieder um Geld: manchmal drängend, dann wieder zaghaft, gelegentlich mehr oder weniger listig verhandelnd. Tausende von Briefen wurden gewechselt, bis 1941, dem Jahre, in dem Philippe Néel starb. Fast die Hälfte der Zeit ihrer Ehe verbrachte Alexandra David in Asien. Sie bat ihren Ehemann: »Heb die Briefe auf, in denen ich Dir Einzelheiten berichte über die Länder, durch die ich komme, und die Leute, die ich dort sehe.« Er soll auswählen, was er archiviert: »Du mußt schon ein riesiges Paket haben; das ist jedoch platzraubend und unnütz. Heb nur die auf, die mir bei der Abfassung einer Reisebeschreibung als Gedächtnisstütze dienen können; die übrigen, in denen ich Dir z. B. erzähle, daß ich an Darmentzündung leide oder gerade keinen Pfennig Geld mehr habe, kannst Du verbrennen, sie sind nur kurzfristig von Interesse. Wenn sie aber auch nur die geringste Angabe enthalten über Land und Leute oder das, was ich dort persönlich erlebt habe, so bitte ich Dich, sie aufzubewahren, so hinderlich das auch sein mag. ... Das, was ich Dir schreibe, sind meine einzigen Aufzeichnungen; Du siehst also, wie wichtig sie sind, ... «[24] Diese Wünsche hatte Philippe Néel erfüllt.

Aus den Aufzeichnungen spricht schon bald, daß Alexandra David-Néel in Asien ihr persönliches Glück, ihre Ruhe und ihren Frieden immer wieder fand. »... irgend etwas hat mich in seinen Bann gezogen, und dieses Etwas ist deshalb so stark, weil sich darin die Wünsche so vieler Jahre zusammengeballt haben. Ich erlebe Stunden, von denen ich weiß, daß ich sie nie wieder erleben werde. Stunden der Arbeit, wo das Studium etwas ganz anderes ist als die Lektüre toter Texte: etwas Lebendiges, Ergreifendes, unendlich Berauschendes.«[25]

In dem Essay *Pour la vie*, dessen erste Fassung sie als Zwanzigjährige geschrieben hatte, heißt es: »Die Arbeit kann nicht mehr als ein Mittel sein, das dazu dient, Bedürfnisse – materieller wie intellektueller Art – zu befriedigen. Nur danach sollte sie beurteilt werden, und jedes Individuum, das in seiner Arbeit dieses

Ziel nicht erreicht, irrt.«[26] So gesehen, bezeichnete die Ankunft Alexandra David-Néels in Asien das Ende eines langen Irrwegs. Die Menschen, die ihr nun nahestanden, waren Jogis, Lamas, Sadhus, Tulkus, Gömptschens, Sannjasins... Aber: »Wirkliche Gefährten sind die Bäume, die Grashalme, die Sonnenstrahlen, die Wolken, die in der Abend- oder Morgendämmerung am Himmel ziehen, das Meer, die Gebirge. In diesen Dingen strömt das Leben, das wirkliche Leben, und man ist nie allein, wenn man es zu leben und zu fühlen versteht. ... ich bin als eine Wilde, als eine Einsiedlerin geboren, und diese Veranlagung ist in all den Jahren, die ich gelebt habe, immer stärker geworden. Ich verdanke ihr Freuden, die ich ohne sie niemals kennengelernt hätte.«[27]

Die Erforschung und Praxis buddhistischer Philosophie und Mystik bildeten nun die grundlegende Seite ihres Lebens. Das heißt jedoch nicht, daß sie sich von allem irdischen Streben abwandte. Sie wollte weiterhin einen Platz in der Welt der europäischen Wissenschaft und Publizistik, ehrenvoll und unabhängig, aber auch bezahlt. »Es besteht die Möglichkeit, mir einen durchaus ehrenvollen Platz in der französischen Orientalistik zu sichern, einen Platz, der Beachtung findet und auf mehr Interesse stößt, als man unseren Spezialisten schenkt, die die Grenzen ihrer trockenen und erstarrten Gelehrsamkeit nie überschreiten. Ich fühle, daß dieses Ziel erreichbar ist. Falls meine Ausdauer und meine Arbeit ausreichen, brauche ich diesen Platz nur noch einzunehmen. Dies sind keine leeren Träume, schließlich habe ich den Andrang bei meinen Vorträgen in Paris gesehen und auch die Zuhörerschaft bemerkt, die ich in Brüssel mobilisieren konnte.«[28]

Daß sie zwischen den Welten wanderte, sich nie völlig vom Okzident lossagte und nie ganz die Distanz zum Orient aufgab, machte sie immer wieder deutlich. Nach einem Reisejahr schrieb sie: »Es kann natürlich keine Rede davon sein, daß ich, wie es mit einigen Europäern geschehen ist, im treibsandartigen religiösen Leben des Orients versinke. Ich kenne diesen Untergrund seit langem und habe gelernt, auf ihm zu gehen, ohne aus dem Gleichgewicht zu geraten. Es kann auch nicht von ›rauschhafter Begeisterung‹, wie Du schreibst, die Rede sein, und das orangefarbene Gewand ist ganz einfach ein Schleier, den man – bei sehr klarem Verstande übrigens – zwischen sich selbst und den Abscheulichkeiten des Daseins aufspannt... Abscheulichkeiten, die in einem selber stecken... Meine Pläne kennst Du: Ich möchte die Orientalistik auf eine gelehrtere Art betreiben als in der Vergangenheit. Ich möchte schreiben, an der Sorbonne eine Vorlesung halten.«[29] 1913 heißt es dann: »Zurückzukehren ist *unbedingt* meine Absicht und steht auf meinem Programm; ich will zurückkehren, um schöne Bücher zu schreiben, um in gelehrten Kreisen Vorträge zu halten, und ich will zurückkehren, weil ich mir die Möglichkeit zu diesem geistig aktiven Leben offengehalten habe, das für mich unerläßlich ist.«[30]

Der erste, wichtigere der beiden Aufenthalte im Orient hatte zu dieser Zeit erst begonnen, bis zur Rückkehr dauerte es noch lange, Ceylon und Indien, Nepal, Sikkim und Tibet, China und Japan durchstreifte sie – auf der Suche nach der Wahrheit und der »Schönheit des Denkens«. Sie vertiefte ihre Kenntnisse des Pali, lernte Sanskrit und Tibetisch, drang tief in religiöse Geheimnisse und mystische Praktiken ein, die sie stets von allen Formen des Aberglaubens, die ihr begegneten, zu trennen suchte. Als in Hinduismus und Buddhismus bewanderte Europäerin wurde sie von den religiösen Autoritäten unterschiedlichster Art wohlwollend, oft sogar begeistert aufgenommen, und sie fand später auch Zugang zum Volk. Die ersten einer Vielzahl von Begegnungen und Gesprächen religiösen und philosophischen Inhalts fanden in Indien statt: Ein Brahmane, den sie im Zug kennengelernt hatte, lud sie in sein Haus ein und behandelte sie als Eingeweihte. Einige Tage später besuchte sie Schri Aurobindo Ghose: »Am Abend habe ich mich mit einem Hindu unterhalten, ... Ich verbrachte zwei sehr schöne Stunden damit, über die Gedankenwelt der alten indischen Philosophie zu fachsimpeln; mein Gesprächspartner, ein Mann von ganz seltener Intelligenz, gehört zu jenem ungewöhnlichen Menschenschlag, dem meine besondere Sympathie gilt: den vernünftigen Mystikern. ... Seine Gedanken sind so klar, sein Blick ist so strahlend hell, daß man hinterher glaubt, man habe die geistige Essenz Indiens geschaut, genau so, wie man sie sich nach der Lektüre der tiefsten Texte hinduistischer Philosophie vorstellt.«[31] Noch im Jahr ihrer Ankunft erlebte sie in Madras, »was gewiß einzigartig in meinem Leben bleiben wird, ein ungewöhnliches Abenteuer«. Drei Hindus, Absolventen englischer Universitäten und Angehörige der Wischnu-Sekte sind zu ihr gekommen, »um mir etwas vorzuschlagen, was wahrscheinlich noch nie jemandem meiner Rasse und vor allem meines Geschlechts angeboten worden war: alles aufzugeben und als *Sannjasin* so lange unter ihnen zu leben, bis ich eines Tages das große Vollbringen – das einzigartige Brahma – erreicht habe und das Abendland lehren kann, was noch kein Gelehrter ihm aufzuschließen vermochte: den großen *Wedanta* ihrer Heiligen und Philosophen. Ja, ich sollte meine Kleider von mir werfen, nackt, oder fast nackt in irgendeinem Unterschlupf leben, ohne Möbel und ohne Diener, ein die alte Regel befolgender *Jogi* werden und – nicht mit Hilfe von Büchern, sondern durch mündliche Initiation der Gurus – den befreienden *Mokscha* suchen.«[32] Die Buddhistin lehnte dieses Angebot ab. Sie schätzte zwar die ursprüngliche Lehre des *Wedanta*, hielt sie aber für degeneriert. »Die Mentalität der meisten Wedanta-Philosophen ist verheerend menschenfeindlich und antisozial; es ist nicht verwunderlich, daß sie Indien in den beklagenswerten Zustand geführt haben, in dem es sich heute befindet. Man muß einmal aus der Nähe gesehen haben, wie dieses Volk von Sklaven im Mist herumkrabbelt.«[33] Eine Äußerung, die mehrdeutig ist und aus der, wie aus nicht wenigen anderen, eine gewisse Verachtung herausgelesen werden kann.

Die Reise ging weiter, Kalkutta war die nächste Station. Hier lernte sie unter anderem einen Bhikku, einen buddhistischen Mönch, kennen, mit dessen Hilfe sie die auf Ceylon begonnenen Übersetzungen aus dem Pali fortführen konnte; hier besuchte sie die Sanskritschule, die zur Universität gehörte, und wurde dort auch mit Saraswati, der Göttin des Wissens, verglichen.[34] Andere Erfahrungen, die sie stolz und glücklich machten, folgten: »Weil ich Buddhistin bin, verhalten sich die Leute mir gegenüber ganz anders als zu Christen. Auf dem Ponton, zu dem ich im Boot gelangt bin und wo ich auf den Dampfer warte, der mich nach Kalkutta zurückbringen soll, sprechen mich zwei Gentleman an... Dann bittet man mich, ich möge vom Buddhismus sprechen. Die Menge steht dicht gedrängt auf dem engen Ponton, die Leute bilden einen Kreis, drängen sich um mich, und ich erzähle... Welch wunderliches Volk, dem Mystik über alles geht, das immer wieder von Göttern zu hören wünscht, von Helden religiöser Mythen und von dem, was für sie alle das höchste Ziel ist: *Mokscha-Nirwana.* Die Sonne versinkt rot in den Wolken, unter unseren Füßen fließt graublau und mit Kupferreflexen der Ganges...«[35] Diese Predigt auf der Rückfahrt von einem religiösen Fest in der Nähe Kalkuttas war nicht ihre einzige.

Neben der Teilnahme an vielerlei philosophischen und religiösen Veranstaltungen bereitete Alexandra David-Néel in Kalkutta ihren Aufbruch in den Himalaya vor. »Die Tage vergehen in schwindelerregendem Tempo, und alles was ich tue, muß in Ruhe und ohne Hast ausgeführt werden. An einem Tage bekomme ich hier etwas mit, am nächsten dort. Die Hindus rükken nur langsam mit der Sprache heraus; im übrigen verträgt ja auch der Gegenstand keinerlei Überstürzung, soll nicht statt einer korrekten Darstellung eine Karikatur herauskommen.«[36] Im März 1912 begann ihre Reise nach Sikkim, dem kleinen Land an der Grenze zu Tibet. Dieses Land erkundete sie zu Pferd – in Begleitung ihres Personals – und zu Fuß. Aus ihren Briefen spricht immer wieder Begeisterung, ja Verzauberung. »Eine Natur, die ihre Geheimnisse nicht preisgibt, ein ewiger Schleier, hinter dem sich etwas ganz anderes ahnen läßt als das, was man tatsächlich sieht... ein Land, dessen bizarrer Reiz mit dem Zauber Indiens nichts gemein hat. Man fühlt sich weit weg, wenn man diese Himalayawälder durchquert; die riesigen Bäume sind oft altersschwach, morsch, hohl und bis zum Wipfel mit lang herabhängendem Moos überzogen. Auf manchen wächst einfach alles: Lianen, andere Bäume, die einem Samenkorn entsprossen sind, das sich in der rissigen Rinde festgesetzt hatte; auf ihnen wächst alles, nur keine eigenen Blätter. Der eigentliche Baum nämlich ist – geplagt von so vielen Parasiten – längst abgestorben. Wir sind im Dschungel...«[37]

Etwa vier Wochen später schreibt sie: »Die Landschaften hier sind unbeschreiblich... Hatte ich in der Gegend der moosbewachsenen Tannen und Birken geheimnisvollen Nebel, so liegen hier die aufgeblühten Begonien in strahlendem Sonnenschein. In diesem Licht flattern rote und blaue Vögel sowie andere mit sonderbaren Schwänzen und herrliche Schmetterlinge, von denen einige ihrerseits so groß wie Vögel sind... es bietet sich ein großartiger Blick auf die Berge, die sich im bläulichen Abendlicht langsam hinter einer Wolkenschicht schlafen legen. Alles ist so maßlos groß!... Oh, man versteht schon, warum so viele Weise aus Indien oder Tibet sich hierher zurückgezogen haben, um zu meditieren und bei jener Weisheit und Gelassenheit in die Lehre zu gehen, die hier spürbar in der Luft liegt und die sich die ernsten Berggipfel im blauen Abendlicht und in der rötlichen Morgendämmerung gegenseitig ins Ohr raunen.«[38]

Dieser Frühling in Sikkim hielt noch weitere Höhepunkte bereit: »Sie haben das letzte und höchste Licht erblickt; zu den Anschauungen, die Sie äußern, gelangt man nicht nach ein oder zwei Jahren Meditation. Jenseits davon gibt es nichts weiter«[39], faßte der Abt des Klosters von Lachen nach einem Gespräch mit Alexandra David-Néel seinen Eindruck von ihr zusammen. Und dann überquerte sie in diesem Frühling auf Einladung eines jungen Maharadschas von Sikkim den Himalaya von Süden nach Norden, fast in gerader Linie von Indien nach Tibet. »Der Maharadscha und ich verließen Lachen in einer bunten Prozession, die uns eine Weile das Geleit gab: Rote Lamas, Frauen, die Gebetsmühlen drehten, Fahnen, Sonnenschirme zu unseren Ehren und auf der Klostermauer die Musikanten, die so lange spielten, bis wir außer Sicht waren.«[40] Höhen von mehr als 5000 Metern waren zu überwinden, die Reisenden waren Wind und Kälte ausgesetzt und drohten zu erfrieren. Dennoch empfand sie die Rückkehr als verfrüht, sogar der Sonnenbrand, den sie sich zugezogen hatte, schmälerte ihre Begeisterung nicht im geringsten: »Nur habe ich leider keine Haut mehr im Gesicht; meine Augen sind völlig verbrannt, ... meine Lippen sind von einem Ende zum anderen eine riesige Blase...«[41]

Die Reise ging weiter, mit Besuchen beim *Dalai Lama* und anderen Kirchenfürsten, in Klöstern und Tempeln, und mit vielen Expeditionen und Abenteuern. So 1913 in Nepal: An einem Nachmittag meditierte sie, alle Warnungen in den Wind schlagend, alleine im Dschungel. Die Augen geschlossen, hörte sie plötzlich, »wie sich zu meiner Linken auf dürrem Laub etwas anschleicht. Es sind die vorsichtigen Schritte einer Katze, einer schweren Katze.« Es handelt sich um einen Tiger; ihr Herz fängt heftig zu pochen an, sie überlegt. »Außerdem gibt es ja auch in Indien die Tradition, daß ein *Sannjasin* vor keiner Gefahr flieht.« So entscheidet sie sich, »auch diesen nachdenklichen Tiger seinen Meditationen zu überlassen und die meinen wiederaufzunehmen. Es kostet mich kaum eine Anstrengung, ich schließe erneut die Augen... letztlich ist alles nur ein Traum... Ich vergesse den Tiger, den Dschungel, mich selbst.«[42]

Im gleichen Jahr verliehen ihr die Pandite in Benares den Ehrentitel *Darschan widuschi*, was auf Sanskrit *gelehrte Philosophin* bedeutet. Zu Anfang des folgenden Jahres, wieder in Sikkim, wurde ihr das Gewand einer *Lamina*, eines weiblichen *Lamas* verliehen. »Das Gewand wurde – den lamaitischen Riten entsprechend – vorschriftsmäßig geweiht, worin sein besonderer Wert besteht. Ein gekauftes Gewand zu tragen wäre nämlich lediglich eine Maskerade, wohingegen ich das meine völlig zu Recht trage. Ist es nicht ein köstliches Reise-Andenken, unter die tibetischen Lamas aufgenommen worden zu sein! Ich erkenne darin sogar noch mehr: ein Zeichen der Sympathie und der Achtung von seiten der Himalayalamas, und Gunstbeweise dieser Art sind natürlich immer willkommen.«[43] Detailliert beschreibt sie dieses außergewöhnliche Gewand aus dunkelrotem Filz, mit einem Kimonokragen und Ärmelumschlägen aus tiefblauer Seide sowie einem gelben Gürtel; dazu gehören mehrfarbige, hohe Stoffstiefel und eine Brokathaube, goldgelb mit roten Plüschumschlägen.

Ein weiteres wichtiges Ereignis dieses Jahres: Alexandra David-Néel stellte einen ungewöhnlichen »Boy« ein, den fünfzehnjährigen Lama Apur Yongden, der sie vierzig Jahre lang begleiten wird und den sie später adoptierte.

Den Winter 1914/15 verbrachte sie als Gast und sich in Askese übend in einem Kloster bei einem Jogi, der, um sie in Tibetisch zu unterrichten, seine Klausur in einer Höhle für ein Jahr verschob. Eine Zeit des intensiven Studiums begann, die sie lange ausdehnte, denn im folgenden Jahr baute sie sich bei eben diesem Kloster, dem Gömpa von Lachen, ihre eigene Einsiedelei, den De-Tschen-Aschram. »Ich baue mir eine tibetische *Jogi*-Einsiedelei, und zwar ganz im Stile der Bauernwohnungen – von geringfügigen Verbesserungen abgesehen. Da das Gelände nicht eben ist, sind die einzelnen Zimmer stufenförmig angeordnet und bilden jeweils eine Hütte mit eigenem Dach. Die Lachener Bauern haben den Bau in Akkordarbeit übernommen. Alle gesunden Männer des Ortes, etwa siebzig, machen sich in vierzehn Tagen ans Werk; sie rechnen damit, den ›Palast‹ innerhalb von zwei Wochen fertig zu haben... So werde ich es mir bequem machen können. Ich werde meine Bücher aus den Kisten hervorholen, Unterlagen und Karteikarten über die orientalischen Philosophien ordnen, einen gebildeten Lama bei mir wohnen haben, der mich im literarischen Tibetisch unterrichtet, usw. Die Einsiedelei wird sich genau an der Stelle befinden, wo ich mich bereits vergangenen Herbst in einer Höhle aufgehalten habe. Ein Teil meiner Wohnung wird sogar aus dieser Höhle bestehen. Die landschaftliche Lage ist herrlich: viel Sonne! Die Höhe beträgt etwa 3900 Meter...«[44]

Hier hielt sie sich bis zum August 1916 auf und erhielt Zugang zu vielen unbekannten, geheimen Texten und Praktiken. Zum Beispiel übte sie sich im *Thoumo*, einer Methode zur Erzeugung von Wärme, die es manchen tibetischen Einsiedlern erlaube, »tatsächlich nackt inmitten der Schneemassen« des Himalaya zu leben, und sie brachte es darin zu einer Fertigkeit. »Ich kann jetzt vor Sonnenaufgang, nur mit einem leichten Musselingewand aus Benares bekleidet, im Freien sitzen – genauer gesagt: auf meinem Balkon –, ohne zu frieren. Die Füße stecke ich dabei in den Schnee.«[45] Sie betrachtete die *Thoumo*-Übungen, zumindest in ihren Briefen, vor allem als praktische Fähigkeit, die ihr erlaubte, beweglicher zu sein und mit weniger Gepäck zu reisen.

Schließlich verließ sie ihren Aschram »Großer Friede«, wie De-Tschen übersetzt wird. Ein kurzer Abstecher nach Tibet, ein Besuch beim *Taschi Lama*, und dann ging es nach Japan. Auch in Japan blieb sie lange Zeit, aber es war nicht das Land ihrer Träume: Das Klima erinnerte sie zu sehr an Nordeuropa, und auch die Wohnkultur behagte ihr nicht. Über verschiedene Zwischenstationen erreichte sie 1918 Kumbum in der tibetischen Provinz Amdo, unter chinesischer Oberhoheit: Hier lebten an die 3800 Lamas. Sie blieb mehrere Jahre an diesem Ort. Darauf folgten Fahrten als Lamina durch die tibetischen Provinzen Amdo und Kham, die noch nie eine Europäerin und nur wenige europäische Männer bereist hatten. Doch schließlich wurde sie enttarnt: »Ich wurde zur Umkehr gezwungen, doch nun gewann die Idee, Lhasa zu besuchen, erst recht Gewalt über mich. Vor dem Grenzposten, zu dem ich geführt wurde, schwor ich mir insgeheim, daß ich Lhasa allen Hindernissen zum Trotz erreichen würde, schon um zu zeigen, was der Wille einer Frau vermag.«[46]

Das Verbot, die Hauptstadt des Lamaismus, das buddhistische Rom, sowie überhaupt das Gebiet in Innerasien, das sich etwa vom 79. bis 99. Längengrad erstreckt, zu besuchen, bestand ihrer Überzeugung nach ausschließlich aufgrund ungerechtfertigter Interessen Englands. »Viele Leute, besonders christliche Missionare, werden sich gleich mir fragen, warum eine sich selbst als christlich bezeichnende Nation das Betreten eines Landes verbietet, in das sie doch ohne Bedenken ihre Truppen sendet und dem sie ihre Kanonen verkauft.«[47] Mit ihrer fünften Reise nach Tibet gelang ihr der Besuch Lhasas – diesmal aber nicht als Lamina, die von der Bevölkerung als *Kandhoma*, als Luftfee, verehrt wird und die mit Trägern reist, sondern als *Arjopa*: eine alte, bescheidene Bettelpilgerin, die ihren Sohn, einen Lama, gehorsam begleitet. Mit Yongden machte sich Alexandra David-Néel auf den Weg: Minimale Ausrüstung, selbst einfache Löffel erwiesen sich als verräterisch, da ausländischer Herkunft, Waffen und Geld für die Notfälle mußten sorgsam am Körper verborgen werden, sie mußte ihr braunes Haar und ihren hellen Teint im Gesicht und an den Händen mit einfachsten Mitteln ständig dunkel halten, Sprache und Verhalten kontrollieren, Riten zur richtigen Zeit und in der richtigen Weise ausüben, um keinen Verdacht zu erwecken. Um überhaupt in das verbotene Gebiet zu gelangen, wanderten sie zunächst nur nachts. Mehrmals mußten Beamte und Grenzposten umgangen oder überlistet werden, und dann waren da noch die Beschwernisse und Gefahren der Wege in einem Gebirge, für das es nur unzureichende Karten gab. Vier Monate dauerte die gefahrvolle, anstrengende Wanderung, während der neben der Bettelei auch einmal eine Suppe aus Resten von Stiefelsohlen und einem Stück Speck, das lange zum Einreiben derselben gedient hatte, zum Überleben verhalf. Zu den Neujahrsfeierlichkeiten trafen beide in Lhasa ein. Sie lebten zwei Monate in der Stadt in einer Behausung, die sie mit sehr armen Tibetern teilten – auch hier unerkannt. Die Begegnung mit dem *Dalai Lama* fiel ganz anders aus als die Privataudienz, die Alexandra David-Néel früher gewährt worden war, denn diesmal gehörte sie zur Volksmenge. »Während der vielen Jahre meines Zusammenlebens mit den Tibetern hatte ich oft Gelegenheit, Leute aus allen gesellschaftlichen Schichten in der Nähe zu beobachten, aber so tief wie jetzt in Lhasa war ich früher doch nie in das Volksleben eingedrungen.«[48] Die Rückreise trat sie ebenfalls als Tibeterin an, aber nun als Angehörige der unteren Mittelklasse, die über zwei Pferde und auch über einen Diener verfügt. Sie hatte in Lhasa viele Bücher gekauft und wanderte nun in Richtung tibetisch-indischer Grenze.

Den Bericht von dieser Reise nach Lhasa, die sie in Europa und den USA zur Berühmtheit werden ließ, schließt sie mit den Worten: »Die Götter hatten gesiegt. Ich war die erste weiße Frau, die das verbotene Lhasa betreten und den Weg dahin gewiesen hatte. Mögen andere mir folgen und die verschlossenen Tore des Wunderlandes öffnen, ›zum Besten und zum Gedeihen vieler‹, wie es in den heiligen Schriften des Buddhismus heißt.«[49]

Das Ende dieser Wanderung fiel in das Jahr 1924; im März 1925 schrieb Alexandra David-Néel aus Colombo: »Ich bin eine Wilde... Die gesamte europäische Zivilisation widert mich an. Ich liebe nur mein Zelt, meine Pferde und die Wüste.«[50] Dennoch ist sie fest entschlossen, nun nach Europa zurückzukehren. Noch im gleichen Jahr, nach knapp 14 Jahren in Asien, traf sie wieder in Frankreich ein, und hier begann ein Triumphzug: Interviews, Vorträge, Orden und Auszeichnungen. Schon bald schrieb sie unermüdlich, wollte die immateriellen und die materiellen Früchte ihrer Forschungen und Abenteuer ernten. Ihren Ehemann sah sie kaum, denn nun war er es, der Distanz hielt. Ein wichtiger Grund für die Verstimmung zwischen beiden war, daß Alexandra David-Néel darauf bestand, Yongden zu adoptieren. Dazu brauchte sie die Zustimmung ihres Ehemannes, die sie ihm schließlich auch abrang; sein Unwille aber blieb. Sie kaufte das Haus in Digne[51] und verfaßte dort die Reiseberichte und andere populäre Schriften, aber auch wissenschaftliche Arbeiten über den Buddhismus in seiner ursprünglichen Form.

1937 dann brach die beinahe Siebzigjährige, wie immer begleitet von ihrem Adoptivsohn, zu ihrer zweiten großen Asienreise auf: Sie fuhr über die Sowjetunion nach China, um dort den ursprünglichen Taoismus zu studieren. Auch während dieser Reise wurde die Korrespondenz mit Philippe Néel fortgesetzt, und zumindest in Notsituationen unterstützte er sie weiterhin finanziell. Aber die Korrespondenz erreichte nicht mehr den früheren Umfang und die Intensität. In China allerdings wurde gekämpft, und Ausländer waren unbeliebt, auch Alexandra, die nicht zuletzt durch Yongdens Begleitung als Asiatin auftreten konnte, mußte flüchten. Sie verbrachten – recht unfreiwillig – sechs Jahre in Ta-tsien-lu, nahe der tibetischen Grenze.

Alexandra schrieb, las, meditierte. Im Januar 1941 starb Philippe Néel, aber erst drei Jahre später konnte seine Witwe mit ihrem Adoptivsohn China verlassen. Über Indien, das um seine Unabhängigkeit kämpfte, kehrten sie nach langem Zögern nach Europa zurück. Mitte 1946 trafen sie in Paris ein, der Abschied von Asien war für beide endgültig.

Yongden, der seine Adoptivmutter beerben sollte, starb schon 1955; sie hatte jedoch bei ihrer Rückkehr noch mehr als zwei produktive Jahrzehnte ihres Lebens vor sich. Nachdem der Presserummel, den sie anfänglich auslöste, abgeebbt war, lebte sie zunächst mit Yongden, nach seinem Tod mit Marie-Madeleine Peyronnet recht zurückgezogen in Digne. Sie schrieb vor allem über die Geisteswelt Tibets, Nepals, Indiens und Chinas. Es entstanden wissenschaftliche Abhandlungen und populäre Schriften, bis hin zu einer Art tibetischen Kochbuchs.

Ein angenehmer Umgang allerdings war Alexandra David-Néel, die in den letzten Jahren nicht mehr laufen konnte, keineswegs. Ihre Sekretärin und Vertraute, Marie-Madeleine Peyronnet, die das letzte Jahrzehnt ihres Lebens mit ihr verbrachte, war die einzige Person, die ihr nun nahestand. Sie charakterisierte sie als einen »›Ozean‹ des Egoismus und einen ›Himalaya‹ des Despotismus«[52] – was voll und ganz die Zustimmung der alten Dame fand.

Am 8. September 1969 starb Alexandra David-Néel, wenige Wochen vor der Vollendung ihres 101. Lebensjahres. Am 12. März noch hatte sie – für alle Fälle – ihren Reisepaß verlängern lassen.[53] Der Tod riß sie aus der Arbeit an vier begonnenen Büchern, nicht gerechnet ihre anderen Pläne.

Diese rastlose Aktivität wurde getragen von der Lebensphilosophie des Buddhismus, steht jedoch nicht nur dazu, sondern auch zu manchen persönlichen Aufzeichnungen in eigenartigem, für Alexandra David-Néel aber charakteristischem Widerspruch.

1917 hatte sie, gerade in der Mitte ihres Lebens angekommen, aus Korea die folgende Huldigung für Tibet geschrieben: »Seitdem ich die Himalayagipfel und die tibetischen Steppen verlassen habe, kommt es mir vor, als wäre jetzt für mich alles zu Ende. Ich interessiere mich kaum mehr für etwas und möchte auch gar nichts mehr sehen, denn alles kommt mir klein, schrecklich banal und armselig vor. ... Ich frage mich, was jemand, der ein solches Land gesehen hat, noch in Städten zu schaffen hat, was er auf Äckern oder Bergen in Maulwurfshügelformat zu finden hofft. Wirklich, wenn man sich einmal dort oben aufgehalten hat, gibt es nichts – absolut gar nichts – mehr, was man noch tun oder sich anschauen könnte. Das Leben (ein Leben wie meines, das ein einziger langer Traum vom Reisen war) ist dann zu Ende, hat sein endgültiges Ziel erreicht. ... Ich bin versessen auf diese verschneiten Gipfel, diese endlos weiten Ebenen, dieses Land, das zu beschreiben für jede Sprache eine Herausforderung darstellt.«[54]

Lydia Potts

Ich dachte mir die Welt wie Europa

Alma Karlin
1889 – 1950

Alma Maximiliane Karlin: 12. 1. 1889 in Celje (Slowenien) geboren. Tochter betagter Eltern. Früh einsetzender Weltschmerz. Mit achtzehn Lehrerinnenprüfung in Englisch und Französisch. In London Arbeit in einem Übersetzungsbüro. Fremdsprachenprüfung an der englischen Handelskammer und der Society of Arts. Erster Weltkrieg: Flucht nach Norwegen. Aufenthalt in Schweden. Nach der Rückkehr in Celje Gründung einer Sprachenschule.

Aber ihr Leben war anderswo.

Sie verstand sich als Schriftstellerin und Malerin. Auf ihrer Weltreise (1919 – 1927): Der Traum von ungebundener Kreativität. Die Realität: Geldmangel, Enttäuschungen, Selbstmordabsichten. Doch sie schreibt: Romane, Reisetagebücher, Erzählungen und Novellen.

In ihrem Reisegepäck Indizien ihrer Sammelleidenschaft: Tempelbilder, Stoffe, Kunstgegenstände, Waffen, Goldarbeiten, Muscheln, Herbarien; die bitteren Früchte ihres Überlebenskampfes: Malaria, Tropenruhr, Magenleiden: bald Rückzug in die Privatheit. Nur noch wenig gesicherte Quellen über Alma Karlin. Ab 1932 das Leben mit der Kunstmalerin Th. Gamelin. Zweiter Weltkrieg: in Dalmatien. 14. 1. 1950: Tod in ihrem Geburtsort Celje.

Diese spärlichen biographischen Fakten enthüllen und verdekken zugleich eine verwirrende, vielschichtige Persönlichkeit, die

Schriften zeichnen das Bild eines durchaus facettenreichen Menschen:

Alma Karlin war die nachdenkliche Frau, die sich nicht einpassen wollte in die bekannten weiblichen Normen der Ehefrau, Hausfrau und Mutter, sondern nach Bildung strebte und sich auf diesem Weg allen Hindernissen stellte, in festem Glauben, Hindernisse seien ausschließlich zu ihrer Überwindung da.

Alma Karlin war eine schreibende und malende Frau. »Ich hegte den sehnlichen Wunsch, fremde Erdteile mit den Augen des Schriftstellers, des Malers und vor allem mit den Augen der Frau zu schauen«, schreibt sie in *Der Todesdorn*[1] und ist davon überzeugt, daß es ihr vorbestimmt ist, zu schreiben und zu malen, Erlebtes mitzuteilen, ihre Eindrücke als Schriftstellerin zu verarbeiten: »Auf jeder Reise kann man merken, wie sich der geistige Horizont weitet, wie er wächst, und man selbst mit ihm. In so fremden Gebieten ist das Wachstum fast schmerzlich, denn es geht allzu schnell vor sich, erschüttert sogar körperlich durch die Fülle der Eindrücke, verbunden mit neuer Umgebung.«[2]

Reisen bedeutete ihr Herausforderung. Sie wollte Anregungen als Künstlerin bekommen, hatte Sehnsucht, kreativ zu sein. Doch die Realität stand dem immer wieder entgegen: So mußte sie, um zu überleben, auf ihren Reisen Beschäftigungen annehmen, die sie vom Schreiben fernhielten. »Ich witterte tausend Geschichten, ich brannte darauf, sie festzuhalten, aber ich verlor sie, weil ich mich verkauft hatte...«[3] Ein Dilemma, das sie verbissen überwinden wollte, denn: »Mein Dasein gehörte der Feder; modern gesprochen meiner ›Erika‹ (Alma Karlins Schreibmaschine, d. A.)... und wer in der Kunst das Höchste und Reinste, das die Menschheit Erhebendste schaffen will, der darf auch den Leib nicht durch den Sumpf ziehen.«[4]

Alma Karlin hatte hehre Ideale, jedoch faktisch stellte sich ihr Leben wiederholt ganz anders dar. Geldmangel bestimmte ihre Reisezeit – ein Mißstand, der sich schon zu Beginn der Weltreise bemerkbar machte. In Triest bekam sie erst nach fünf

Wochen eine geeignete Schiffspassage nach Südamerika. Diese Wartezeit zehrte an ihrer ohnehin geringen Barschaft und schaffte nicht die geeignetsten Startbedingungen für eine Weltreisende.

Journalistische Arbeiten, Dolmetscherdienste, Vorträge und der Verkauf von eigenen Zeichnungen und Malereien verhalfen ihr dazu, unterwegs Geld zum Leben und für die Fortsetzung ihrer Reisen zu verdienen. In Peru und Japan erteilte sie Kindern und Erwachsenen Nachhilfeunterricht. Auch in Panama waren die Bedingungen beim »Jobben« nicht günstiger. Sie arbeitete als Übersetzerin, wurde aber ständig von Vorgesetzten tyrannisiert – einmal, weil sie ein Angebot, Nebenfrau zu werden, abgelehnt hatte. Ihr blieb nichts anderes, als Weihnachtskarten zu malen und zu verkaufen.

Ihre finanzielle Situation verbesserte sich zwischenzeitlich, als sie zum »Dolmetscher von Panama« ernannt wurde, d. h. dort an den Gerichtshöfen übersetzen durfte.

Während der Weltreise gelang es ihr, Verbindungen zu deutschen und österreichischen Zeitungen herzustellen, die ihre Arbeit veröffentlichten. Sie verbesserte dadurch ihre Finanzen und ging ihrer Leidenschaft als Schriftstellerin nach. Aber dieses Glück währte nicht lange. Viele Beiträge wurden nicht publiziert, versprochene Zahlungen blieben aus. Sie mußte wieder gröbere Arbeiten verrichten, war angewiesen auf die Unterstützung gerade gewonnener Freunde oder karitativer Einrichtungen. Tätigkeiten bei Botschaften und eine Anstellung an einer japanischen Universität unterbrachen die Entbehrungen auch nur für kurze Zeit.

Ihre Ernährung war in dieser Zeit äußerst mangelhaft, ihre körperliche Verfassung schlecht. Neben einem Magenleiden quälten sie Malariaanfälle und Tropenruhr. Sie vermutete, sie habe sich die Bazillen geholt, als sie auf einem indischen Bazar aus einem höchst unhygienischen Gefäß trank.

Alma Karlin setzte sich extremen Belastungen aus, sie schonte sich nicht, wenn sie sich krank fühlte – glaubte sie doch, auch dazu vorbestimmt zu sein. »Man handelt nicht mit freiem Willen. Oft wünschte ich, streblos, wunschlos, tierisch zu sein; dann litte mein Körper nicht unter Hunger und Kälte und bliebe meiner Seele das Fegefeuer erspart.«[5] Sie nahm auf sich, was sie als ihr »Schicksal« erkannte und blieb dennoch sehnsuchtsvoll. Ihr Leben spannte sich zwischen den Polen Wunsch und Wirklichkeit, was immer wieder Ruhelosigkeit und Depression, Schwermut und Selbstmordabsichten mit sich brachte. So in Java, wo sie zehn Monate bleiben mußte, da sie für ihr nächstes Reiseziel Singapur kein Visum besaß. Alma hatte beschlossen, Java in jedem Fall zu verlassen; wenn nötig, hätte sie sich in die nächste Welt befördert, ohne Visum. Erschreckt mußte sie feststellen, daß die Zeitungen, die sie seit drei Jahren belieferte, nichts von ihr abgedruckt hatten. Ihre Blumenskizzen waren unveröffentlicht, die von ihr versandten Käfersammlungen größtenteils verdorben. »Ich hatte nach dem Durchwaten der Briefe das Empfinden, daß alle damit gerechnet hatten, mich im Menschenfressermagen wohlversorgt zu hinterlassen. Das Gegenteil war ein sehr leidvolles, peinliches Erwachen für sie und für mich.«[6] Ähnlich an anderer Stelle: »Ich glaubte mich vergessen, und eine tiefe Bitterkeit quoll in mir auf. Was hatte ich seit fünf Jahren geleistet und ertragen und nun starb ich, wie ein Hund in der Wildnis, unbelohnt und ungeliebt.«[7] Sie fühlte sich schlecht behandelt von den Menschen. Konkreter gesagt: Sie empfand sich als Opfer ihres literarischen Agenten. »Er hatte sieben Jahre lang an all meinen Reisen und Erlebnissen teilgenommen, von jedem Ort waren Bilder, Gegenstände, Manuskripte, Beiträge an ihn abgegangen, er hatte ›von jeder Laus einen Flügel‹ bekommen (wie meine Mitbürger oft sagen), und alle meine Briefe strotzten von meinen Skizzen, so daß er gereist war wie ich selbst, nur mit weniger Kosten und Leiden. Und es hatte geheißen: ›Warten! Nur Warten!‹«[8]

Die Weltreise, die der Agent anhand Alma Karlins Aufzeichnungen verfolgen konnte, begann am 24. 11. 1919 in Genua und sollte sie über den Atlantik nach Südamerika führen. »Ich stand an der Reling und blickte auf Genua zurück. Die Lichter ergossen sich wie ein Sternschnuppenfall über die Abhänge der Apenninen, und von Zeit zu Zeit fiel ein einzelner Regentropfen auf meine Wange nieder. Das Meer seufzte, das Schiff blies den Abschiedsgruß.«[9] Unter den Mitreisenden waren zahlreiche Auswanderer, die ihr Glück in der Ferne suchen wollten. Deren Frauen mit Kindern interessierten sie nicht, waren für sie lediglich »die Bekinderten«. Daher bestand der Kreis, den sie abends aufsuchte, um über vergangene Reisen und über die Zukunft zu sprechen, zumeist aus Männern. »Wir alle wollten eine neue Zukunft aufbauen, und nun weiß ich, daß sie alle zu mir aufschauten und mich hätschelten, weil ich so schwach und so klein, so blind und so mutig gewesen. Erst nach vielen Monaten erfuhr ich, wie tief sie mich beklagten – und dennoch sprach von allen diesen Männern nicht einer ein Warnungswort«[10] – ein Schweigen, das sie später kritisierte.

Nach ihrer Ankunft auf Barbados (West-Indien) fühlte sie sich erst einmal für die anstrengende Überfahrt entschädigt. »Wo die Korallen aus dem Wasser schimmerten, wirkte es lichtgrün und wurde erst später tiefblau, und das grelle Weiß des Strandes mit diesem Grün und Blau bildete eine Farbenharmonie, wie ich sie nur selten schaute. In diesem Augenblick fühlte ich mich für alle Leiden bezahlt, denn ich sah zum erstenmal die echten Tropen mit ihrer blendenden Pracht, dem Zauber des Ungewohnten, der drückenden Wärme, ohne die Schattenseiten auch nur zu ahnen.«[11] Ihre Reise führte sie weiter nach Peru, Kolumbien, Ecuador, Panama, Honduras, Nicaragua und Mexiko. Danach hielt sie sich zwei Monate in San Franzisko auf. Auch hier faszinierte sie die Natur, insbesondere die Schönheit des Golden Gate Parks. »Er liegt in erreichbarer Nähe... und ist wie ein Wald in tiefer Einsamkeit. Man ahnt nicht die Nähe einer Großstadt. Hohe Eucalypten mit ihren mattgrünen, steifen, sichelförmigen Blättern bilden einen Schutzwall gegen die Straße und gleichzeitig einen ausgedehnten Hain. Die warme Sonne entlockt ihnen den harzigen Geruch, der so wohltuend wirkt, und das Mondlicht verwandelt sie alle in schimmernde Halbmonde.«[12] Die Reise geht weiter: zunächst nach Hawaii und Honolulu, dann nach Japan.

Später, auf Formosa, unternahm sie eine Expedition in die dortigen Kopfjägergebiete. Da man dieses Gebiet nur mit polizeilicher Bewachung betreten durfte, begleiteten sie zwei Männer. Bei einem Fest wollte sie gesehen haben, daß bei den Feiern der »Wilden« auch abgeschlagene Köpfe eine Rolle spielten und daß Schädel den Häusern als Schmuck dienten. Trotz dieser »merkwürdig« anmutenden Sitte war Alma Karlin beeindruckt. »Nie in meinem Leben hat mich das Gefühl bemeistert, irgendwo ganz fern von der Welt zu sein, wie hier in diesem Ort, am ›Zusammenlauf der Flüsse‹. Die runddachigen Häuschen, die grellgrünen Bananen, der grün rauschende Fluß, die hohen, hohen Berge, die alle Aussicht verhindern, die Sonne auf den fernsten Abhängen, die goldene Stille... da sehnte ich mich, bei den Kopfjägern zu bleiben und die Welt, die voll Tücken... war, ganz zu vergessen. Ohne Ehrgeiz zu leben, ohne Zweck, nur in sich und die allernächste Welt versunken.«[13] Aber zunächst setzte sie ihre Reise fort, besuchte die Philippinen und Borneo, Australien und Neuseeland.

Vier Jahre war sie bereits unterwegs, als sie in der Südsee die Fidschi-Inseln, Neukaledonien, die Neuen Hebriden, die Salomon-Inseln, Neubritannien, Neuirland und Neuguinea kennenlernte. Religiöse Riten, Liebeszauber, Tier- und Vogelwelt beeindruckten sie hier sehr. Gerüchte über die Existenz von »Menschenfressern« kamen ihr zu Ohren. Noch betrachtete sie dies humorvoll. »Das ist das Reizvollste solch ferner Menschenfresserinseln: Jedermann ist gastlich.« Sie wollte baldigst den »Kannibalen« begegnen, denn schon in früheren Jahren, meinte sie, sei sie durch den Umgang in ihrer Familie auf solche Zusammentreffen vorbereitet worden. »Meine spätere Gewandtheit im Verkehr mit Menschenfressern und Wilden überhaupt schreibe ich stets diesen meinen frühesten Übungen bei Familienzwisten zu.«[14]

Ungeachtet der Warnungen und des langen Zögerns des Kreisrichters von Tumleo, dessen Erlaubnis sie brauchte, trat sie die abenteuerliche Reise an – zuerst in einem Regierungskutter und später im Eingeborenen-Kanu. Die Eingeborenen nötigten sie bald, an Land zu gehen. »... dann stellten sie sich im Halbkreis drohend vor mir auf und begannen den grausigen Kriegstanz zu tanzen, den man mir bei den Missionen manchmal zum Scherze vorgesungen hatte. Die Arme und Beine flogen in eckigen Bewegungen auf und nieder, die heiseren Kehlen stießen ein tiefes ›Rrrr‹ aus, und mitten in dieses dumpfe Rollen hinein streckte einer der Wutonger die Hand nach dem aus, was ich in der Hand hielt. Nun mußte ich handeln oder sterben. Da öffnete ich die Flasche (Pfefferflasche) und machte eine Schwungbewegung von links nach rechts:... Mit einem Schmerzensschrei über den ›Zauber‹ schlugen sie die Hände vors Gesicht, und mit einem Riesensatz war ich an ihnen vorbei am Strand und lief, wie ich in meinem ganzen Leben noch nie gelaufen war...«[15]

• • • •

Alma Karlins Besuch bei den »Menschenfressern« erforderte eine ebenso sorgfältige Inszenierung und Vorbereitung wie mehr als ein halbes Jahrhundert zuvor Ida Pfeiffers ähnliche Visite. Dramaturgische Elemente wie ein langer und beschwerlicher Anweg, Begleitschutz, der im entscheidenden Moment versagt, Waffengeklirr, unerwartetes Auftauchen martialischer Gestalten erhöhten den Reiz des »Verbotenen« und die Spannung, betonten das Moment von Abenteuer und Gefahr.

Hergestellt wurden diese Situationen mit Unterstützung vor Ort: Koloniale oder einheimische Beamte warnen, zögern, lassen sich schließlich öffentlichkeitswirksam überreden, übernehmen dann die Begleitung oder stellen den Begleitschutz. Den Reisenden wird vorgeführt, hilfsweise auch nur angedeutet, was sie sehen wollen. Stets ist Verlaß darauf, daß Mängel in der Inszenierung durch die Phantasien der Abenteurer/innen wettgemacht werden. Das Geschäft mit der exo-

tischen Gefahr begann, Vorboten des organisierten Abenteuertourismus. Mit wohligem Schaudern wurde daheim auflagensteigernd berichtet.

Das Thema Menschenfresserei hat in der Reiseliteratur Tradition. Schon in dieser literarischen Gattung konnten solche Behauptungen durchaus auf Hörensagen beruhen – die Idee des Kannibalismus existierte vor dem Nachweis desselben und war daher von ihm unabhängig.[16] *Romanautoren, die häufig an Passagen aus Reiseberichten anknüpften, ließen ihrer Phantasie dann vollends freien Lauf und sorgten für die allgemeine Verbreitung dieses extremsten aller Vorurteile. So z. B. Jack London, H. G. Wells, Edgar Wallace und insbesondere Jules Verne, der am meisten übersetzte Schriftsteller überhaupt; »Jules Vernes außereuropäische Welt ist die Heimat der Menschenfresser.«*[17] *Aber auch Daniel Defoe ist hier zu nennen: »Im Roman* Robinson Crusoe *drängt sich gar die Assoziation auf, ein Farbiger ist ein Menschenfresser ist ein Farbiger.«*[18] *Die Funktion dieser Zuschreibung: »Kannibalismus als echtes oder vermeintliches Kulturmerkmal – nicht bloß als Ausnahmeerscheinung – läßt sich als vorzüglich, vielleicht als das beste Mittel für eine diskriminierende Differenzierung in verschiedene Gruppen, für eine Trennung von Eigen- und Fremdgruppe verwenden. Menschenfresserei gilt denn auch als das unmenschlichste mögliche Charakteristikum, dessen Horror die klarste Grenze zwischen der guten eigenen Gruppe und den bösen anderen, den tierischen Wilden, den hoffnungslosen Barbaren darstellt.«*[19]

Sie ist dann – erst einmal im allgemeinen Bewußtsein der Europäer/innen verankert – hervorragendes Mittel zur Rechtfertigung aller kolonialen Greuel.

Und der Realitätsgehalt? W. Arens stellte fest, daß – von Notsituationen abgesehen, wo diese Praxis auch in Europa dokumentiert ist – er keine Gesellschaft finden konnte, für die Kannibalismus als Sitte nachgewiesen wurde. »Gerüchte, Verdächtigungen, Befürchtungen und Beschuldigungen reichlich – aber keine überzeugenden Berichte aus erster Hand.«[20]

So ist, was Ida Pfeiffer und Alma Karlin weitgehend ungebrochen als ihre »Menschenfressererlebnisse« schildern, austauschbarer Topos. In vieler Hinsicht ähnlich besetzt ist in der von Männern verfaßten Reise-

literatur der Harem. Da nützt es wenig oder nichts, daß schon Mary Montagu anmerkte, daß die Verfasser der gewöhnlichen Reisebeschreibungen »gerne von Dingen reden, von denen sie nichts wissen«,[21] *oder daß bis zum Ende des 19. Jahrhunderts eine ganze Reihe reisender Frauen ihn als unspektakulär und nicht selten langweilig geschildert haben. Der Harem bleibt verbotener, gefahr- und lustvoller Ort, die diesbezüglichen Phantasien und Fiktionen unverhüllt sexueller Art lassen sich nicht widerlegen, entsprechende Inszenierungen werden wahrscheinlich allenfalls von Frauen als solche erkannt. Elsa Sophia von Kamphoevener, die am Ende des 19. Jahrhunderts ihre Jugend in Istanbul verbrachte, berichtete ihrer Biographin von einem solchen für Touristen angelegten Harem, der des erhöhten Reizes wegen gleich als Frauenbad gestaltet war: »Ich hatte in Konstantinopel, wo ich aufwuchs, viele Freunde unter den Einheimischen, besonders im Basar. Einer von ihnen namens Mandelbaum winkte mir eines Tages und sagte: ›Komm mit, Herrin, ich muß dir etwas zeigen!‹ Der Mann war ganz aufgeregt und führte mich in eine enge Gasse zu einer hohen Mauer, die eine schmale Öffnung hatte. ›Steige auf diesen Stein, Herrin, und sieh hinein!‹ Ich tat wie mir geheißen, und was sah ich? Ein großes Wasserbecken, an dessen Rand ein paar recht dicke und nur sehr spärlich verhüllte Frauen saßen, natürlich mit Schleiern auf dem Kopf. Hinter ihnen standen einige feiste Schwarze mit Peitschen in den Händen, andere ebensolche gingen im Hintergrund hin und her. ›Was soll das, Mandelbaum?‹ fragte ich erstaunt. ›Aber Herrin, siehst du nicht, was das ist! Das ist doch ein Harem, wie die Ferenghi, die Fremden ihn sich vorstellen. Ich zeige ihn gegen Eintrittsgeld, und glaube mir, Herrin, ich verdiene dabei, obwohl mich die Sache auch viel kostet – die Weiber, das geht noch, aber die Eunuchen! Ich muß sie jeden Morgen frisch anstreichen und abends im Bad das Schwarze mühsam herunterwaschen – was glaubst du, Herrin, was die Kerle dafür verlangen?! Aber auszahlen tut es sich für mich doch!‹«*[22]

• • • •

Erleichtert, den »Menschenfressern« entkommen zu sein, wähnte sie sich schon in Sicherheit, als sie zu einer Malaienhütte gelangte, die von einem Ehepaar mit Kind bewohnt wurde. Nachdem sie dort ihre Misere erklärt hatte, stellte sich heraus, daß die eigentliche Gefahr erst hier auf sie lauerte. Der Malaie versuchte, Alma zu vergewaltigen. »Mein Malaie, ein mittelgroßes, mageres Männchen, dachte an Allahs Gnade, die ihm zu einer weißen Frau verhalf, löschte das Licht aus und näherte sich mir, die ich auf einer Bank Platz genommen hatte. Die Frau wimmerte und schmerzheulte leise vor Eifersucht. Der Junge war unter eine Bettbank gekrochen. Um die Hütte herrschte Stille. ... aber in dieser, der schlechtesten der bekannten Welten, sollte er einige Minuten höchster Pein duchleben. Es hatte mir jemand einmal erklärt, wie man einen Mann sofort unschädlich machen und auf eine Woche hinaus schlapp machen könne. Der Mann war dicht neben mir und für die direkte Methode. Ich auch. Ich ging nicht ganz richtig zuwege, und anstatt ihn lautlos neben mir zusammenbrechen zu fühlen – wie ich es stolz erwartet hatte, denn ich hatte meine letzten Kräfte mit viel gutem Willen aufgewandt –, schrie das elende Zweibein, als ob ich ihm die Seele aus dem Leib gerissen hätte. Wie er schrie!«[23]

Während ihrer achtjährigen Weltreise lernte Alma Karlin viele unterschiedliche Völker kennen. Ihre Schriften lassen auf eine rassistische Grundhaltung schließen, dazu kommt jene abendländische Überheblichkeit, jener Kulturimperialismus, mit dem sie dem Zeitgeist des Kolonialismus verhaftet war. Sie wertete die Rassen und Völker nach dem Grad ihrer »Zivilisation«, ihrer »Kultiviertheit«. Kultur und Intellekt standen, nach ihrer Meinung, in einem unversöhnlichen Widerspruch zu den »Schwächen« des Körpers, der Lasterhaftigkeit, den Trieben. Alma Karlin sah besonders bei den Südseebewohnern eine tierhafte Sinnlichkeit. Eine Sinnlichkeit, die sie sich selbst Zeit ihres Lebens versagt hatte. »Triebhaftigkeit« und »Barbarei« lagen für sie nah beieinander. Sie meinte, daß die Menschen dort dumm, unzuverlässig, faul und schmutzig seien. Einige Ausnahmen räumte sie ein: Die »Salomon-Boys« seien hübscher und sanfter als die übrigen, doch nicht so arbeitsam und verläßlich wie die wilden Malaitas.[24] Auch unter den Bewohnern der Fidschi-Inseln entdeckte sie Unterschiede: Die wilden und kräftigen Stämme hätten den sanfteren Klugheit und Fleiß voraus.[25]

Ihrer Auffassung nach war es unausweichlich, daß Weiße zugrunde gingen, wenn sie sich mit Eingeborenen einließen. Mischgemeinschaften sowie Mischehen und Mischlinge betrachtete sie als verdammenswerte Früchte der Schwäche und der Sünde. »Man behauptet indessen allgemein, daß der Umstand der Vertraulichkeit von dem Amtsrichter von Sigatoka mit schwarzen Frauen die Macht und das Ansehen der Weißen untergraben hätte, und wieder verdamme ich die Männer, die zur Befriedigung ihrer niedersten Leidenschaften die Stellung der Europäer gefährden. Kann ein gutbezahlter Kreisrichter nicht eine Europäerin heiraten? Ist es so angenehm, ein Rüsseltier zu sein? Schon die bloße Berührung einer schwarzen Hand ist mir lästig...«[26]

Gegenüber Japanern und Chinesen äußerte sie sich wesentlich zurückhaltender, obwohl sie auch hier eine Vermischung der Völker ablehnte. China und Japan waren in ihren Augen starke Länder, da sie sich gegen eine Kolonisierung erfolgreich zur Wehr gesetzt hatten. Obgleich sie sich vor ihnen fürchtete, hegte sie für die asiatischen Völker eine gewisse Sympathie. »Überhaupt bewegt sich das Denken der Asiaten (nicht wie voreingenommene Menschen glauben in niedrigen) in anderen Kreisen als das unsrige. Das läßt eine Kluft, die sich immer wieder vor einem öffnet und vor der man erschrocken zurückweicht.«[27] Für sie war Europa Mittelpunkt des Denkens und Handelns. »Nicht kriegerisch unbesiegbar, auf geistigem Gebiete führend müssen wir bleiben! Und das verbietet Verflachung: Manchmal glaube ich an den ›Untergang des Abendlandes‹, wenn ich sehe, wie alles, was heute anzieht, nur Schund ist.«[28] Sie befürchtete, daß die Japaner die Welt erobern würden, wenn die Europäer sich nicht davor hüteten, kulturell abzuflachen, andernfalls würde Europa das gleiche Schicksal widerfahren wie den Azteken und Inkas, deren Verhängnis die Weißen waren.

Daß Berichte, die in solch extremer Weise andere Kulturen

bewerteten, in der Tendenz des zu jener Zeit erstarkenden nationalistischen und chauvinistischen Bewußtseins lagen, zeigte das positive Echo auf die Anfang der dreißiger Jahre herausgegebenen Bücher Alma Karlins. Ungezählte Leser / innen teilten Alma Karlins Auffassungen. Briefe zeugten von Bewunderung und Hochachtung angesichts ihrer Weltreise. Die anerkennenden Worte gaben ihr »den Glauben an das Leben wieder«.[29] »Damals war mein Herz voll Bitterkeit, heute ist es voll Dankbarkeit für all das Liebe, das mir durch unzählige Leser geworden ist.«[30] Leserbriefe wie der folgende wurden in dem Band *Einsame Weltreise* abgedruckt: »Ihr Werk hat meine Frau und mich derart in Bann gehalten, in so hohem Maße ergriffen und bewegt, daß ich Ihnen schreiben muß, schreiben, wie sehr wir Sie bewundern, Ihre stählerne Tatkraft, Ihren eisernen Willen, Ihren Mut und, womöglich noch mehr, Ihr warmes edles Fühlen für alles Gute und Schöne, Ihre tiefe Liebe für alles Sein ...«[31]

Innerhalb von zwei Jahren wurden 20000 Exemplare der *Einsamen Weltreise* verkauft; es folgte eine Volksausgabe. Die Presse nahm regen Anteil, in einer Rezension hieß es: »Wir stehen sprachlos vor den Leistungen dieser Frau. Das Buch kann wärmstens empfohlen werden. Das Buch enthält die Weltreise einer Heldin. Wo ist der Forscher, der ähnliches leistete?«[32]

Auf dem Hintergrund ihrer Rassenideologie dachte Alma Karlin über Erziehung und Missionierung der Schwarzen nach. Sie stellte sich Missionierung sinnvoll vor, wenn die Eingeborenen als »unerfahrene, zu leitende Brüder« behandelt würden, fand dies realisiert in der Arbeit katholischer Missionare. Protestantische Missionare lehnte sie ab, da diese die Eingeborenen angeblich als gleichberechtigte Menschen sahen. »... und das macht den Schwarzen höchstens unverschämt; dann unterrichten sie (die Protestanten, d. A.) viele Stunden täglich, was zu nichts als Faulheit führt, und endlich lehren sie zum Beispiel Weltkunde, so daß er ›Frankeriche‹, ›Dötschelande‹ herabschnarren kann, doch nicht weiß, wie die nächste Insel heißt. ... Zudem hat der Schwarze vom ›Waschen im Blute Christi‹ nur eine Menschen-

fresservorstellung.«[33] Alma Karlins Vorstellung von sinnvoller Missionierung reduzierte sich auf die Beeinflussung von Schwarzen in pragmatischer Hinsicht. Das Christentum, dem sie mit äußerstem Vorbehalt gegenüberstand, wollte sie nicht in ferne Erdteile übermitteln. »Die meisten von uns Christen sind im Grunde selbstsüchtige, sinnengerittene Heiden, warum versuchen wir zu bekehren, ehe wir bekehrt sind? Was sieht der Schwarze von dem Weißen als Trunksucht, die Gier nach dem Weibe, das Buhlen der enttäuschten Frauen um die Liebe eines anderen Europäers? Geldgier, Ausbeutungseifer, Tabubruch –.«[34]

»Ich weiß nicht, wie es kam, aber ich hatte vom Leiden und Gebet genug. Je öfter ich zu den Meetings (der Missionare, d. A.) ging, desto bockbeiniger wurde meine Seele, und je mehr wir von der Seele Gottes beteten und sangen, desto sicherer wurde ich, daß er auf mich eine Pike hatte und mir nichts Gutes mehr geben wollte.«[35]

Anders erging es ihr mit dem Buddhismus, zu dem sie sich hingezogen fühlte. Sie beobachtete, wie das indische Volk all die Mühsal des Lebens ruhiger, gelassener ertrug, erfuhr von der Gewißheit der Menschen, nicht alles Verlangen, alles Begehren und alle Erfahrung in dem einen Leben durchlaufen zu müssen.

Auf einem buddhistischen Fest erkannte sie, daß diese Religion für sie die einzig annehmbare war. »Sie umfaßt alles – Mensch, Tier, Pflanze, Stein – und sie führt zum Urquell aller Schöpfungen in sehend gewordener, verklärter und gereinigter Form zurück.«[36]

Mit dem buddhistischen Japan verband sie glückliche Erinnerungen. »Zu den schönsten Vorkommnissen jener Zeit rechne ich mein Zusammentreffen mit japanischen Künstlern... Das Ideal des Japaners in der Kunst wie im Leben ist das Einheitliche, Eingedankliche. Er geht bei allen Dingen auf das Unpersönliche, Ewige, Allgemeine zurück, daher hat er auch ein so ausgeprägtes Farben-Harmonie-Empfinden.« Die Bekanntschaft

mit vielen Japanern veranlaßte sie zu der Feststellung, daß die Japaner im »Denken unbeweglicher«, dafür aber »ausdauernder und tiefer« seien. »Ist das nicht das schönste und ehrendste Denkmal, das man einem Volke setzen kann, und ist nicht echte Vaterlandsliebe die, so zu leben, daß der Fremde mit solchen Ansichten scheidet? Man spricht den Japanern große Sinnlichkeit nach. Wie hoch einschätzbar eben deshalb ihre vornehme Kühle im Lande der Schiebetüren! Gesegnet seien sie!«[38]

Da verwundert es nicht, daß sie sich gerade in einen Japaner verliebte. Sie lernte Herrn I., wie sie ihn nennt, auf Formosa kennen, verließ die Insel jedoch fluchtartig, als sich die Bekanntschaft vertiefte. Hier ihren Gefühlen zu trauen hätte Verrat geheißen: »Wir weißen Frauen dürfen aber nicht die Rasse verraten. Es geht nicht an! Es ist ein Verbrechen an uns und an den anderen. Es führt nie zum Glück. Ich mußte alles lassen und fliehen.«[39]

Ihr Verhältnis zu Männern wurde mit zunehmender Erfahrung zwiespältiger: Sie, deren Hoffnung war, daß man ihr als Angehöriger der deutschen »Herrenkultur« Achtung entgegenbringen würde, daß ihre Person »wie der Dollar daheim ein Ding war, das im Werte ständig stieg«[40], mußte oft Entgegengesetztes erleben. »... so fühlte ich mich an den Schultern erfaßt und auf den schmalen Pfad niedergedrückt. Noch immer war ich eher erstaunt als bestürzt und starrte der Braunhaut groß ins Gesicht... Mir blieb nur ein dunkles Erinnern an einen Kampf, der uns schnell vom schmalen Pfad unten im Graben landete, so daß mein neues Staatskleid mit einer sandigen Kruste bedeckt wurde, was meine Erbitterung noch erhöhte... Das Menschtier saß noch auf mir und preßte seine dicke, arbeitsharte Hand auf meinen Mund. Meine Zähne sind noch von Mutter Natur eingehängt; sehr gut überdies. Ich vertiefte sie in die Pfote. Das Tier ließ los. Ein Stoß... und ich war frei.«

So reiste sie lieber im Frauenabteil, falls das möglich war, da ihr die »Furcht vor dem männlichen Menschtier«[41] blieb. Diese oder andere Überfall- und Vergewaltigungsversuche nahmen

ihr den Glauben an »das Gute« im Manne, ließen sie verbittern und einen »unsichtbaren Schutzkäfig« aufbauen. Die Bitterkeit »hat mir etwas Überlegenes verliehen, das mich unberührt durch alle Gefahren gleiten läßt; denn um das Spielzeug des Augenblicks zu sein, dazu bin ich mir zu gut, aber es hat das in mir gebrochen, was unerläßlich ist, um Liebe, irgend eine Art der Liebe zu empfinden. Heute steht zwischen der physischen Hülle eines Mannes und mir der unsichtbare Schutzkäfig, wie man ihn sichtbar und aus Gußeisen in Peru findet. Durch diesen Kasten hindurch beschaue ich mir leidenschaftslos seine Seele. Durch ihn kann ich aber auch nie den Weg zu einem Gefährten finden...«[42] Diesen männlichen Gefährten fand sie denn auch nie, weder auf Reisen noch nach ihrer Rückkehr 1927 in Europa.

»Mein Herz aber ist unverankert, heimatlos, daher ist mir die ganze weite Welt immer nur Nest geblieben, von dem zu scheiden mich keine Träne gekostet.«[43] Weder bei sich selbst noch bei einem anderen Menschen, weder in Europa noch in der fernen Welt fühlte sie sich aufgehoben oder in irgendeiner Weise »zu Hause«. Auf der Suche nach ihren ursprünglichen Wurzeln erlebte sie immer wieder Schmerz, Leid und Schuldgefühle. »Wo ich auch hinkam, geschah es um zu leiden; in diesem Leben oder in einem anderen, in Indien oder daheim, es gab für mich weder Frieden noch Glück.«[44] So empfand sie auch, als sie in Peru den Stätten der vergangenen Inkakultur begegnete, diffuse Gefühle von Schuld. »Ich verstand den Glauben, die Sitten, die Art der Inkas von innen heraus. Es war eher das Auftauchen einer Erinnerung als ein Erforschen, und ich ahnte das Empfinden, hier irgendeine Schuld abbüßen, durch ein Erfahren gehen zu müssen, das mit diesen Bergen Anden irgendwie im Zusammenhang stand. Ich empfand bei allem, was ich in jenem Land fand oder sah, ein tiefes Weh.«[45]

Die Europäerin mit elitärem Bewußtsein erfuhr im Zusammentreffen mit außereuropäischen Völkern, wie gebrochen ihre eigene Kultur war. In der Begegnung mit dem Mystischen, das starke Anziehungskraft auf Alma Karlin ausübte, wurde die Widersprüchlichkeit ihrer Existenz deutlich. In *Der Todesdorn* schrieb sie: »Weil nun bei uns – und hier spreche ich von den wirklich geistig eingestellten, schon Ideale hegenden Weißen – Hauptgewicht auf Verstand und Erwerbung von Kenntnissen und auf Höchstentfaltung unserer geistigen Fähigkeiten gelegt wird, überwinden wir mehr und mehr die Einflüsse des Astralkörpers, doch wir verlieren damit auch gewisse Kräfte, die den Naturvölkern noch geblieben sind, Kräfte,« – und hier siegte wieder der europäische Kulturoptimismus oder der »Herrenmensch« in ihr – »die wir wiedererlangen werden, wenn wir Herren über unseren Wunschkörper geworden sind. Wenn wir auf psychischem Gebiet wirken werden, wird es bewußt geschehen, während der Wilde oder selbst der einfache Mensch halb unbewußt Kräfte zu seinem Zweck gebraucht, über deren Ursprung er nichts weiß und die manchmal ihn selbst vernichten.«[46]

Um die Sitten und Gebräuche, die Mystik und Spiritualität der fernen Länder und deren Bewohner kennenzulernen und sie als Europäerin fruchtbringend zu nutzen, suchte sie immer wieder Kontakte zu Einheimischen und Kolonialisten, die ihr vom Wissen der Naturvölker erzählten. Mit einem Kreisrichter aus Hollandia (Neuguinea) führte sie viele Gespräche über Land und Leute, Buddhismus und Spiritualität. Doch »nicht immer unterhielten wir uns indessen über Land und Leute, Aberglauben und Liebeszauber, Tier- und Vogelwelt, sondern er interessierte sich auch für die Welt jenseits der Todesschranke, und oft sprachen wir über die mögliche Entwicklung der Seelen.«[47]

Bei allen Erfahrungen, bei all dem neuen Wissen blieb die europäische Kultur, oder genauer, die deutsche und englische, für Alma Karlin Maß allen Denkens und Fühlens. Auf der Schiffspassage nach Japan sah sie einen Film über Deutschland. Sie, die doch die Reichsdeutschen zu den »allerliebenswürdigsten und herzlichsten Menschen der Welt« zählte, sah, so ihre Worte, wie »die deutsche Nation verunglimpft wurde«.[48] Der Film zeigte Vergewaltigungen, Totschlag und Brandschatzungen. »Das war ja volksehrenrührig, und ich hätte mich jeder, auch einer feindlichen Nation gegenüber, so einer Sache Einhalt zu gebieten berufen gefühlt.«[49] Auch auf das britische distinguierte Verhalten ließ sie nichts kommen. Als sie in Kalkutta einen Streit mit einem deutschen Konsulatsbeamten hatte, erinnerte sie sich mit Sympathie an die britischen Gentlemen. »Wenn ich schon zu jemandem halten sollte, wenn mich niemand brauchte, so zu ihnen, die mich immer als Frau, nie als Staatsangehörige oder Nichtangehörige behandelt hatten.«[50] Lieber wäre ihr allerdings gewesen, als Mann auf die Welt gekommen zu sein, um leichter zu reisen, wie sie sagte.[51] Aber da dies nicht der Fall war, sollten ihre Bücher Botschaft und Warnung für andere sein: »Frauen, die ein gesundes, alltägliches und folglich glückliches Leben genießen wollen, bleiben am besten daheim oder wenigstens in Europa, ...«[52] An anderer Stelle heißt es: »Ich könnte über mein seelisches Empfinden mit Schweigen hinweg gehen. Ich tue es nicht, weil das Werk bestimmt ist, anderen Geschlechtsgenossinnen zu zeigen, was die Folge eines großen Unternehmens sein kann, selbst wenn man schuldlos ist.«[53]

So ließ sie ihr weibliches Lesepublikum Einblick gewinnen in die Lebenszusammenhänge und -bedingungen der Frauen fremder Länder. Das Leben der indischen Frauen beurteilte sie so: »Auch haben die Jahrhunderte einen seelisch knechtenden Druck auf sie ausgeübt und den Gedanken ihrer ›Unreinheit‹ aus dem Heidnischen blind übernommen; dies zwingt sie heute noch, sich nach katholischer Sitte nach der Geburt eines Kindes kirchlich ›reinigen‹ zu lassen, aber so unbedingt vom Geschick benachteiligt, wie wir das glauben, sind die Inderinnen als Rasse nicht.«[54]

Erwähnenswert war für Alma Karlin die Hilfsbereitschaft der Frauen in den von ihr bereisten Gebieten. War sie schwer krank oder hatte sie keine Bleibe, unterstützten Frauen sie und zeigten sich freundlich und umsorgend. Als auf einer Zugfahrt eine Chinesin ihr einen Pfirsich schenkte, wurde ihr bewußt: »Immer hatte ich Gelegenheit zu erkennen, daß die Frauen der ganzen Welt mit nur geringen Ausnahmen herzensgut sind, und zwar je niederer in gesellschaftlicher Stellung, desto gutherziger. Entweder können die Armen leichter aus ihrer Schale heraus, oder sie sind so gut, weil sie den Mangel am eigenen Leibe kennengelernt haben? Als ich schon alle Hoffnung aufgegeben hatte und mit Gott und der Welt zerfallen war, hat mich immer wieder solch ein Beispiel der Nächstenliebe vor völligem Seelenverfall gerettet.«[55] Obwohl sie Frauen traf, die ihr etwas bedeuteten, sie unterstützten, fühlte sie sich ratlos und umhergetrieben, konnte bei ihnen nicht länger aushalten, nahm Abschied, obwohl sie Abschiede haßte: »Warum mußte ich Zeit meines Lebens bei denen bleiben, die ich nicht leiden konnte, und von jenen scheiden, die mir angenehm waren?«[56] »So oft ich Freunde machte, mußte ich weiter. Das war in meiner frühesten Jugend so gewesen, war es auf der Weltreise und wird es immer sein.«[57]

1927 ließ sie sich in Celje nieder; ob ihres Reiselebens und der zahlreichen Bücher bestaunten sie viele Menschen als »Kuriosum«: »Bis auf wenige hat niemand den Versuch gemacht, im Kuriosum ein Herz zu finden, dabei hat auch fast niemand eines gefunden.«[58]

Heiderose Schnieder

Orient-Reisende am Ende des Britischen Empire

Freya Stark
geboren 1893

Freya Stark, Engländerin, wurde 1893 in Paris geboren und lebt heute noch in Asolo am Rande der Dolomiten. Sie wuchs in England und Norditalien auf. Seit 1927 führten sie zahlreiche Reisen in den Orient, über die sie viele Bücher verfaßte, die zum Teil hohe Auflagen erreichten; vier davon sind auch ins Deutsche übersetzt worden.

Freya Stark wuchs in einer kosmopolitischen Umgebung auf und sprach seit frühester Kindheit mehrere Sprachen (deutsch, italienisch, englisch, französisch – entsprechend der Nationalität ihrer Gouvernanten). Sie ist in unterschiedlichen Kulturen groß geworden und lernte früh, sich in ganz verschiedenen sozialen Umgebungen zu bewegen. Sie war in den Salons vornehmer Italiener und Engländer zu Hause, lernte aber auch ein Leben relativer Armut mit eigener körperlicher Arbeit kennen – etwa auf ihrem kleinen landwirtschaftlichen Anwesen in Ligurien, wo sie nach dem Ersten Weltkrieg mit ihrer Mutter lebte. Ihr Vater vermittelte ihr die Liebe zur Natur und lehrte sie, Angst zu überwinden, indem er sie nachts unter Bäumen schlafen ließ und versprach, das Taschengeld zu verdoppeln, wenn sie in der Dunkelheit alleine durch einen kleinen Wald beim Haus bis zum Zaun ging und zurück.[1] Freya lernte mit vier Jahren reiten und liebte bergsteigen; in diesem Zusammenhang war es für sie normal, in Berghütten bei einfachen Leuten unter beengten Verhältnissen zu übernachten.

Die wechselhaften Lebensbedingungen, unter denen ihre Kindheit und Jugend verliefen, stellten rückblickend eine recht gute Vorbereitung auf ihre späteren Reisen dar und machten es ihr leicht, sich auf fremde Kulturen, auf ganz unterschiedliche soziale Strukturen und auch auf die mit vielen Reisen verbundenen körperlichen Strapazen einzustellen.

Die unkonventionellen Züge in Freyas Leben waren bereits in ihrer Herkunft angelegt. Sowohl die Mutter als auch die Großmutter mütterlicherseits waren starke, selbstbewußte Persönlichkeiten, die nicht in einer traditionellen Frauenrolle aufgingen. Die Großmutter war in Florenz mit einem englischen Maler verheiratet. Sie interessierte sich seit ihrer Jugend für klassische Bildung und hatte für die Mittelklassetugenden in England nichts übrig; in ihrer Jugend war sie mit der englischen Schriftstellerin Harriet Martineau befreundet gewesen, die 1848 ein Buch über eine Reise nach Ägypten und Palästina veröffentlicht hatte.[2] Als ihr Mann sie nach seinem Tod mit Schulden zurückließ, unterrichtete sie junge Damen in Genua. Sie vermittelte Freya ein Gefühl für geistige Uanbhängigkeit von materiellen Bedingungen und »das Beste großmütterlicher Atmosphäre – ein Gefühl für die Weite der Zeit«[3], und ein Interesse für Bildung, unabhängig von äußerlichen Restriktionen. Im Alter von 76 Jahren unternahm sie eine Reise zu Verwandten in Finnland und lernte deshalb Russisch – ein Beispiel für Freyas Energie auf ihren späteren Reisen.

Auch Freyas Mutter, Flora Stark, war eine starke Persönlichkeit, voller Temperament und Energie. Hausarbeit mochte sie nie; dafür begann sie noch im Alter von 64 Jahren, eine kleine Seidenfabrik aufzubauen. Freyas Eltern heirateten 1880. Beide waren künstlerisch veranlagt, der Vater hatte neben diesem Interesse eine ausgeprägte Vorliebe für das englische Landleben in seiner Heimat in den Mooren von Dartmoor, die Flora überhaupt nicht teilte. Die Ehe verlief aufgrund der unterschiedlichen Interessen nicht glücklich, obwohl sich Flora Stark erst zwanzig Jahre später von ihrem Mann trennte; eine Scheidung erfolgte jedoch nie. Freya nahm diese Erfahrungen zum Anlaß kritischer Reflexionen über die viktorianische Ehe[4] und bemerkte später, die

Erfahrungen mit der Ehe ihrer Eltern hätten sie zur entschiedenen Anhängerin der Ehescheidung gemacht.

Freyas Eltern hielt es nie lange an einem Ort. Zur Zeit ihrer Geburt lebten sie in Paris, später pendelten sie regelmäßig zwischen Dartmoor, wo der Vater nacheinander vier Häuser für die Familie baute, und Norditalien hin und her. 1901 trennte die Mutter sich schließlich von ihrem Mann und blieb mit Freya und der ein Jahr jüngeren Schwester Vera in Norditalien: Asolo, Belluno, Le Touquet, ab 1903 dann Dronero in Piemont. Der Kontakt der Töchter zum Vater blieb jedoch aufrechterhalten, und Freya kam auch nach der Trennung der Eltern immer wieder zu längeren Aufenthalten nach England.

Freya galt in ihrer Kindheit als relativ ungezogen. Sie hatte einen heftigen Charakter und geriet leicht in Zorn. Später führte das Beispiel der Temperamentsausbrüche ihrer Mutter dazu, daß sie nach eigenen Angaben als etwa Elfjährige beschloß, nicht so zu sein, einfach »damit aufzuhören«, und sie meint, sie sei seitdem kaum jemals »unkontrolliert« gewesen.[5] Freyas Erziehung erfolgte zunächst durch Gouvernanten – und durch die kulturellen Anregungen ihrer Umgebung. Sie war schon als Kind eine begeisterte Leserin. Im Unterschied zu ihrer sanfteren Schwester hatte sie dabei eine Vorliebe für »romance«, für spannende abenteuerliche Geschichten: *Jeanne d'Arc, Die kleine Seejungfrau, König Artus' Tafelrunde, Tausendundeine Nacht* und die griechischen Sagen – all dies kannte sie bereits im Alter von zehn Jahren, als sie in Dronero zum erstenmal in ihrem Leben eine Schule besuchte – bei französischen Nonnen.

Nach Freyas Erinnerung war mit dem Umzug nach Dronero der beste Teil ihrer Kindheit zu Ende. Die Mutter schloß sich einem jungen italienischen Adligen an, Mario di Roasci, der damals für seine soziale Klasse eher ungewöhnliche Aktivitäten entfaltete, indem er eine Fabrik zur Herstellung von Kokos-Teppichen aufbaute. Die Mutter steckte ihr seit Jahren brachliegendes Energiepotential und später auch ihr Geld in diese Fabrik. Es entstand eine Arbeits- und Lebensgemeinschaft, die den Ersten Weltkrieg überdauerte.

Mit dreizehn hatte Freya einen schweren Unfall. Bei einer Besichtigung in der Fabrik gerieten ihre langen Haare in ein Gewinde, und ihre Kopfhaut wurde abgerissen. Sie mußte vier Monate in einem Hospital in Turin zubringen, wo sie durch Hauttransplantationen vom Oberschenkel geheilt wurde – eine damals noch ungewöhnliche Methode.

Als sie sechzehn war, begann Mario di Roasci sich für sie zu interessieren. Freya reagierte zunächst recht konventionell und versuchte, sich an den Gedanken einer Ehe mit ihm zu gewöhnen, obwohl sie ihn eigentlich gar nicht mochte, da sie dachte, ihre Mutter erwarte es von ihr; sie war ganz erleichtert, als sie feststellte, daß es nicht so war. Mario heiratete dann drei Jahre später ihre Schwester, die Mutter blieb im Hause wohnen.

1912 begann sie in London Geschichte zu studieren. Unter ihren Kommilitoninnen am Bedford College kam sie sich damals recht fremd vor mit ihren »formalen elaborierten italienischen Manieren«.[6] Außerdem hatte sie inzwischen Schwierigkeiten mit ihrem Selbstwertgefühl als Frau – ein Thema, das sich fortan in der Autobiographie und in ihren Briefen an ihre Mutter bis in die dreißiger Jahre immer wiederfindet. Sie empfand sich als linkisch und unattraktiv, nicht nur wegen ihrer Operationsnarben (die man auf Photos allerdings nicht sieht), und sie litt darunter, daß sie von ihrer Mutter selbstgeschneiderte Kleider tragen mußte, die weder gut saßen noch schick waren. Sie war jedesmal glücklich, wenn ihr ein »richtiges Kleid« gekauft wurde. Die Freude daran behielt sie auch später bei. Wenn ihre finanzielle Situation es erlaubte, schwelgte sie in Einkäufen, und im Zweiten Weltkrieg war sie in den kolonialen Hauptstädten für ihre extravagante Kleidung berühmt.

In ihren Londoner Studienjahren hatte Freya wenig Gelegenheit zu Kontakten mit jungen Männern. Ihr Leben verlief vorwiegend in Gesellschaft älterer Menschen, von denen sie vielfache kulturelle und intellektuelle Anregungen empfing. Sie hätte es jedoch nicht gewagt, ihrer Gastgeberin zu sagen, daß sie gerne öfter getanzt hätte – aber auch dies konnte sie Jahrzehnte später auf den Bällen in Kairo, Bagdad und Delhi nachholen.

Nach Ausbruch des Ersten Weltkriegs brach Freya Stark ihr Studium ab und arbeitete zunächst ein halbes Jahr als Krankenschwester in Bologna, wo sie sich in einen wesentlich älteren italienischen Arzt, Guido Rueta, verliebte. 1915 fand die Verlobung statt, die jedoch kurze Zeit später von seiten des Mannes wieder aufgekündigt wurde. Für Freya war dies ein schwerer Schock. Ihre Mutter schlug ihr später vor, eine andere Heirat für sie zu arrangieren – ein Gedanke, den Freya durchaus nicht abwegig fand. Doch wollte sie nach der gescheiterten Verlobung nicht zu Hause bei Mutter und Schwester bleiben. 1916 arbeitete sie eine Zeitlang als Zensor in London, wo sie Auslandsbriefe auf verdächtige Hinweise hin durchzusehen hatte; die hier gemachten Erfahrungen fand sie rückblickend hilfreich für ihre spätere propagandistische Tätigkeit im Zweiten Weltkrieg. Ab 1917 bis Kriegsende war sie wieder als Krankenschwester in Italien tätig.

Nach dem Krieg veranlaßte sie ihren Vater, ihr ein kleines landwirtschaftliches Anwesen bei Mortola an der Riviera zu kaufen, und die Mutter, mit ihr dorthin zu ziehen. Für Freya bedeutete dies, zunächst hart zu arbeiten, wenn auch mit den Besuchen wohlhabender Freunde, mit gemeinsamen Ausflügen in die Berge, für Abwechslung gesorgt war. Sie kultivierte Wein, Gemüse und Blumen. Ihr Leben hatte jetzt nichts mehr von der behüteten Atmosphäre einer höheren Tochter. Auf ihrem Weg ins benachbarte Ventimiglia oder nach Menton in Frankreich benutzte sie zum Entsetzen der Lokführer gefährliche Abkürzungen durch die Eisenbahntunnel und hatte auch keine Angst, nachts von der Bahnstation allein die Landstraße entlangzugehen und dann den Bergpfad zu ihrem Anwesen hinunterzuklettern.

1926 bot ein alter Freund der Familie ihr an, ihr sein Haus zu vermachen. Freya akzeptierte und zog mit ihrer Mutter nach Asolo, dem Ort glücklicher Kinderjahre, wo die Mutter die bereits erwähnte Seidenfabrik aufbaute. Freya brauchte jetzt nicht mehr zu arbeiten, da ihr Einkommen sich dank einer erfolgreichen Börsenspekulation ein wenig erhöht hatte. Das Haus in Asolo bildete fortan einen Fixpunkt, zu dem sie von allen ihren Reisen immer wieder zurückkehrte.

Schon einige Jahre zuvor, an der Riviera, hatte Freya damit begonnen, Arabisch zu lernen. Seit dem Herbst dieses Jahres fuhr sie regelmäßig nach England, um dort an der School of Oriental Studies Kurse zu besuchen. Auch eine schwere Magenerkrankung hinderte sie nicht daran, damit fortzufahren. Inzwischen war sie Mitte Dreißig, immer noch unverheiratet und sah keine sinnvolle Perspektive für ein weiteres Leben zu Hause; eine berufliche Karriere in Europa hatte sie nie angestrebt, und unternehmerische Aktivitäten wie die ihrer Mutter lagen ihr fern. Sie beschloß jetzt, in den Orient zu fahren und dort die lebendige Sprache vor Ort zu studieren. Sie bemühte sich – zunächst ohne Erfolg – um den Posten einer Gouvernante für die irakischen Prinzessinnen am Hof in Bagdad, erhielt aber schließlich ein Empfehlungsschreiben in den Libanon, wo sie sich eine einfache Unterkunft bei einer Französin suchte.

Im Dezember 1927 betrat sie zum erstenmal arabischen Boden. Sie kam sich damals vor wie der Prinz in einem arabischen Märchen, der »seinen Pfeil weiter abschoß, als er sehen konnte, und dann aufbrach, ihn zu finden«.[7] Sie schreibt, ihr bisheriges Leben habe ihr, ohne daß sie es wußte, einige der wichtigsten Voraussetzungen eines Reisenden vermittelt: »In erster Linie hatte ich gelernt, mich auf mich selbst zu verlassen«, außerdem hätten ihre wechselhaften Lebensbedingungen sie gelehrt, Menschen nach ihren inneren Qualitäten zu beurteilen. Dies sei vielleicht die wichtigste Eigenschaft, die ein Reisender besitzen könne, denn sie »minimiere Barrieren, sei es Nationalität, Rasse oder Kaste«.[8]

Freya verbrachte zunächst einige Monate in Brummana und hatte jeden Tag eine Stunde Arabischunterricht bei einem einheimischen Lehrer der Missionsschule. Sie amüsierte sich über die christliche Weihnachtsmesse, die von der »wildesten arabischen Musik« untermalt wurde. Arabischer Musik und arabischen Tänzen stand sie auch auf ihren späteren Reisen fremder gegenüber als den übrigen Aspekten des alltäglichen Lebens. Hier kommt der Einfluß des englischen Puritanismus in ihr zum Vorschein, obwohl sie im Unterschied zu früheren Reisenden, wie etwa Ida Pfeiffer, ihre Distanz zu solchen Elementen sinnlicher Kultur in fremden Ländern nicht mit moralischen Wertungen verbindet. Ein paar Jahre später beschreibt sie in ihrem Reisebericht *Die Südtore Arabiens* einen Tanz unter Frauen auf einem Hochzeitsfest folgendermaßen: »Die Trommel schlug immer weiter mit beharrlich errregender Eintönigkeit, immer mehr und mehr Tänzerinnen standen knietief in dem Meer von Weiblichkeit, und ich schlüpfte so sachte wie möglich hinaus, benommen von einem Mysterium so uralt und elementar, soviel lebenszäher in seinen dunklen, allumfassenden Wurzeln als die vergänglichen Bemühungen des unheilbar erziehungsgläubigen Geschöpfes Mann.«[9]

Im Libanon gab es solche Erfahrungen noch nicht. Hier lebte Freya Stark unter Europäern und christlichen Arabern. Sie begann jedoch bereits damals ihre europäischen Bekannten zu schockieren, indem sie allein Ausflüge unternahm und sich von Landbewohnern zum Kaffee in deren Häuser einladen ließ, obwohl ihr Arabisch damals noch nicht viel mehr Konversation erlaubte als ein paar Höflichkeitsfloskeln. Wenn es zu Gesprächen mit den Frauen kam, bestanden diese vor allem darin, daß sie großes Interesse an ihrer Kleidung zeigten und ihr ihrerseits ihre neuen Kleider vorführten[10] – ein Motiv, das sich auch in ihren späteren Reisebeschreibungen immer wieder findet.

Im März fuhr sie nach Damaskus, wo sie sich, wie auch später in Bagdad, aus Kostengründen bei einer einheimischen christlichen Familie einquartierte. Damals fiel es Freya noch deutlich schwerer als auf ihren späteren Reisen, sich an die außereuropäischen Hygienestandards zu gewöhnen. Immerhin gab es kein Ungeziefer: »Mein Bett ist allright, ich habe nichts Lebendiges darin gefunden.«[11] Schwierigkeiten hatte sie insofern, als sie weiterhin Diätvorschriften einhalten mußte, die mit der einheimischen Küche nicht in Einklang standen. Sie bemühte sich zu glauben, daß ihr Sauberkeit nicht wichtig sei: »Wenn man sich selbst unabhängig von diesen physischen Dingen machen könnte, wie leicht würde es sein, zu reisen.«[12]

Eine ähnliche Haltung nahm sie auf Reisen gegenüber Krankheiten ein, obwohl diese keineswegs harmloser Natur waren. Bereits früher war sie mehrfach dem Tode nahe gewesen: zuerst der Unfall in der Fabrik in Dronero, dann im Ersten Weltkrieg Typhus, Rippenfellentzündung und Lungenentzündung, später Magengeschwüre, die zu mehrjähriger Bettlägerigkeit und mehreren Operationen führten. Bereits damals findet man ein immer wieder in den Vordergrund tretendes Verhaltensmuster: Ihre Krankheiten hinderten sie nicht am Reisen. In einer Phase, als es ihr etwas besser ging, bestand sie darauf, Bekannte auf einer Bergtour auf den 4638 m hohen Monte Rosa zu begleiten.[13] Jetzt im Libanon und in Syrien litt sie noch an den Nachwirkungen der Magenerkrankung und bekam zusätzlich Ruhr. Dies verhinderte zwar einen geplanten Ausflug ins Drusengebiet, aber nicht ihre Streifzüge in die Basare und Ausflüge in die Wüste, wo es ihr mit ihren Begleitern gelang, in ein Beduinenzelt eingeladen zu werden; sie hatte nur das Problem, das angebotene Gastmahl in hinreichend höflicher Form abzulehnen, da ihr Magen das zur der Zeit nicht überstanden hätte. »...schreckliche Perspektive: mein sicherer Tod! Ich erklärte, daß wir das Mahl in unserem Herzen bereits verspeist hätten, aber vor Einbruch der Dunkelheit den Weg um den See finden müßten und nicht warten könnten und das geschlachtete Schaf das nächste Mal essen würden.«[14] Später in Persien und Arabien reagierte sie ähnlich auf Malaria, Denguefieber, erneute Ruhr, Masern und Herzschwäche. Inzwischen nahm sie zur Sicherheit Medikamente mit und konnte sich aufgrund ihrer Erfahrungen als Krankenschwester auch selbst Injektionen geben, aber sie mußte trotzdem immer wieder Pflege und ärztliche Hilfe in Anspruch nehmen. Mehrmals fürchtete sie, sie müßte sterben oder zumindest ihre Reise vorzeitig abbrechen, aber das geschah nur einmal, auf der ersten Fahrt in den Hadramaut. Immer wenn es ihr wieder besser ging, fuhr sie weiter.

Im April 1928 kam sie wieder nach Brummana zurück, um sich zu erholen, und fuhr dann mit einer Freundin, die auf der Rückreise von Indien war, über Baalbek und das Drusengebiet, Jerusalem und Kairo wieder nach Hause. Die Fahrt zu den Drusen war relativ gefährlich, da dieses Gebiet damals unter Kriegsrecht stand. Sie mußten deshalb unbemerkt von den französischen Behörden aufbrechen und hörten später, sie hätten jederzeit auf dieser Reise ermordet werden können – »... was immer angenehm zu hören ist... hinterher«.[15] Freya war sieben Monate unterwegs gewesen, hatte 200 Pfund ausgegeben und das Gefühl, »daß ihre ganze Zukunft neu arrangiert werden müßte«[16]; rückblickend schreibt sie in ihrer Autobiographie, sie habe damals noch nicht gewußt, daß sie ihren künftigen Weg bereits gefunden hatte. Nach einem Besuch bei ihrem Vater in Kanada nahm sie in London Zeichenkurse, um sich auf künftigen Reisen selbst Landkarten anfertigen zu können; daneben lernte sie weiter Arabisch.

Im Herbst 1929 begann die nächste Fahrt in den Orient, diesmal über Damaskus nach Bagdad. Zu ihren damaligen Gefühlen schreibt sie später, es sei kein Losreißen von bisherigen Wurzeln gewesen, sondern nichts habe sie gehalten.[17] Man habe von ihr gesagt, sie sei »wild by nature«. Ob das stimme, könne sie nicht entscheiden; ein wichtiger Unterschied zwischen den »Wilden« und den »Gezähmten« sei sicher die Gewohnheit, Entschlüsse zu fassen. In diesem Zusammenhang findet man folgende Bemerkungen: »Die Wilden und die Gezähmten unterscheiden sich auch hinsichtlich ihrer Vorstellungen vom Reisen. Wie oft hört man von Leuten, daß ihr Hauptvergnügen darin besteht, sich die Welt anzuschauen. Und sieh einer an, vor dir hast du ein total an das Leben im Park angepaßtes Geschöpf – ein Wesen, das sich ohne schützendes Gitter kaum bewegen kann. Die Ansicht der Welt draußen hereingebracht zu bekommen, das gefällt ihm, um den geschützten Ausblick einmal zu verändern. Dabei wird das Parkgelände nie verlassen, selbst wenn es vom Kristallpalast[18] nach Timbuktu reist. Die wirklich Wilden interessieren sich nicht dafür, sich die Welt anzuschauen; ihr ausschließliches Interesse gilt dem *Sein*. Sie verdauen die Welt so wie die Kuh ihr Futter wiederkäut, nicht weil das Gras so schön grün ist, sondern wegen dem, was es im Magen der Kuh bewirkt. Der Hunger ist solange unstillbar, wie das Verlangen selbst in ihnen lebt, zu sein.«[19]

Freya Starks Aufenthalt in Bagdad unterschied sich deutlich von Besichtigungen aus geschützter Touristenperspektive im obengenannten Sinne. Ihre Entscheidung, unter Einheimischen zu leben, war allerdings nicht nur durch ihre Neugierde auf deren Leben bestimmt, sondern auch durch praktische finanzielle Erwägungen, da sie damals nur wenig Geld zur Verfügung hatte. Sie quartierte sich zuerst mit einer armenischen Dienerin in einem leerstehenden Haus im Moslemviertel ein und später bei einer christlichen Handwerkerfamilie.

Freya Stark war in vieler Hinsicht eine ungewöhnliche Erscheinung in der britischen Gesellschaft Bagdads: eine damals noch unbekannte, alleinstehende, nicht mehr ganz junge Frau mit exzentrisch erscheinenden Eigenarten, die sich nicht an die Spielregeln der Kolonialgesellschaft hielt. Es gelang ihr im Laufe der Zeit, auch hier Freunde unter Briten zu finden, aber der erste Eindruck war für sie »wie eine kalte Dusche«.[20] Die Vorbehalte ihr gegenüber waren ihr schon deshalb nicht gleichgültig, weil sie die englischen Diplomaten und Offiziere in Bagdad interessanter fand als die Missionszirkel im Libanon. Wie bereits erwähnt, litt sie zu dieser Zeit immer noch unter ihrer mangelnden Attraktivität als Frau. An ihre Mutter schrieb sie damals: »Ich bin heute abend so deprimiert – fühle mich so alt, als hätte ich mein ganzes Leben vergeudet und es wäre jetzt zu spät, noch irgend etwas daraus zu machen ... und als wäre das, was ich tue, nicht wert, getan zu werden: keiner scheint einen Sinn darin zu sehen, alle wundern sich nur über mich, bedauern mich, wenn sie nett sind, verurteilen mich, wenn sie es nicht sind. In den mittleren Jahren zu sein, ohne besonderen Charme oder besondere Schönheit und ohne gesellschaftliches Ansehen, das ist ziemlich trostlos... Kein Mann interessiert sich mehr für mich, es sei denn, er ist betrunken.«[21] Sie kompensierte solche Gefühle durch Extravaganzen wie das Erscheinen auf Dinnerpartys in arabischen Gewändern – nach den Photos eher Männertrachten als Frauenkleider. Sie verliebte sich in dieser Zeit unglücklich in einen Mann, der ihre Zuneigung nicht erwiderte, und brauchte mehrere Jahre, bis sie darüber hinwegkam.[22]

Freya verstieß in Bagdad mehrfach gegen den kolonialen Sittenkodex. Sie unternahm zum Beispiel in ausschließlich irakischer Begleitung einen Ausflug zu einem Beduinendorf in der Wüste, obwohl die Briten damals Regeln aufgestellt hatten, wonach eine englische Dame nicht ohne »männliche Begleitung« reisen durfte; als solche zählten nur Europäer und Nordamerikaner!

• • • •

Ladies aus Europa und Amerika im Irak

Während sich Freya Stark 1929/30 im Irak aufhielt, wurden von den – noch immer britischen – Behörden Reisebeschränkungen für europäische und nordamerikanische Frauen erlassen. Diese Verwaltungsvorschrift wurde in der Baghdad Times *veröffentlicht und besagte:*

1. Allgemeines
(I) Die Erteilung eines Visums für den Irak an Ladies aus Europa und Amerika sowie Ladies von vergleichbarem nationalen und gesellschaftlichen Status erfolgt vorbehaltlich der Beachtung der folgenden Richtlinien über Aufenthalt und Fortbewegung im Lande.

(II) Ladies, die diese Richtlinien nicht befolgen, setzen sich der Gefahr aus, daß ihr Visum zurückgezogen wird.

2. Wohnort
(I) Von Zeit zu Zeit können Richtlinien erlassen werden, die Orte festsetzen, an denen Ladies aus Europa und Amerika sowie Ladies von

vergleichbarem nationalen und gesellschaftlichen Status ohne Sondergenehmigung wohnen dürfen.

(II) Mit Inkrafttreten dieser Richtlinien werden die Städte Bagdad, Basra und Mosul zu dieser Kategorie gerechnet, für alle anderen Orte muß jedoch beim Innenministerium eine besondere »Aufenthaltsgenehmigung« eingeholt werden.

3. Reisen

(I) Definition. – (a) Mit »Lokalbehörde« ist der Mutasarrif des betreffenden Distriks gemeint und in dessen Abwesenheit der Polizeikommandant. (b) Eine Lady gilt dann als »in Begleitung«, wenn ein europäischer oder amerikanischer Angehöriger des männlichen Geschlechts von ähnlichem nationalen oder gesellschaftlichen Status mit ihr reist.

(II) Allgemeine Regeln – Ladies, die außerhalb der in Paragraph 2 (II) genannten Städte ohne Begleitung reisen möchten, sollten (a) die vorherige Zustimmung der Lokalbehörde des Distrikts einholen, den sie besuchen möchten; (b) dafür sorgen, daß alle Fahrten auf der Straße zwischen Sonnenaufgang und -untergang erfolgen und (c) auf den Hauptstraßen bleiben, es sei denn, sie haben eine anderslautende Sondergenehmigung von der Lokalbehörde erhalten.

(III) Ladies in Begleitung dürfen ohne Sondergenehmigung auf jeder Hauptstraße außerhalb der in Paragbraph 2 (II) genannten Städte reisen, ausgenommen die besonderen Gegenden, für die in Paragraph 3 (IV) Sonderregelungen angeführt sind, vorausgesetzt, die Reise erfolgt zwischen Sonnenaufgang und -untergang…

• • • •

Sie ging nicht nur tagsüber alleine durch die Stadt, sondern auch abends zu den Einladungen der englischen Kolonialgesellschaft. Ihren Berichten zufolge brauchte sie keine Angst zu haben, als Frau alleine durchs nächtliche Bagdad zu wandeln (was sie auch ihrem unattraktiven Äußeren zuschrieb). Einmal erschrak sie allerdings, als ein Mann sie umfaßte – es stellte sich heraus, daß es ein Polizist war, der verhindern wollte, daß sie den unbeleuchteten Abhang zum Fluß hinunterstürzte.[23]

Die Engländer waren im Irak nicht sehr beliebt. Freya Stark beschreibt in einer Erzählung in den *Baghdad Sketches* am Beispiel eines älteren Mannes, der ihr Sprachunterricht erteilte, wie jemand aufgrund der vorherrschenden »Propaganda« in den irakischen Zeitungen zum Nationalisten wurde, und sie reflektierte darüber, wieso die jungen Intellektuellen, die ihre Erziehung ausschließlich den Engländern verdankten, ihre Fähigkeiten anschließend gegen diese wandten. Ein Grund dafür schien ihr in der Mißachtung der Briten gegenüber den Einheimischen zu liegen. Dies wurde ihrer Meinung nach dadurch verschlimmert, daß sie ihre Frauen hatten nachkommen lassen und sich nun nur noch in der eigenen Gesellschaft bewegten. Sie beschreibt den Besuch einer Engländerin, die sich gegenüber Freyas irakischen Freunden so höflich-desinteressiert verhielt, daß ihr Verhalten diesen beleidigend erschien; einer von ihnen kam nie wieder.[24]

Auf dieser Reise hatte sie sich unter anderem das Ziel gesetzt, das damals von Europäern noch unerforschte Tal der Assassinen in Alamaut im persischen Bergland südlich des kaspischen Meeres zu besuchen und die Lage seiner Burgen zu lokalisieren. Die Assassinen (in der Übersetzung »Mörder«, daher der deutsche Buchtitel »Das Tal der Mörder«) waren eine persische schiitische Sekte oder Geheimgesellschaft, deren Reich im 11. Jahrhundert entstand und zeitweise bis nach Syrien reichte und denen man nachsagte, daß sie Drogen und Mord als politische Mittel gebrauchten; ihre Burgen wurden im 13. Jahrhundert von den Mongolen erobert und zerstört. Freya beschloß, für diese Unternehmung Persisch zu lernen, und fuhr im April 1930 nach Hamadan in Persien. Bereits einen Monat später brach sie zu ihrer ersten Fahrt ins Alamaut-Tal auf, allein.

Auf ihrer Karte war das Tal noch überhaupt nicht verzeichnet, aber einige Europäer waren schon bis dorthin vorgedrungen. Freya packte ihr Feldbett und ihre Satteltaschen und fuhr mit einem Wagen bis nach Kazwin, von dort aus ging es per Maulesel weiter. Sie erreichte ihr Ziel. Von dem »langgestreckten Walfischrücken« eines Höhenzugs »... sahen wir auf die Alamaut-Landschaft in der Tiefe hinab. Es ist immer ein großer Augenblick, wenn man, sei es auch noch so fern, das Ziel der Wanderschaft vor sich sieht. Was so lange nur in der Welt der Phantasie existiert hat, wird plötzlich ein Teil der Wirklichkeit. Es bedeutet gar nichts, daß noch so viele Bergketten, Flüsse und versengte staubige Straßen zwischen dir und deinem Traum liegen: er ist jetzt für immer und unverlierbar dein.« Bei der Bevölkerung traf sie auf Gastfreundschaft – und natürlich auf Neugier; als ihr Diener einmal ihr Bett und ihr Moskitonetz auf dem Dach eines Hauses aufbaute, saßen »alle jüngeren Bewohner des Dorfes wie Zuschauer in den Reihen eines Amphitheaters auf den gegenüberliegenden Dächern«. Bei ihrem Versuch, die bereiste Landschaft in einer Karte festzuhalten, lernte sie »die Freuden und Schmerzen eines Geographen kennen«, denn die Einheimischen hatten für viele Berge, wo sie noch nie hinaufgestiegen waren, überhaupt keine Namen. »Sechs Personen gaben gewöhnlich ein und demselben Berg sechs verschiedene Namen. Wenn sie den Namen nicht kannten, so erfanden sie einen oder borgten ihn woanders her, um meinem Wunsch nachzukommen.«[25]

Als sie von dieser Expedition nach Bagdad zurückkam, war ihre Position eine andere als vorher. Ihre Leistung wurde gebührend gewürdigt, und sie traf jetzt auf allgemeine Anerkennung und Freundlichkeit: »Der exzentrische Tribut der britischen öffentlichen Meinung an jene, die sie mit Indifferenz behandeln – extrem angenehm und überraschend für mich.«[26] Zurück in England, nahm sie Kontakt auf zur Royal Geographical Society, trieb geographische Studien und rüstete sich für ihre nächste Reise mit Kamera und Kompaß aus.

Im Juni 1931 war sie wieder in Bagdad und wenig später erneut in Alamaut. Beide Fahrten hat sie zusammen mit späteren Reisen nach Luristan, einem Berggebiet im Westen von Persien, in ihrem Buch *Das Tal der Mörder* beschrieben. Freya reiste wie schon im Jahr zuvor allein, nur mit einheimischen Führern. Schwierigkeiten hatte sie mit der Polizei am Ausgangsort ihrer

Reise in Kazwin, das Tal selbst war fern von jeder Obrigkeit. Im Verlauf dieser Reise erkrankte sie schwer. In einem ungesunden Flußtal, wo Malaria verbreitet war, steckte sie sich an und wollte ihre Reise schon aufgeben, doch bald nach einer vorläufigen Gesundung reiste sie einfach weiter. Später verschlimmerte sich ihr Zustand: Ruhr, Denguefieber und Herzschwäche kamen hinzu, sie sah schon den Tod vor Augen. Sie versuchte, sich mit den mitgeführten Medikamenten zu kurieren, und gab sich selbst Kampferinjektionen, die sie aus der nächsten Stadt holen ließ, mußte aber schließlich die Hilfe eines persischen Arztes in Anspruch nehmen, der zum Glück in einem benachbarten Dorf gerade Urlaub machte. Sie wunderte sich ein wenig über seine Medikamentendosierung, die ihren medizinischen Kenntnissen aus ihrer Sanitätszeit im Krieg widersprach.[27]

Freya berichtet von dieser Reise unter anderem über Mädchen, die sehr jung verheiratet wurden, über drei Hochzeitsfeiern und über Frauen, die auf ihren Mann und dessen zweite Frau schimpften, unterläßt aber jeden Kommentar zur islamischen Polygamie. Sie erzählt von einem Aga mit zwei Frauen, der unter Zustimmung seiner jüngeren Gattin bemerkt, er finde auch, eine Frau genüge, und er denke daran, sich bald scheiden zu lassen. Freyas Kommentar dazu: »Ich fühlte, daß dies nicht der richtige Augenblick war, für die Monogamie einzutreten.«[28]

Die Rückfahrt führte sie über Teheran durch den Nordosten von Luristan, eine Gebirgslandschaft, die nicht nur für Europäer, sondern auch für Perser damals als gefährlich galt und von wo seit einiger Zeit interessante archäologische Grabfunde auf den Märkten auftauchten. Gefahr hat Freya Stark nie geschreckt: »So in ein Land einzusteigen, das als unsicher gilt, erhöht alle Lebensgeister, wenn freilich auch in dem funkelnden Sonnenlicht, in der gleißenden Einsamkeit inmitten der gewaltigen Bergketten unter dem blassen Oktoberhimmel kein Gefühl der Gefährdung aufkommt. Faktisch nimmt man im Augenblick auch an, daß nur die drei anderen Pässe von Räubern gehalten werden.« In Kafrasch waren die Bewohner nach ihrer Aussage »das fidelste Spitzbubenpack, das man sich wünschen konnte, und ihrer eigenen Aussage nach waren sie voll begeisterter Bewunderung darüber, daß wir den Mut besaßen, uns unter sie zu wagen.« Hier wurde sie in der Abwesenheit des Khan von dessen Frau empfangen, einer Frau von »stolzer und eigenartiger Schönheit... ihr Gang war der einer Königin. Auch über ihren Haushalt herrschte sie wie eine Königin, ganz ohne die Unterwürfigkeit, die die Perserin im allgemeinen auszeichnet. Sie forderte mich auf, neben ihr Platz zu nehmen, probierte meinen Hut auf und untersuchte jedes einzelne Stück meiner Kleidung, das ihr zugänglich war, umarmte mich, erklärte, ich sei ihre Schwester und erlaubte mir, das Baby zu halten. Vettern, Onkel, Brüder und Schwäger saßen mittlerweile im Halbkreis auf der entgegengesetzten Seite der Feuerstelle und erwarteten das Ende dieser weiblichen Freundschaftsbezeigungen.« Die Nacht verbrachten alle in einem Raum. »Mein Gastfreund und seine schöne Frau richteten sich unter einer Decke in einem Winkel des Raumes ein; vier Brüder oder Vettern belegten den Platz zu meinen Füßen. In einem letzten Akt der Fürsorge nahmen sie meine Schuhe vom Boden auf und legten sie unter meine Matratze, denn ich selbst hatte noch nicht gelernt, daß man in Luristan auf allem schläft, was man besitzt.«[29]

In Alischtar ordnete der Gouverneur an, Freya Stark zu ihrer Sicherheit vom dortigen Polizeichef eskortieren zu lassen, was ihr gar nicht recht war. Es gelang ihr jedoch, mit ihm ein Übereinkommen zu erzielen, daß er sie unbehelligt nach archäologischen Gräbern suchen ließ, obwohl dies eigentlich verboten war. Sie konnte einen alten Schädel einpacken, wenn sie auch nicht die Art von Gräbern fand, die sie suchte, wo Reiter mit ihren Pferden begraben waren. Es war ihr durchaus bewußt, daß sie bei diesem Unternehmen gegen das Gesetz verstieß. »Andererseits durfte ich mildernde Umstände in Anspruch nehmen. In einem Lande, das die Polizei unmöglich wirklich unter Aufsicht halten konnte, nimmt das Plündern einen stetigen Fortgang. Wenn einmal die Zeit da ist, daß eine organisierte Expedition es wagen kann, hierher zu reisen, wird nur noch wenig übrig sein, das Ausgrabungen lohnt. Ich hielt mich deshalb für berechtigt, da ich nun einmal an Ort und Stelle war, so viele Entdeckungen als möglich zu machen.«[30] Ihre Suche nach Ausgrabungen wurde jedoch durch die Angst der Bevölkerung vor Spionen der Regierung behindert. In diesem Zusammenhang kam es sogar vor, daß die Einheimischen behaupteten, ihr nicht zu glauben, daß sie eine Frau sei.[31]

Als Freya Stark nach Bagdad zurückkehrte, war ihre Position gesichert. Von jetzt an »hatte ich nie wieder unter meinen eigenen Leuten unter einem Mangel an Sympathie, Ermutigung oder Freundlichkeit in bezug auf meine Abenteuer zu leiden; in der Tat wurde mir bald bewußt, daß eine Frau weit mehr als ihren legitimen Anteil an Ruhm erhält, einfach aufgrund ihrer relativen Seltenheit in der Welt der Reisenden und Entdecker.«[32] Sie bekam eine Anstellung bei der *Baghdad Times* mit einem Gehalt von 20 Pfund im Monat und wohnte im YMCA, später in einem kleinen Haus in der Nähe der Botschaft. In diese Zeit fällt eine Fahrt mit einer Freundin nach Kuwait, ein Ausflug nach Kurdistan, die Veröffentlichung der *Baghdad Sketches* und ihre zweite Reise nach Luristan.

In ihrem Bericht darüber findet sich die Beschreibung eines Bades mit heißem Wasser in einem Zelt, das mit Decken verhängt wurde, während die Frauen gespannt über den Rand des Vorhangs dabei zusahen, »als ich wehrlos war, und (sie) murmelten unter vielen ›Allah sei gelobt!‹, wie weiß und weich meine Haut doch sei, während sie zugleich die Ärmel ihrer Gewänder zurückschlugen, um mir den Gegensatz zu ihrer dunkleren Haut begreiflich zu machen.«[33]

Im Sommer 1933 kam sie, inzwischen vierzigjährig, wieder nach London. Sie lernte dort ihren künftigen Verleger Jock Murray kennen. Sie erhielt einen Preis von der Royal Geographical Society und die Burton-Medaille der Royal Asiatic Society, Angebote von der BBC für Radiosendungen, und sie hielt Vorträge bei der Royal Central Asian Society. Außerdem fand sie viele neue Freunde. Trotz der öffentlichen Anerkennung litt sie weiterhin unter ihrer äußeren Erscheinung. »Selbst jetzt kommt mir einfach immer wieder der Gedanke, wieviel mehr Spaß es mir und anderen gebracht hätte, wenn ich ein bißchen mehr Farbe, hier oder da einen Millimeter mehr gehabt hätte, wenn mein Kinn oder meine Augenbrauen ein klein wenig anders geschwungen gewesen wären, womit diejenigen, die all das besitzen, oft kaum etwas anzufangen wissen, aber wovon ich glaubte, daß ich es sehr vorteilhaft mit Leben erfüllt hätte.«[34]

In den Jahren 1935 und 1937/38 folgten zwei Reisen nach Süd-Arabien ins Hadramaut-Tal, den Ausgangspunkt der alten Weihrauchstraße, die schon zu biblischen Zeiten benutzt wurde. Freya Stark hat darüber zwei Reiseberichte und einen Photoband veröffentlicht. Die erste Fahrt unternahm sie wieder allein – natürlich nicht ohne einheimische Führer und Eseltreiber, denen sich zeitweise noch männliche Verwandte oder auch andere einheimische Reisende anschlossen. Die Fahrt ging zunächst über einsames Bergland, den Dschol. »Wir folgten einem rauhen Pfad, der mit jähem Auf und Ab an der Talflanke hinanführte, und Sa'id, der schwätzend neben meinem Esel schritt, streckte jedesmal die Hand aus, wenn er eine schlechte Stelle kommen sah, und hielt mich auf meinem Packsattel fest, bis sie überstanden war. Ich war nicht allzu erpicht auf diesen Beistand, der jedesmal fünf indigoblaue Fingerabdrücke auf meiner Bluse hinterließ, aber wir waren gerade in die Geschichte des letzten Murshidi-Krieges vertieft, und Sa'ids hilfreiche Geste war von so beiläufiger und unpersönlicher Art, als ob er eine Porzellankiste gestützt hätte, ...«

Die Reise führte in die alten Städte des Hadramaut-Tals – Shibam, Seyun (Sewum), Tarim (Terim) – mit ihren beeindruckenden Hochhäusern, die Freya photographiert hat[35], in denen es sogar Badezimmer und Klosetts gab, deren Abfluß an der Hauswand hinab ins Freie führte; statt Toilettenpapier benutzte man Erdklumpen in einer Wandnische. Freya wurde in manchen Orten im Harem einquartiert, wo sie die Lebensbedingungen der Frauen aus nächster Nähe kennenlernte. Mit ihren männlichen Gastgebern unterhielt sie sich über Politik, Kultur und die Geschichte der Region, mit den Frauen über Kleidung, Hygiene, örtliche Heilmethoden und Ehesitten. Die Mädchen wurden während der Hochzeitsvorbereitungen zunächst gar nicht darüber informiert, daß es um sie ging, und ihnen wurde gesagt, die Kleider würden »für eine Cousine« gemacht; erst wenn ihr Haar gewaschen wurde, ahnten sie, daß die eigene Hochzeit bevorstand.[36] Einige Frauen erzählten Freya, daß sie im allgemeinen nach ihrer ersten oder zweiten Scheidung glücklicher seien.[37]

Freya Stark war nicht die erste europäische Reisende, die in dieses Tal kam. Allerdings war sie die erste, die ohne Diener reiste, was Verwunderung erregte. Auf die Frage, warum, antwortete sie: »Frieden ist besser als ein Diener, und man kann nicht beides haben.« Ein Diener könne mit den verschiedenen Stämmen und den Beduinen in Dschol in Streit geraten.[38] Die Ortschaften waren nicht mehr völlig unberührt von europäischer Zivilisation. Es gab auch Autos, obwohl keine Verbindungsstraße zur Außenwelt führte; die Wagen waren in Einzelteilen über die Berge transportiert und anschließend von einem Mann zusammengesetzt worden, der bei Europäern Automechanik gelernt hatte.[39]

Wie schon zuvor in Persien wurde Freya auch diesmal durch Krankheiten in ihren Plänen beeinträchtigt. Von den Masern in Masna'a erholte sie sich wieder, aber später traten Herzbeschwerden auf, denen die Medikamente des örtlichen Apothekers nicht gewachsen waren. Nach ihrem Zusammenbruch in Shibam mußte sie auf die geplante Weiterreise nach Shabwa verzichten und wurde schließlich von der Royal Air Force nach Aden zurückgeflogen.

Die nächste Reise in den Hadramaut, für die Freya einen Zuschuß von der Royal Geographical Society erhielt, unternahm sie zusammen mit zwei englischen Wissenschaftlerinnen, der Archäologin Gertrude Caton Thompson und der Geologin Elinor Gardner. Diese Kombination erwies sich nicht als glücklich. Freya Stark hatte zum Beispiel eine völlig andere Einstellung zur einheimischen Bevölkerung als die beiden, die auf Kontakte zu den Menschen dort überhaupt keinen Wert legten, außerdem entstanden Konkurrenzprobleme. Freya faßte in einem Brief an ihre Mutter ihr eigenes Verständnis vom Reisen in einer Liste der »Sieben Kardinaltugenden für Reisende« zusammen und schloß damit, sie wünschte, Gertrude Thompson würde sich bemühen, wenigstens einer einzigen davon zu entsprechen.[40] Die Gruppe trennte sich schließlich, und Freya reiste allein zurück.

Die Kriegsjahre verbrachte Freya Stark wieder im Orient, allerdings nicht als Reisende, sondern als Beraterin der britischen Kolonialadministration. Ihre Kenntnisse arabischer Sitten und Mentalität, die sie in der Vergangenheit unter Beweis gestellt hatte, wurden jetzt dafür genutzt zu versuchen, die Bevölkerung in pro-britischem Sinne zu beeinflussen und sie daran zu hindern, sich auf die Seite der europäischen Kriegsgegner zu stellen. Die Stationen ihres Wirkens waren zunächst das britische Protektorat Aden in Südarabien, dann Jemen, Ägypten, Irak und Indien. Dazwischen fiel 1943 eine Reise in die USA, wo sie die Aufgabe hatte, gegenüber zionistischen Forderungen einer verstärkten jüdischen Einwanderung nach Israel für die britische Palästinapolitik um Verständnis zu werben.

• • • •

Der Ausschluß der Frauen von der Macht wird nur selten und unter besonderen Umständen aufgehoben – zu den wenigen Frauen, die das für sich erreichten, ist Gertrude Bell zu zählen, wobei ihre Orientreisen und -aufenthalte von entscheidender Bedeutung waren. Marie von Bunsen, die mit Gertrude Bell befreundet war, beendet einen Nachruf auf sie mit dem Satz »Sie war nicht Reisende, nicht Archäologe, nicht politischer Beamter, sie war eine Frau, die ihre Befähigungen, Kenntnisse und Erfahrungen auf ihre Art auszuwirken verstand.«[41]

Gertrude Bell spielte im Ersten Weltkrieg und einige Jahre danach eine entscheidende Rolle im Vorderen Orient. Sie war unter anderem im Military Intelligence Department der Briten in Kairo beschäftigt und genoß die Protektion des Vizekönigs von Indien, der sie nach Delhi einlud, um ihr Gelegenheit zu geben, die vom dortigen Foreign Depart-

ment gesammelten Informationen über Arabien zu studieren, und sie dann nach Basra schickte.[42] *Dort wurde sie für die britische imperiale Expansion unentbehrlich: »Das einzige Wesen, das über alles orientiert war, worauf es gerade ankam, war Miß Bell. Sie kannte die Landungsmöglichkeiten für Flieger, sie kannte die politischen Freundschaften und Feindschaften der Stämme, sie wußte, wie reich oder arm ein Scheich ist, sie kannte die Genealogien, die neuen Bewegungen, die Wasserverhältnisse, die heiligen Plätze – alles. Über Kairo und Basra kam sie mit den englischen Truppen nach Bagdad. – Sie ist zuerst politische Agentin, reist mit geheimen Aufträgen durch das Land, bringt bei dieser Gelegenheit, ganz nebenbei, etwas zustande, was bisher niemandem gelungen ist: eine vollständige Statistik sämtlicher zwischen Mittelmeer und Persischem Golf lebenden Stämme, und erhält dann später im Government ihr Ressort.«*[43] *Das Government, dem sie angehört, ist eine Kolonialregierung und das Ziel, für das sie unermüdlich reist und arbeitet, die Befestigung der britischen Herrschaft über Mesopotamien als einem strategisch wichtigen Gebiet und nicht zuletzt die Aneignung und Ausbeutung der irakischen Erdölvorräte. Dazu müssen die lokalen Herrscher zurückgedrängt, der osmanische Einfluß ausgeschaltet werden. Gertrude Bell hievt den neuen König in den Sattel, wird von den Briten als Schöpferin des Iraks, als dessen ungekrönte Königin gefeiert.*

1926, in ihrem Todesjahr, erhalten die Briten einen Anteil von 52,5 % an der Iraqi Petroleum Company; die übrigen Anteile gehen an Amerikaner und Franzosen.

• • • •

In Aden verfaßte Freya Stark mit Hilfe eines Dolmetschers probritische Radiosendungen. Die Gegner, deren Einfluß es entgegenzutreten galt, waren die Italiener, dann im Jemen auch die Deutschen. In Sana wurden 1940 ihre Zugangsmöglichkeiten zur weiblichen Lebenswelt genutzt, um mit Hilfe eines Filmprojektors bei Frauenversammlungen im Harem der königlichen Familie pro-britische Filme vorzuführen; nach ihrer Darstellung kam sie am besten an mit einem Film über das Alltagsleben in Edinburgh.[44]

Die nächste Station war Ägypten, wohin sie im Sommer 1940 berufen wurde. Hier gründete sie ein Netzwerk pro-britischer Zellen, »The Brothers and Sisters of Freedom«, in denen sich regelmäßig Engländer und Ägypter trafen und über Politik diskutierten, über die Entwicklung der militärischen Lage und über die Vorzüge politischer Strukturen im Sinne westlicher Demokratien.[45] Ab 1941 war sie im Irak tätig, wo sie die Zeit der Belagerung der britischen Botschaft durch irakische Aufständische miterlebte – und die Polizei darüber in Erstaunen versetzte, daß sie in dieser bedrohlichen Situation daran dachte, darum zu bitten, den Damen etwas Gesichtspuder mitzubringen.[46] Die Belagerung endete einen Monat später, und im Irak wurde wieder eine pro-britische Regierung installiert. Auch hier rief sie wieder eine »Bruderschaft« ins Leben, moderierte Nachrichtensendungen und nutzte private Frauenzusammenkünfte in irakischen Familien für pro-britische Propaganda – obwohl sie den Begriff »Propaganda« ablehnte und statt dessen eher von »Überzeugung« sprach.[47]

Freya Stark beschrieb ihre politischen Vorstellungen über die Länder des Mittleren Ostens und ihre Tätigkeit in den Kriegsjahren 1944 in dem Buch *East is West*, das sie den »jungen Effendis« widmete. Sie war der festen Überzeugung, britische Politik entspräche nicht nur den eigenen Interessen, sondern auch denen der einheimischen Bevölkerung. Dies wird in ihrer lobenden Beschreibung des »Regimes der alten Schule« in Aden deutlich, wo sie das Verhältnis zwischen Kolonialadministration und einheimischer Bevölkerung mit dem zwischen Eltern und Kindern vergleicht.[48] Eine umfassende Einschätzung und Bewertung ihrer Tätigkeit im Zweiten Weltkrieg, die sich hier aufdrängt, würde eine ausführliche Analyse der britischen Kolonialpolitik in dieser Zeit erfordern; darauf muß hier jedoch verzichtet werden.

Die letzte Zeit des Krieges verbrachte sie in Indien am Hof des

Alexandra David-Néel mit 85 Jahren in Samten Dzong, ihrem Haus im südfranzösischen Digne (Alexandra David-Néel, Voyages et aventures de l'esprit, Textes et documents inédits, Question de-No. 60)

Alexandra David-Néel im Gewand der Lamina, im Juli 1916 vor dem Taschi-Lhünpo-Kloster in Shigatse (Tibet). (Le Tibet de Alexandra David-Néel, Paris 1979)

Alexandra David-Néel in Sikkim, 1913 (Voyages et aventures de l'esprit, Textes et documents inédits, a. a. O.)

Das Lager Alexandra David-Néels in Pastri-Nago-La (4800 m) im September 1914 (A. David Néel, Journal de Voyage. Lettres à son mari [14 janvier 1918 – 31 décembre 1940], Paris 1976)

Am Ziel der Reise, in Lhasa. Vor dem Hintergrund des Palastes des Dalai Lama sitzen Alexandra David-Néel (Mitte), Yongden (links) und eine junge Tibeterin. Alexandra David-Néels schwarzes Gesicht rührt daher, daß sie sich – entsprechend dem Brauch reisender tibetischer Frauen – mit Lack bemalt hat. (Le Tibet de A. David-Néel, a. a. O.)

Alma Karlin, 1889–1950 (Alma Karlin, Mystik der Südsee, Berlin 1931)

Freya Stark, 1893 (The Freya Stark Story, New York 1953)

Annemarie Schwarzenbach, 1908–1942 (A. Schwarzenbach, Das glückliche Tal, Frauenfeld 1987)

Die ägyptische Delegation zur Internationalen Frauenkonferenz 1926
(Huda Shaarawi: Harem Years, London 1986)

britischen Vizekönigs, wo sie im Herbst 1944 auch an der Simla-Konferenz mit Nehru und Gandhi teilnahm.[49] Ihr Leben bestand in dieser Zeit nicht nur aus Arbeit. Auch unter Kriegsbedingungen nahm sie an dem regen gesellschaftlichen Leben gerne teil: Ausflüge, Essen, Partys, Tanzveranstaltungen, Diskussionen über Kultur und Politik und anderes mehr. Sie genoß die Aufmerksamkeit der Männer – britische und einheimische Politiker, Intellektuelle, Generäle oder junge Soldaten auf Urlaub –, bei denen sie als Gesprächs- wie als Tanzpartnerin begehrt war, und den Luxus, den sie sich in ihrer Position jetzt leisten konnte. Ihre extravaganten Kleider waren immer wieder Gesprächsthema. All dies bildete für sie eine späte Kompensation für die Minderwertigkeitskomplexe früherer Zeiten.

Als der Krieg zu Ende war, fuhr Freya zurück nach Asolo, wo sie immer noch ihr Haus hatte und die Seidenfabrik ihrer Mutter; diese war inzwischen in Kalifornien verstorben, zu Kriegsbeginn war sie aufgrund von Freyas Tätigkeit für Großbritannien von den Italienern eine kurze Zeit interniert worden. Freya wurde in den ersten Monaten nach dem Krieg vom britischen Informationsministerium als politische Beraterin zur Verbesserung der Beziehungen zu Italien engagiert. Nach Beendigung dieses Auftrags begann sie an einem neuen Buch zu arbeiten – diesmal sollte es keine Reisebeschreibung werden, sondern eine Essaysammlung zur Entfaltung ihrer »own everywoman philosophy« mit dem Titel *Perseus in the Wind*.

Im September 1947 wurde sie von Stewart Perowne, einem englischen Diplomaten, den sie aus den Kriegsjahren kannte, gebeten, ihn zu heiraten. Freya, die immer darunter gelitten hatte, nicht verheiratet zu sein, nahm sofort an, obwohl sie etwas später an einen Freund schrieb, daß sie sich »wie ein unwilliges Pferd« fühle, das vor einem Sprung in die nächste Hecke ausweichen wolle.[50] Freya Stark war damals 54, Stewart Perowne 46. Die Ehe war nicht sehr glücklich und dauerte nur vier Jahre. Die Hochzeit fand Anfang Oktober 1947 in London statt. Anschließend fuhr Stewart zu seinem neuen Posten auf Barbados in der

Karibik. Freya folgte kurz darauf, kehrte aber bereits im April des nächsten Jahres wieder zurück; in dieser Zeit begann sie, den ersten Band ihrer Autobiographie zu schreiben. Sie schrieb ihrem Mann fast täglich, er antwortete etwas seltener – ähnlich wie es ihr mit ihrem früheren Verlobten Guido Rueta ergangen war. Um Weihnachten kam Stewart nach Asolo. 1950 bekam er einen neuen Posten in Bengasi (Libyen). Freya folgte ihm, konnte hier aber ebensowenig glücklich werden wie in Barbados. Beide Stellungen entsprachen nicht der Bedeutung ihrer eigenen früheren Tätigkeit im Krieg, sie selbst war der dortigen Gesellschaft unbekannt, und die Rolle als bloße Ehefrau entsprach ihr nicht. Im Sommer 1951 war die Ehe faktisch zu Ende. Freya sah dies als Fehlschlag, den sie nicht ganz verstand und unter dem sie litt. In einem Brief an eine Freundin beklagte sie sich: »Er braucht mich nicht, er braucht ein Heim.«[51] Sie gab ihren Ehenamen wieder auf und nannte sich seitdem Mrs. Stark.

Bald fand sie eine neue Aufgabe für sich. Sie plante jetzt Reisen nach Kleinasien, auf den Spuren Alexanders des Großen. Zur Vorbereitung betrieb sie Geschichtsstudien und lernte im Alter von beinahe sechzig Jahren Türkisch. In dieser Zeit wurde ihr von der Universität Glasgow der Grad eines Ehrendoktors verliehen. Sie reiste in der Folgezeit mehrfach in die Türkei. Sie verfaßte mehrere Bücher, unter anderem über Alexander den Großen, über die Türkei und über Mesopotamien zur Römerzeit. Im Unterschied zu den früheren Unternehmungen fuhr sie nun meist nicht allein, sondern fand jüngere Reisebegleiter, meistens Männer. Eine Fahrt in die Türkei, die sie 1954 zusammen mit dem Maler Derek Hill durchführte, erwies sich allerdings als Fehlschlag, denn dieser bewunderte sie zwar, verhielt sich unterwegs aber nicht als perfekter Kavalier, wie sie es sich wünschte. Besonders empört war Freya Stark, als er ihr mitteilte, er wolle ein Tagebuch führen und vielleicht etwas darüber veröffentlichen. Sie empfand dies als ungehörig – schließlich war sie die Schriftstellerin! Sie trennten sich bald in beiderseitigem Einvernehmen, um ihre Reisen einzeln fortzusetzen.

1963 feierte sie in London ihren siebzigsten Geburtstag. Das

Problem, die Zahl der Einzuladenden klein zu halten und eine Auswahl unter ihren zahlreichen Freunden zu treffen, löste sie resolut, indem sie alle Frauen ausschloß und nur Männer einlud. Freya Stark hatte immer eine Vorliebe für Männer, wie ihre Biographin Caroline Moorehead hervorhebt. Allerdings hatte sie auch immer Freundinnen, und unter den Adressaten ihrer zahlreichen Briefe finden sich viele Frauen.

Im Alter wurden ihre Aktivitäten durch neue Krankheiten beeinträchtigt: Stirnhöhlenkatarrh, Grauer Star, Ischias, eine Operation an der Hüfte. Sie ging mit solchen körperlichen Behinderungen ähnlich um wie früher, indem sie sie möglichst wenig beachtete, sich nicht beklagte und sich bemühte, ihr normales Leben weiterzuführen. Auch das Reisen gab sie trotz körperlicher Gebrechen nicht auf. Im Alter von 76 Jahren fuhr sie mit einer etwa gleichaltrigen Engländerin nach Persien und wurde in der Nähe der russischen Grenze verhaftet, weil die beiden Damen ihre Pässe im Hotel vergessen hatten. Ein britischer Konsularangestellter konnte sie befreien. Ein Jahr vorher war sie in Afghanistan. Noch in den siebziger Jahren unternahm sie im Auftrag der BBC eine Expedition in den Irak, und mit 86 Jahren reiste sie ins Gebiet des Annapurna im Himalaya.

1972 wurde sie geadelt und erhielt den Titel »Dame Freya Stark«. Kurz vorher hatte sie begonnen, sich um die Publikation der zahlreichen Briefe zu bemühen, die sie im Verlauf ihrer Reisen an Eltern, Freunde und Bekannte geschrieben hatte und welche die Grundlage zahlreicher früherer Schriften gebildet hatten. Es wurden schließlich acht Bände. Die Herausgeberin Caroline Moorehead, die diese Arbeit nach dem Tod ihrer Mutter Lucy Moorehead fortgeführt hatte, schrieb anschließend eine Biographie über Freya Stark, die 1985 erschien.

Freya Starks Leben war seit dem Ende der zwanziger Jahre durch Reisen bestimmt. Ihre Situation als alleinreisende Frau sah sie nicht als besonderes Hindernis an. Nach ihren Berichten konnte sie sich auf ihren Fahrten auf den Respekt verlassen, mit dem zu ihrer Zeit europäische Reisende im Einflußbereich des britischen Empire behandelt wurden, aber auch in völlig abgelegenen Gegenden reiste sie ohne Angst. Aus ihren Berichten gewinnt man/frau den Eindruck, daß die einheimischen Männer sie nicht in erster Linie als Frau behandelten, sondern als Europäerin, wenn auch weiblichen Geschlechts. Sie plante ihre Reisen nicht unter dem Gesichtspunkt von Frauenreisen, wie dies heute viele Frauen tun. Ihr Interesse galt vor allem der (Männer-)Geschichte und Kultur der bereisten Länder, aber ihre Neugier auf das Alltagsleben der Menschen dort führte zu vielen interessanten Beobachtungen über das Leben der Frauen im Orient, die sie unterwegs kennenlernte.

In den ersten Jahren ihres langen Reiselebens schrieb sie zu dem, was sie antrieb, einmal folgendes: »Was mein persönliches Lebensziel betrifft, möchte ich zwei Dinge erreichen: erstens, das Vertrauen zu haben, daß noch mehr Zeit vor mir liegt, mich nicht durch die engen Grenzen *eines* Lebens beirren zu lassen; und zweitens, den Tod als ein neues, wunderbares Abenteuer zu empfinden. Wenn diese beiden zu einem wirklichen Gefühl der Sicherheit werden, hat das, was in *mir* lebt, sein Ziel erreicht – und ich hoffe, daß ich mein Ziel erreiche. Es würde die absolute Befreiung von Angst bedeuten, die letztlich eine Form der Sklaverei ist... Sein Leben aufs Spiel zu setzen erscheint mir die einzige Möglichkeit, ein wirkliches (im Unterschied zu einem nur theoretischen) Gefühl der Unsterblichkeit zu erlangen, es sei denn, man gehört zufällig zu den Glücklichen, denen ein unerschütterlicher Glaube in die Wiege gelegt wurde.«[52]

MARIANNE KRISZIO

Reisen ins Leere der Welt

Annemarie Schwarzenbach
1908–1942

»Es gibt zwei Grundtypen von Reisebüchern: solche, die vor allem persönliche Impressionen und Reflexionen des Reisenden mitteilen; solche, die sachlich über das durchreiste Land, seine natürlichen und sozialen Eigenschaften berichten. Beim ersten Typ überwiegt das lyrisch Subjektive; beim zweiten das objektiv Belehrende. Annemarie Schwarzenbachs *Tagebuch einer Reise – Winter in Vorderasien* gehört ausgesprochen zum zweiten Typ –«, schrieb Klaus Mann im März 1935 in seiner Exilzeitschrift *Die Sammlung*.

Mitte April 1935 brach Annemarie Schwarzenbach erneut in den Nahen Osten auf, genauer nach Persien. Die geistigen und emotionalen Hinterlassenschaften dieser Reise, die 1940 unter dem Titel *Das glückliche Tal* publiziert wurden, hätte er wohl anders eingeordnet. Denn für Klaus Mann, der seit 1930 mit der jungen Schriftstellerin befreundet war, mußte unübersehbar geworden sein, daß die tragische Lebensgeschichte der Autorin Anlaß zur dritten Persienreise war. Zum Reisemotiv heißt es im *Glücklichen Tal*: »... ich wollte mich verbannen, kein Exil war mir einsam genug.«[1] Was trieb eine 27jährige dazu, diese »große Erfahrung« der Verbannung machen zu müssen?

Am 23. Mai 1908 als Tochter eines Großindustriellen in Zürich geboren, wuchs Annemarie in bestsituierten Verhältnissen auf. Intelligent und begabt, gewährten ihr die Eltern in der Schul- und Studienzeit hervorragende Ausbildungsmöglichkeiten. 1931 promovierte sie zum Dr. phil., und eigentlich stand dank Herkunft und stringentem Bildungsweg einem ungebrochenen Leben als Angehörige der Oberschicht nichts entgegen.

Doch als Annemarie Schwarzenbach ins heiratsfähige Alter kam, wurde sie im bürgerlichen Sinne »auffällig«, entsprach nicht den weiblichen Normen und Sitten: Ihre homosexuellen Liebschaften wurden zum Skandalon am Zürichsee.

Annemarie, die es nach der Promotion in die deutsche Hauptstadt gezogen hatte, gehörte dort bald zum illustren Bohème-Kreis um Klaus und Erika Mann, betörte Frauen und Männer durch ihren Charme, ihre Intelligenz und nicht zuletzt durch ihre androgyn-fragile Erscheinung.

Thomas Mann hat zu Annemarie Schwarzenbach gesagt, so Klaus Mann in seiner Autobiographie: »›Merkwürdig, wenn Sie ein *Junge* wären, dann müßten Sie doch als *ungewöhnlich* hübsch gelten.‹« Und Klaus Mann fügt hinzu: »Doch, sie ist schön, auch als Mädchen.«[2]

Politisches Engagement gegen den aufkommenden Nationalsozialismus, der Glaube an eine intellektuell-literarische Elite und die »Schreibwut« verbanden die drei Bürgerkinder zutiefst. Klaus und Erika Mann und Annemarie Schwarzenbach initiierten zudem gemeinsame Projekte: *Die Pfeffermühle*, das politische Kabarett, wurde ins Leben gerufen, und unter Klaus Manns Herausgeberschaft erschien im September 1933 erstmals *Die Sammlung*.

Daß diese Mannschen Unternehmungen nur durch Annemarie Schwarzenbachs regelmäßige finanzielle Unterstützung zustande kommen konnten, hat in der Rezeption wenig Beachtung gefunden.

Klaus und Erika Mann waren Annemarie Schwarzenbach die »nahestehenden Freunde«. Auch Erika Mann war fasziniert von dem »Schweizerkind« – wie sie vom Geschwisterpaar Mann genannt wurde –, und Annemarie Schwarzenbach erhoffte sich eine tiefgehende, intime Beziehung zu Erika Mann, die aber trotz jahrelangen Werbens nie zustande kam. Immer wieder buhlte sie um die Liebe der Freundin, aber die erwünschte Nähe, von der sie sich das Glück versprach, blieb aus. Resigniert heißt es in einem Brief: »Ich glaube überhaupt nicht mehr, Erika, daß es so etwas wie eine glückliche Liebe gibt; es ist immer scheußlich, ernüchternd und grenzenlos vereinsamend.«[3] Diese unglücklichen Erfahrungen mit Erika Mann bestimmten Annemarie Schwarzenbachs weiteres Leben.

Sie, die fortan bei vielen Frauen Liebe suchte, nie tiefe Zuneigung, nie den »Trost gekannt« hatte, blieb sehnsüchtig und ruhelos, »fast ohne Grund traurig, niedergeschlagen, dem fröhlichen Lebensmut entfremdet«.[4] In einem ihrer unveröffentlichten Texte resümiert sie: »Ich bin müde davon, viele Menschen zu lieben, um ihre Gegenliebe zu werben und ihre Geheimnisse zu erfahren. Letztlich bleibt man allein.«[5]

Diese quälende innere Einsamkeit, ihre Angst und den Lebensüberdruß, den Freundinnen und Freunde trotz ihrer Aufmerksamkeit und Zuneigung nicht zu mildern vermochten, versuchte Annemarie Schwarzenbach mit Morphium zu bekämpfen. Doch die Droge, die ihre »tödliche Lebensangst« nur jeweils kurzfristig betäubte, wurde von der jungen Frau bald selbst als Damoklesschwert erfahren, da Morphium sie zwar situativ stabilisierte, aber ihre Gesamtkonstitution nachhaltig beeinträchtigte. Mehrmals begab sie sich deshalb zu Entziehungskuren. An den ebenfalls drogenabhängigen Freund Klaus Mann schrieb sie Ende 1935 aus der Klinik Prangins: »Klaus, mein sehr Lieber – ich benütze den ersten halbwegs erträglichen Augenblick dieses grausigen Tages, um Dir zu sagen: es lohnt sich nicht – keine Vergnügungssucht und keine moralische Leere, die man sich erleichtern will. Es ist zu entsetzlich nachher.«[6]

Das Schreiben hatte für Annemarie Schwarzenbach auch Suchtcharakter, jedoch ohne die selbstzerstörerischen Folgen der Morphiumdroge. Schreibenkönnen war Tröstung, diente als Mittel, »Seelenängste einzudämmen«, und wurde Annemarie Schwarzenbach die heilbringende Fähigkeit. Sie bemerkt dazu:

»Seltsam ist es, daß ich nur dann zu schreiben vermag, wenn ich traurig bin. Nicht müde und leer von Enttäuschung – dann hilft nur Zwang und eisernes Wollen der Arbeit. Davon aber stirbt die Sprache. Nein, nicht solcher Art ist die Traurigkeit. Sie erfüllt mich, schwer lastet sie auf mir und dringt in mich, denn ihre Substanz ist zart und dicht, ähnlich wie der leichtschwebende, verhüllende Schleier der Braut. Und so wird die Traurigkeit fruchtbar in uns, denn das, von dem wir erfüllt sind, drängt nach Geburt.«[7]

Und so dokumentieren viele ihrer Texte, die publizierten, wie z. B. *Freunde um Bernhard* (1931) und *Lyrische Novelle* (1933), als auch die unveröffentlichten Typoskripte *Die vierzig Säulen der Erinnerung* und *Das Wunder des Baumes*, alle autobiographisch gefärbt, die Traurigkeit, Lebensangst und Einsamkeit eines Menschen.

Thematisch sind auch ihre journalistischen Arbeiten in Wort und Bild durch ihre eigenen Erfahrungen geprägt. Sie bezieht Partei für die *outlaws* der Gesellschaft, für die, die Not leiden, in Unfreiheit und unter menschenunwürdigen Bedingungen leben müssen. »Ein halbwegs geistig orientierter Mensch«, schreibt sie an Klaus Mann, »gehört natürlich in die Opposition. ... Beteiligt sind wir alle.«[8] Nachweislich hat sie 1938 beim Einmarsch der Deutschen in Österreich mehreren Bedrängten zur Flucht in die Schweiz verholfen.

Doch vermochte die engagierte politische und schrifstellerische Betriebsamkeit nicht zu allen Zeiten, Annemarie Schwarzenbachs innerpsychisches Gleichgewicht herzustellen. Ende 1934 gestand sie Klaus Mann: »Und dann verlier ich alle Lust, aber auch gleich alle, und nähre mich mit Thunfisch (Thunfisch steht hier für Morphium, d. A.), daß es mit Brechen, wachen Nächten, gelähmter Schwäche ganz übel um mich bestellt ist.«[9]

Im Januar 1935 unternahm sie einen Suizidversuch. Dieser Fluchtversuch aus dem Leben scheiterte, und so trieb es die Verzweifelte im Frühsommer 1935 zu einem neuen Ausbruch – in die Verbannung, ins Leere der Welte – nach Persien.

Das Lahr-Tal, eine Hochebene etwa achtzig Kilometer nordöstlich von Teheran gelegen, das »Tal am Ende der Welt«[10] wurde für Annemarie Schwarzenbach zum Symbol und Inbegriff der absoluten Einsamkeit und des Todes.

• • • •

Auch die Schriften und die Biographie Isabelle Eberhardts sind von einem Lebensgefühl geprägt, in dem unstillbarer Lebens- und Liebeshunger von Verzweiflung und Todessehnsucht überlagert werden.

»Algier, Mittwoch, den 13. Oktober 1902, 5 Uhr nachmittags. Schon seit zehn Tagen bin ich hier, weit entfernt vom friedlichen Heim in Ténès, weit entfernt von meinem sanften Lebensgefährten. ... Ich bin traurig, von jener fruchtbaren Traurigkeit, die das Denken erzeugt. Und seltsamerweise beginne ich dieses Land mit besseren Augen zu sehen, seine besondere Pracht zu genießen. Der große Golf erstreckt sich glatt wie ein Spiegel in gräulichem Blau. Das andere Ufer drüben mit seinen rosa Häusern ist violett gefärbt... Hier, auf dem Hügel von Mustapha, herrscht tiefer Frieden. Die Mondnacht gestern war von einzigartiger Schönheit. Die blaue Klarheit schien von unten aufzusteigen, als stiege eine Sonne vom Meeresgrunde auf, vom Schattenreich des dunklen Landes, wo nur die weißen Villas bläulich schimmerten... Gestern abend große Traurigkeit... Heute eher ruhige Traurigkeit. Ich befinde mich wieder in einer Inkubationszeit, die anfangs sehr schmerzlich und durch die Krankheit obendrein verschlimmert war... Jetzt steht der Höhepunkt bevor. Glücklicherweise kann ich schreiben.«[11]

Isabelle Eberhardt, die Tochter einer adligen russischen Emigrantin, wuchs in der Schweiz auf – nicht in Schulen und Internaten ausgebildet, sondern durch ihren anarchistischen Ziehvater. Sie lernte Arabisch, trat zum Islam über, wurde Sufi und führte in Nordafrika ein Nomadenleben: als Mann. Das bedeutete Freiheit, aber auch Grenzen, wenn es um Zugang zu Frauen ging. »Wie mag sie wohl sein, diese große muselmanische Dame, zu der ich nicht vordringen kann, weil ich Sidi Mahmoud bin und ich auch weiterhin als dieser behandelt werde? – Auch wenn man dank der Indiskretionen aus Béchar einen Verdacht hätte, würde man sich wohlweislich hüten, mich etwas davon fühlen zu lassen, denn dies wäre eine schwere Verfehlung gegen die muselmanische Höflichkeit.«[12]

Depressionen, Fieber und Drogen waren ihre ständigen Begleiter. Sie schrieb Tagebücher und Erzählungen, zeichnete und meditierte. Zur französischen Kolonialgesellschaft Nordafrikas gehörte sie nach Lebensweise und aufgrund ihrer Heirat mit einem Araber nicht, möglicherweise spielte sie aber als Spionin eine Rolle, wobei unklar bleibt, auf welcher Seite sie stand. Isabelle Eberhardts Leben endete früh: Erst 27 Jahre alt, starb sie 1904 unter den Trümmern ihrer Lehmhütte, als sich ein ausgetrockneter Fluß in einen reißenden Strom verwandelte. Tage später erst wurde die Leiche geborgen, mit ihr ein schlammverkrusteter Sack voller Manuskripte.

• • • •

Hier, wo sie sich in Gesellschaft einer englischen Diplomatengruppe mehrere Wochen aufhielt, war sie innerlich einsamer denn je. Sie lieferte sich bewußt der »tödlichen Größe« Persiens aus, um in der Öde dieses Landstriches die eigene Leere und Einsamkeit gespiegelt zu sehen. Ein tragisches »Experiment«, ein Selbstversuch, den sie in ihrem Reisetagebuch *Tod in Persien*, welches in der überarbeiteten Fassung den nahezu ironischen Titel *Das glückliche Tal* trägt, protokolliert.

In diesem Werk, das als Reprint seit Herbst 1987 vorliegt, ihre einzige derzeit greifbare Schrift, erlebt und erleidet das erzählende Ich, hier zum männlichen Ich verfremdet, das, was Annemarie Schwarzenbachs tragische Existenz ausmacht. »Nie habe ich den Trost gekannt. Ich fürchte mich. Ich fürchte mich vor der Einsamkeit. ... Alle Wege, welche ich auch ging, welchen ich auch entging, endeten hier, in diesem Tal, das keinen Ausgang mehr hat und deshalb schon dem Ort des Todes ähnlich und den Feldern der Engel benachbart sein muß.«[13] Tatsächlich tritt gegen Ende des Textes ein Engel in Erscheinung, nicht kitschig verklärt, sondern ähnlich der Gestalt, die Klaus Mann später, 1939, im *Vulkan* als »Engel der Entwurzlungs-Neurose«

einführt. Der Engel ist keine heilbringende Figur, er tröstet nicht und schafft nicht die Erlösung, sondern weist ohne Gnade auf das Fortwähren der ruhelosen, gepeinigen Exitenz. »Als die Sonne verheerend hervorbrach... als die Schatten in rasender Flucht den Nachtstrom erreichten, ... als überall Bewegung war und der irdische Tau aufstieg, Todesatem, Opferkeim, hauchzart – da seufzte der Engel, erhob sich sacht und ging, das Haar schüttelnd, leichten Schrittes. Er verschwand im Lichtschwall am Talende, und ich glaubte in einen langen Schlaf zu sinken. Auf meinen Schläfen brannten getrocknete Tränen, der Schmerz atmete, ich war wunschlos, ohne Gnade, sterblich ermüdet. Aber es war die Stunde des Aufbruches.«[14]

Der Ich-Erzähler im *Glücklichen Tal* verläßt das Lahr-Tal, und auch Annemarie Schwarzenbach trat wieder ins ruhe- und rastlose Leben, ohne Halt, ohne Perspektive.

Mit kurzen Zwischenaufenthalten in Sils (Engadin), wo Annemarie sich ein Haus gekauft hatte, reiste sie unter anderem nach Afghanistan, in die USA und nach Afrika. Waren es auch zum Teil journalistische Auftragsarbeiten, die sie in diese Länder führten – 1940 schrieb sie z. B. für die *Neue Zürcher Zeitung* einen großen Artikel über den amerikanischen Wahlkampf –, so waren Annemarie Schwarzenbachs innere Ruhelosigkeit und ihre desolate psychische Verfassung die eigentliche Ursache für ihr Umhergetriebensein.

Vor Antritt der strapaziösen Afghanistanreise mit Ella Maillart 1939 vertraute sie ihrer unglücklichen Liebe Erika Mann an: »Ich würde, bliebe ich im Silser Frieden oder im vertrauten Umkreis, anlehnungsbedürftig bleiben und ein halbes Krisendasein fristen, wie bisher. ... Die Gelegenheit bot sich, die Reise mit Kini (Ella) zu machen.«[15]

Annemarie Schwarzenbachs letzte Lebensjahre bis zu ihrem frühen Tod – sie starb am 15. November 1942 nach einem Unglücksfall in Sils – sind gezeichnet durch ihre Reiseexistenz, durch Drogenabhängigkeit und unglückliche Liebschaften. »Ich fürchte, Deine Leiden werden im Buch der Erde nicht aufgezählt werden; das mag ungerecht sein, aber es gibt Felder, auf denen sich tödliche Kämpfe abspielen und die doch dem Auge des Menschen entgehen«, läßt sie den Engel im *Glücklichen Tal* sagen.[16]

Uta Fleischmann

Qui Jin, Nino und die anderen – fremde Frauen reisen

Reisende Frauen, wie sie hier vorgestellt wurden, beobachteten, beschrieben, beurteilten Menschen, Kulturen und Gesellschaften Afrikas, Asiens, Amerikas und der Südsee notwendigerweise stets aus der Perspektive der Europäerin – auch dann, wenn sie nicht explizit eurozentrischen oder rassistischen Ideen anhingen. Die Reisendinnen, die ihre Erlebnisse schriftlich festhielten und veröffentlichten, stammten beinahe ausnahmslos aus dem Adel oder dem wohlhabenden Bürgertum; auch das prägte ihre Sicht, erklärt vielfach ihre Zugänge. Auf Reisen kam ihrem Status und ihrer Sicherheit zugute, daß sie spätestens seit dem 19. Jahrhundert in den meisten außereuropäischen Gebieten als Angehörige, wenn nicht als ausgesprochene Vertreterinnen, kolonialer und imperialer Staaten gesehen wurden. Aber auch die bloße Tatsache, daß sie sich als Forschende oder (Bildungs-)Touristinnen zu den »Fremden«, den »Wilden« begaben, dokumentierte – im eigenen Bewußtsein und nicht selten auch im Bewußtsein der »anderen« – ihre Überlegenheit, blieb nicht ohne Einfluß auf beiderseitiges Verhalten und auf die Kommunikation.

Und eine Umkehrung der Perspektive? Existieren Darstellungen europäischer Gesellschaften aus der Sicht von Frauen der kolonisierten Kontinente, Zeugnisse von reisenden Frauen anderer Kulturen?

Vor wenigen Jahren erregte ein Dokumentarfilm Aufmerksamkeit, der unter dem Titel *Wie andere Neger auch* die Bundesrepublik aus der Sicht einer afrikanischen Reisenden und Wissenschaftlerin schilderte. Diana Bonnelame arbeitete mit den Methoden, die Ethnologen gewöhnlich zur Erforschung der »Naturvölker« anwenden. Sie porträtiert auf ungewöhnliche, befremdende Weise eine hochindustrialisierte Gesellschaft: Verhaltensrituale, Relikte eines Ahnenkults, Initiationsriten... Sie resümiert nur scheinbar naiv: »Und das machen ja diese Neger in Afrika wie meine ›Neger‹ in Deutschland auch! Und darüber freue ich mich, weil meine ›Neger‹ so sind wie andere Neger auch!« Die Autorin berichtet für Deutsche über Deutschland; sie wehrt sich bewußt gegen vielerlei Zuschreibungen, protestiert gegen die noch immer andauernde Produktion europäischen Herrschaftswissens über afrikanische Kulturen, setzt das Mittel der Umkehrung und Verfremdung ein, um anerkannte, scheinbar objektive Methoden der Wissenschaft zu entlarven.

Mehr als ein Jahrhundert zuvor schilderten zwei junge, wohlbehütete Mexikanerinnen, Töchter eines Diplomaten, ihre Eindrücke von Europa – aus ihrer Perspektive, die durch ihre Bildung und ihr Leben in Mexiko geprägt war. Enriqueta und Ernestina Larrainzar veröffentlichten 1882 in Mexiko ihren Bericht *Viaje a varias partes de Europa.* 1873 hatten sie in Begleitung ihres Vaters Rußland, Deutschland, die Schweiz und Österreich bereist. Auf mehreren tausend Seiten dokumentierten sie, eingebettet in eine dramatische Liebesgeschichte, ihre Bildungsbeflissenheit und ihre Weltsicht. »Menschen kommen als verblichene Könige, Feldherrn und Maler vor – nur gelegentlich mal auch als Gepäckträger«, merkt ein moderner Rezensent an.[1] Auch sonst entstehen seltsame, zum Teil verzerrte Bilder: Zum einen sind geographische und andere Eigennamen kaum wiederzuerkennen, andererseits wird genauestens Statistik referiert und ein Besuch im Stuttgarter Leichenschauhaus ausführlich geschildert oder auf die Vorteile von Klingelzügen in und an Schweizer Särgen verwiesen.

Doch verdienen ältere Reiseberichte afrikanischer, asiatischer und lateinamerikanischer Frauen es keineswegs, als mehr oder weniger seltene kulturgeschichtliche Kuriosa abgetan zu werden. Sie sind häufig Zeugnisse einer kritischen Auseinandersetzung mit der eigenen und der fremden, der dominanten und angeblich überlegenen Gesellschaft und Kultur.

Diese Spuren reisender Frauen sind für Europäerinnen nicht leicht auffindbar, einige Beispiele kennen wir: Alexandra David-Néel berichtete am 19. August 1912, daß Frau Wang-Ki-Tseng von der chinesischen Botschaft in Paris meinte: »Jene Europäer haben zwar Kanonen, ›denken jedoch wie Wilde‹«[2] – eine Auffassung, die nach zwei Weltkriegen noch nachdenklicher stimmt als zuvor.

Europaaufenthalte in offizieller Funktion, wie sie die erwähnte Chinesin wahrscheinlich innehatte, waren sicherlich selten: Im 19. und frühen 20. Jahrhundert kamen arabische und asiatische Frauen aus begüterten Kreisen vor allem zu Bade-, Einkaufs-, Bildungs- und Erholungsreisen nach Frankreich, Deutschland, England oder in die Schweiz. Sie wurden dabei von Vätern, Ehemännern oder anderen Angehörigen begleitet, lebten meist in komfortablen Hotels und Pensionen. Diese Form der Reise vertrug sich – wie bei den erwähnten jungen Mexikanerinnen – durchaus mit der traditionellen Frauenrolle auch in außereuropäischen Kulturen. Frauen aus islamischen Ländern wurde dann für die Zeit des Europaaufenthalts häufig gestattet, den Schleier abzulegen, zudem wurde die Segregation zumindest teilweise aufgehoben.

Aber auch und besonders die nicht angepaßten Frauen kolonisierter Gesellschaften machten sich auf, erweiterten ihren Horizont: Sie reisten zum Studium in andere Länder, was durchaus nicht immer Europa oder die USA heißen mußte, sie nutzten Auslandsaufenthalte für die Ziele der Frauenbewegung, organisierten Opposition gegen repressive und ausbeuterische (Kolonial-)Regime, beteiligten sich an Bewegungen mit politischen oder humanitären Zielen.

So waren die frühen Feministinnen Asiens oder Arabiens ebenso aktive Reisende wie ihre europäischen Mitkämpferinnen. Was von ihren Schriften erhalten blieb, ist uns längst nicht alles zugänglich; die wenigsten davon sind Reiseberichte mit den »klassischen« Schilderungen von Landschaften, Sitten und Gebräuchen: In den Texten wie in den Leben dieser Frauen steht die Auseinandersetzung mit ihren Daseinsbedingungen als Frau, als Unterdrückte und Kolonisierte im Vordergrund.

Pandita Ramabai Sarasvati erkundete den indischen Subkontinent, fuhr nach Europa und Nordamerika. Nachdem sie während ihrer Reisen zahlreiche ausländische Feministinnen getroffen hatte, kehrte sie in den achtziger Jahren des vergangenen Jahrhunderts über Japan nach Indien zurück. Dort setzte sie ihre schriftstellerische und praktische Arbeit gegen die Unterdrükkung der indischen Frauen fort.[3]

Die letzte Station der Reise Pandita Ramabais, Japan, war zu Beginn des 20. Jahrhunderts das Ziel der Chinesin Qui Jin (1875–1907), die Ehemann und Kinder verließ. Für ihren Emanzipationsbegriff war zentral, daß Frauen ihren Unterhalt selbst verdienen und eine fundierte Bildung erhalten sollten. Sie lernte Japanisch, begann ein Studium und organisierte die chinesische Gemeinde in Japan, sorgte dafür, daß auch andere chinesische Frauen, die zum Studium nach Japan gekommen waren, moralisch und finanziell unterstützt wurden. Qui Jin betätigte sich politisch, kämpfte für den Sturz der korrupten, vom Ausland abhängigen und ausbeuterischen chinesischen Regierung. Als Japan in Zusammenarbeit mit der chinesischen Regierung Repressionen gegen die Studenten verhängte, kehrte Qui Jin nach China zurück, arbeitete als Schulleiterin im politischen Untergrund. Im Jahr nach ihrer Rückkehr wurde sie als Revolutionärin öffentlich hingerichtet.

Zu den Frauen, die für nationale Selbstbestimmung ebenso eintraten wie für die Rechte der Frauen, die sich gegen patriarchale und koloniale Strukturen gleichermaßen wandten, gehörte auch Bhikaiji Cama, die Europa und die USA bereiste. In

Paris organisierte sie die revolutionären indischen Kräfte in Europa.[4] 1910 ergriff sie als Inderin auf einer Versammlung des ägyptischen Nationalkongresses in Brüssel das Wort: »Ich sehe hier die Repräsentanten nur der einen Hälfte der Bevölkerung Ägyptens. Darf ich fragen, wo sich die andere Hälfte befindet? Söhne Ägyptens, wo sind die Töchter Ägyptens? Wo sind eure Mütter und Schwestern, eure Frauen und Töchter?«[5]

Eine von ihnen, Huda Shaarawi (1879–1924), Tochter eines reichen Grundbesitzers und Gattin eines Paschas, reiste unter anderem 1914 in familiärer Gesellschaft von Ägypten nach Europa. In ihren Memoiren schildert sie diesen Aufenthalt am Vorabend des Ersten Weltkriegs: Sie war zutiefst enttäuscht, daß das als so zivilisiert und aufgeklärt geltende Europa sich in einen Krieg stürzte, »den brutalsten aller vorstellbaren Akte«.[6] Auch bei einem früheren Besuch in Paris hatte die europäische Zivilisation manches von ihrem Glanz verloren: Die Vorstellung, Franzosen seien stets höflich, kommt ihr im Gedränge der öffentlichen Orte abhanden.[7]

1923 leitete Huda Shaarawi, inzwischen Witwe, die ägyptische Delegation, die zur Internationalen Frauenkonferenz[8] nach Rom fuhr.

Gemeinsam mit einer anderen Delegierten, Saiza Nabarawi, legte sie bei der Rückkehr nach Ägypten zwar den Schleier zunächst wieder an – aber nur, um ihn bei der Ankunft öffentlich und demonstrativ vom Gesicht zu ziehen. Dies war der Auftakt zur zweiten Hälfte ihres Lebens, ihres unermüdlichen Engagements für die Frauenbewegung und die nationale Unabhängigkeit, gegen Haremssystem und englische Herrschaft in Ägypten.

Auch türkische Frauen brachen zu Beginn des 20. Jahrhunderts auf: Eine von ihnen, Zeyneb Hanoum, reiste 1906 gemeinsam mit ihrer Schwester, aber ohne männliche Begleitung nach Europa. Sie genoß die Freiheit: »Zum ersten Mal in unserem Leben konnten wir frei in die Welt schauen – kein Schleier, keine Eisenstangen.«[9] Bald aber machte sich Ernüchterung, ja Enttäuschung breit: Zeyneb Hanoum erlebte die Pariserinnen als oberflächlich und vergnügungssüchtig, mußte erfahren, daß ihr in der Not nicht geholfen wurde.

In London lernte sie Suffragetten kennen. Sie teilte zwar deren Ideale, aber in ihren Briefen aus dem Jahr 1908 kommt zum Ausdruck, daß sie diesen harten Kampf, dessen einziger Lohn ihr Einsamkeit im Alter zu sein schien, sich und den Frauen des Orients nicht wünschte, daß sie andere Wege suchen wollte.[10]

Ebenfalls noch zur Zeit des Osmanischen Reiches fuhr eine andere junge Türkin, Selma Ekrem, alleine durch die USA. Eine weitere, Nimet Cemil, sprach 1924 auf einem Friedenskongreß in Frankreich. In bezug auf europäische Frauen machte sie andere Erfahrungen als Zeyneb Hanoum. »Wir nehmen an, daß unnötiges Geldverschwenden, übermäßiges Interesse an Amüsement und Vergnügen und Übertreibungen ihre hauptsächlichsten Eigenschaften seien. Aber im Gegenteil.« Sie betonte, wie ernst die Französinnen ihre Haus- und Berufsarbeit nähmen. »Das Nachtleben! Ein Mädchen oder eine Frau, die zu einer anständigen Familie gehört, setzt nie ihren Fuß in ein öffentliches Lokal.«[11] Was die Situation der französischen und der türkischen Frauen anging, sah Nimet Cemil durchaus parallele Entwicklungen, z. B. in bezug auf das Frauenstudium. Als Resultat ihrer Frankreichreise mag gelten: »Ich möchte noch hinzufügen, daß ich mich für die Außenwelt durchaus geeignet finde, um darin zu arbeiten und mich durchzusetzen. Ich werde für das Bild der türkischen Frau im Ausland Propaganda machen.«[12]

Frauen aus Asien, Afrika oder Amerika reisen aber keineswegs erst seit dem 19. Jahrhundert oder als Folge der Berührung mit europäischer Kultur. Auch für frühe Reisen existieren in den uns zugänglichen Texten Beispiele.

Die Apostelin Nino unternahm, wie auch die ersten europäischen Frauen, über deren Reisen eigens Aufzeichnungen angefertigt wurden, wie Egeria, Paula oder Margery Kempe, eine religiös motivierte große Fahrt.

Georgische Chroniken berichten, daß Nino im frühen 4. Jahrhundert von Jerusalem aus wahrscheinlich über Ephesus (an der heute türkischen Mittelmeerküste), jedenfalls über oströmisches Gebiet, nach Armenien und von dort nach Georgien kam, um die Bevölkerung zum Christentum zu bekehren. Dieser Missionsreise, die sie teils in Begleitung anderer Frauen, teils gezwungenermaßen alleine unternahm, war eine gründliche theologische Ausbildung in Jerusalem vorausgegangen: bei einer Armenierin, von der es heißt: »... in ganz Jerusalem hatte es niemanden gegeben, der ihr gleichgekommen wäre an Wissen über die Religion, über die alte und über die neue, sie übertraf sie alle ...«[13]

Auf eigenen Wunsch wurde Nino als Predigerin entsandt, blieb zunächst einige Jahre in Ostrom und mußte dann mit 52 anderen Frauen nach Armenien fliehen. Als sie auch dort verfolgt und die Gefährtinnen schließlich in Etschmiadsin erschlagen wurden[14], setzte Nino ihren Weg allein fort und zog nach Norden, angewiesen auf die Unterstützung von Hirten und Fischern. Nach einem Winter »in großer Kümmernis« überquerte sie den Kleinen Kaukasus. Am Ufer eines Sees – sie schlief dort mit einem Stein als Kopfkissen – hatte sie einen Traum: Ein Mann erschien ihr und beauftragte sie, dem heidnischen König von Mzcheta ein Buch zu bringen. Diese Stadt lag noch weiter im Norden – dort, wo die Berge selbst im Sommer schneebedeckt waren, in einem Land, das auch in religiöser Hinsicht »des Lichtes beraubt und von Finsternis beherrscht war«.[15] Nino reagierte zunächst verzagt: als landfremde, unwissende Frau, bei einem unbekannten Volk, dessen Sprache sie nicht spreche ... Der Mann schlug nun das Buch auf, und Nino las darin zehn Sprüche, Zitate aus dem Neuen Testament, die mehr als 1500 Jahre später fast wie ein Kanon feministischer Theologie klingen. Da heißt es:

1. Wo immer diese Heilsbotschaft verkündigt wird, dort wird man auch von dieser Frau sagen (Matth. 26,13).

9. Jesus sagte zu Maria Magdalena: »Geh hin, Weib, und verkündige meinen Schwestern und Brüdern das Evangelium« (Mark. 16,9; Joh. 20,17).

So ermutigt, machte Nino sich am folgenden Tag auf, folgte, wie ein Hirte ihr geraten hatte, einem Flußlauf, der sie schließlich nach Mzcheta, der Hauptstadt von Kartli in der Nähe des heutigen Tiflis, führte. Hier blieb sie, heilte, betete, predigte, wirkte Wunder, lebte das Evangelium, »das selbst ein Traum des Orients ist«,[16] und bekehrte so Volk und Königshaus zum Christentum. Vierzehn Jahre nach ihrer Ankunft in Kartli, kurz vor ihrem Tod, diktierte Nino ihren Lebens- und Reisebericht, »denn meine Seele ist in meine Kehle gekommen«. Salome von Udsharma und Peroshawi von Ssiwnetien schrieben ihn auf. Die heute zugängliche Fassung, die auf den nach und nach entstandenen Texten verschiedener Personen basiert, geht auf einen Chronisten aus dem 11. Jahrhundert zurück. Nicht alles, was er berichtet, kann als historische Tatsache betrachtet werden, legendenhafte Züge sind nicht zu übersehen, aber es »ist durchaus möglich, daß die Vita Ninos auf örtlich begrenzte echte Überlieferung zurückgeht«.[17] Die schönste Charakterisierung Ninos, welche die Chronik enthält, stammt von ihrer armenischen Lehrmeisterin, mit deren Einverständnis sie ihren Aufbruch gewagt und die Reise in den Norden angetreten hatte: »Ich sehe, mein Kind, deine Kraft ist wie die Kraft des Löwenweibchens, das seine Stimme über alles Vierfüßige erhebt, oder wie des Adlerweibchens, das sich höher als das Männchen in die Lüfte erhebt und das in seinem Augapfel, der klein ist wie eine Perle, die ganze Erde genau umfaßt, überblickt und seine Speise feuergleich prüft. Wenn es aber etwas erspäht, breitet es seine Flügel aus und stürzt sich darauf.«[18]

Nino hatte auf eigenen Wunsch die Heimat verlassen, eine »freie« Frau, die unterwegs zahlreiche Gefahren durchstand, gegen vielerlei Mühen und Plagen zu kämpfen hatte, Jahre ihres Lebens auf Reisen verbrachte, dabei nie sicher vor Potentaten oder wilden Tieren, Hunger und Durst, Hitze und Kälte. Abenteuer als Preis der Freiheit.

Auch in früheren Jahrhunderten und Jahrtausenden stand dagegen die Sicherheit des Hauses, mit Bequemlichkeit und Komfort, ja Luxus für die Frauen der Herrschenden. Der Preis dafür: meist Beschränkung, Bevormundung, Unfreiheit.

Den Frauen des Orients waren aber auch andere Lebensformen nahe: Nomadische Stämme zogen durch die Wüsten, für Männer wie für Frauen und Kinder waren Wanderungen über durchaus große Entfernungen, permanente Reisen, Teil des Lebens.

Maisun, die gebildete Frau das Kalifen Mu'awija, hatte ihre Kindheit so verlebt. Sie brachte um das Jahr 660 im Palast von Damaskus, auf die enge Welt eines prächtigen Harems zurückgeworfen, Gedanken zu Papier[19], die sie entsprechend ihrem Kulturkreis und ihrer Zeit in poetischen Versen ausdrückte – Versen von der Sehnsucht nach Freiheit, diktiert vom Wunsch nach einer »Rückkehr zum Reisen«:

Windflatternde Zelte liebe ich mehr
als prunkende Hallen,
und die Kleider der Wüste mehr
als wogende Schleier.
Im Zeltschatten äße ich lieber
Krusten statt Kuchen,
und vom bellenden Hund bewacht,
nicht von schmeichelnder Katze,
schlief unterm Windhauch ich lieber
als unterm Rasseln der Schellen...

Lydia Potts

Noch mehr Reisendinnen: Kommentierte Auswahlbibliographie

Die folgende Auswahl nennt in alphabetischer Reihenfolge europäische reisende Frauen, einige ihrer Werke, die im Zusammenhang mit den Aufenthalten in Asien, Afrika, Australien oder Amerika stehen, und Biographien über sie.

Es wurden diejenigen aufgenommen, die in den Texten dieses Bandes namentlich erwähnt wurden, sowie weitere Autorinnen, die bei der Herausbildung weiblicher Traditionen des Reisens *und* Schreibens eine wichtige Rolle spielen. Allerdings nur, wenn ihre Werke relativ leicht zugänglich sind, also auch in anderer Form als die der seltenen, schwer erreichbaren Erstausgaben existieren. Relativ frühe Reiseberichte sind daher lediglich mit wenigen Beispielen vertreten. Sie können jedoch – begrenzt auf den deutschen Sprachraum – mit Hilfe der *Bibliographie der deutschsprachigen Reiseliteratur 1700–1810* (Wolfgang Griep, Bremen 1987) erschlossen werden. Unter dem Stichwort »Frauenreise« erfaßt diese Datenbank für die genannte Zeitspanne rund 150 Titel, unter Einschluß fiktiver Reisebeschreibungen, von Berichten über Reisen innerhalb Deutschlands und Europas sowie von Texten, die männliche Autoren zum Thema Frauenreise veröffentlichten.

Zur Interpretation der Reiseliteratur von Frauen liegen einzelne neuere Aufsätze in deutscher Sprache vor:

Frederiksen, Elke/Archibald, Tamara: *Der Blick in die Ferne. Zur Reiseliteratur von Frauen.* In: Gnüg, Hiltrud/Möhrmann,

Renate, (Hg.): *Frauen-Literatur-Geschichte: schreibende Frauen vom Mittelalter bis zur Gegenwart*, Stuttgart 1985, S. 104–122

Pelz, Annegret: *Außenseiterinnen und Weltreisende.* In: beiträge zur feministischen theorie und praxis Nr. 7 (Dokumentation der Tagung Weibliche Biographien in Bielefeld), München 1982, S. 29–36

Wehinger, Brunhilde: *Reisen und Schreiben. Weibliche Grenzüberschreitungen in Reiseberichten des 19. Jahrhunderts.* In: Romanistische Zeitschrift für Literaturgeschichte Nr. 10/1986, S. 360–380

In der folgenden Zusammenstellung sind die zahlreichen englischen Reisendinnen des 19. Jahrhunderts unterrepräsentiert. Annie Taylor (1855–?), die schon 1892 versucht hatte, nach Lhasa zu gelangen, Kate Marsden (1859–1931), die im Norden Sibiriens eine Heilpflanze gegen die Lepra suchte, oder Isabella Bird (1831–1904), die Nordamerika und weite Teile Asiens bereiste, seien hier stellvertretend erwähnt. Zu diesen und vielen weiteren, nicht nur englischen Reisendinnen, führen folgende Bände:

Allen, Alexandra: *Trevelling Ladies*, London 1980
Hamalian, Leo (Hg.): *Ladies on the Loose. Women Travellers of the 18th and 19th Centuries*, New York 1981
Middleton, Dorothy: *Victorian Lady Travellers*, London 1965
Russell, Mary: *The Blessings of a Good Thick Skirt. Women Travellers and Their World*, London 1986 (dt.: Vom Segen eines guten festen Rockes. München 1987)

• • • •

VICKI BAUM (1888–1960)

Cahuchu – Strom der Tränen Roman, München 1983
Liebe und Tod auf Bali Roman, Köln 1984
Es war alles ganz anders Erinnerungen, Köln 1987

Die in Wien geborene Musikerin und Literatin nahm 1939 die amerikanische Staatsbürgerschaft an, die Nationalsozialisten verboten ihre Bücher.

Vicki Baums zahlreiche Romane werden der Unterhaltungsliteratur zugerechnet, thematisieren aber auch ökonomische und soziale Probleme einschließlich des Kolonialismus und der Stellung der Frau. Sie bereiste Mexiko, Ostasien und Indonesien. In *Liebe und Tod auf Bali* schildert sie ein balinesisches Dorf und seine Vernichtung durch holländische Kolonisatoren; *Cahuchu* möchte sie als dokumentarischen Roman verstanden wissen, als Versuch, die Geschichte des Kautschuks allgemein verständlich darzustellen. Vicki Baum gehörte zu ihren Lebzeiten zu den meistgelesenen Autor(inn)en der Welt, bezeichnete sich selbst als »erstklassige Autorin zweiter Güte«.

APHRA BEHN (1639–1689)

Oroonoko oder Die Geschichte des königlichen Sklaven, Leipzig 1981 (Nachwort und Anmerkungen von Günter Weise)

Aphra Behn gilt als die erste englische Berufsschriftstellerin. Ihr Kurzroman *Oroonoko* handelt vom Schicksal eines Sklavenpaares, das getrennt nach Amerika verschleppt wurde, sich dort fand und den Tod einem Leben in der Sklaverei vorzog.

Die Autorin klagte damit den Sklavenhandel und die Sklaverei an, sie begriff – gegen die herrschende Meinung ihrer Zeit – Afrikaner/innen als den Europäern ebenbürtig, schilderte sie als Menschen, die mit Schönheit, Intellekt, Emotion und natürlichen Rechten ausgestattet sind. *Oroonoko* ist wohl das früheste Werk der englischen Antisklavereiliteratur. Einen Reisebericht gibt es aus der Feder Aphra Behns nicht, aber »... insgesamt dürfte der reale Erlebnishintergrund in *Oroonoko* außer Zweifel stehen. Es kann als ziemlich gesichert gelten, daß die Autorin Surinam aus eigener Anschauung kennt, wenngleich sich die Biographen über Dauer und Umstände ihres Aufenthalts in der Kolonie noch nicht einig sind.« (G. Weise)

GERTRUDE BELL (1868–1926)

Durch die Wüsten und Kulturstätten Syriens, Leipzig 1908
Persische Reisebilder, Hamburg 1949
Letters. An Extraordinary Record of the Arab World, London 1987
Susan Goodman: *Gertrude Bell*, London 1985

Sie gehörte zu den ersten Frauen, die in Oxford studierten, durchquerte Arabien und machte eine für eine Frau einzigartige politische Karriere im Vorderen Orient – als Agentin des britischen Imperiums. Sie starb in Bagdad und wurde dort mit militärischen Ehren begraben.

Ihr erstes Buch *Persische Reisebilder* erschien 1894, lange vor Beginn ihrer politischen Karriere, und zeugt von ihrer literarischen Begabung.

TANIA BLIXEN (1885–1960)

Afrika – dunkel lockende Welt, Zürich 1986
Briefe aus Afrika 1914–1931, Stuttgart 1988
Lasson, Frans / Selborn, Clara: *Tania Blixen. Ihr Leben in Dänemark und Afrika*, Stuttgart 1987

»Ich hatte eine Farm in Afrika am Fuße der Ngongberge.« – Mit diesem inzwischen berühmten Satz begann die in Dänemark geborene Schriftstellerin das autobiographische Buch über ihr Leben auf der eigenen Kaffeeplantage in Kenia 1914–1931. Sie schrieb es nach dem Verlust der Besitzung in Dänemark, es erschien 1937. Reichtum war für Tania Blixen die Vorbedingung zur Freiheit, ihr Lebensstil bewußt aristokratisch und extravagant, ihre Einstellung zu den Menschen Afrikas prägte eine mystisch-paternalistische Variante des Kolonialismus. Sie schrieb leidenschaftlich, wußte zu faszinieren und malte beeindrukkende Porträts afrikanischer Menschen.

AMALIE DIETRICH (1821–1891)

Bischoff, Charitas: *Amalie Dietrich*, Stuttgart 1980

Die Botanikerin Amalie Dietrich stammte aus einer ländlichen Handwerkerfamilie. Teils unter Anleitung ihres Mannes, teils autodidaktisch eignete sie sich wissenschaftliche Kenntnisse an. Als Höhepunkt ihres Lebens kann die Zeit von 1863 bis 1873 gelten, als sie in Australien lebte und forschte. In diesem von den Europäern zuletzt entdeckten und kolonisierten Kontinent sammelte sie leidenschaftlich: Pflanzen, Tiere, Werkzeuge, menschliche Skelette... und schickte alles nach Hamburg an das Handelshaus Godeffroy, von dem sie finanziert wurde. Ihre Tochter, die sie halbwüchsig in Europa zurückließ, schrieb später die Biographie der Mutter, die auch Briefe aus Australien enthält.

ISABELLE EBERHARDT (1877–1904)

Sandmeere, 4 Bde, Frankfurt am Main 1981

Der Maghreb wurde zum Lebensraum der jungen Frau, die eine mystische Variante des Islam praktizierte und in der Wüste ihre Todessehnsucht auslebte. Sie starb 1904 unter mysteriösen Umständen und hinterließ zahlreiche kleine Schriften und Zeichnungen, in denen sie ihre Persönlichkeit meditativ und poetisch zum Ausdruck brachte. Ihre politische Einstellung und Funktion bleiben in vieler Hinsicht unklar.

ELSA SOPHIA VON KAMPHOEVENER (1878–1963)

Anatolische Hirtenerzählungen, Reinbek 1982
An Nachtfeuern der Karawan-Serail, 3 Bde, Reinbek 1988
als Kassetten: *E. S. von Kamphoevener erzählt Orientalische Märchen*, Folge 1 u. 2, Dt. Grammophon Junior

Ihrer Biographin zufolge erhielt Elsa Sophia von Kamphoevener als junges Mädchen am Ende des 19. Jahrhunderts eine Ausbildung zum traditionellen türkischen Märchenerzähler – einem Männerberuf. Die Tochter des deutschen Botschafters in Istanbul ritt, als junger Mann verkleidet, in Begleitung eines Dieners durch Anatolien. Jahrzehnte später veröffentlichte sie, neben weitgehend vergessenen Romanen, Märchensammlungen, die heute neu aufgelegt werden. Sie erzählte im deutschen Rundfunk und in Volkshochschulen ihre Geschichten, um sich ihren Lebensunterhalt zu verdienen.

E. S. Kamphoevener äußerte sich auch zur Situation der Frauen im Osmanischen Reich: Sie trat – bewußt reaktionär – für Seklusion und Schleier ein (in: Die Islamische Welt 10/1917).

MARGERY KEMPE (1373 – nach 1438)

Louise Collis: *Leben und Pilgerfahrten der Margery Kempe. Erinnerungen einer exzentrischen Lady*, Berlin 1986

Der Lebens- und Reisebericht, den Margery Kempe am Ende ihres Lebens diktierte, gilt als die erste in englischer Sprache geschriebene Autobiographie; bei Louise Collis' Buch handelt es sich um eine Art kommentierender Nacherzählung dieses außergewöhnlichen Lebens, dessen Höhepunkte die großen Pilgerfahrten darstellen.

Die Kaufmannsgattin und Mutter von vierzehn Kindern brach 1413 zur frommen Reise nach Jerusalem auf, zerstritt sich unterwegs wiederholt mit den Reise- und Pilgergruppen, auf die jede/r Pilger/in damals angewiesen war. Sie selbst glaubte, mit Gott im Bunde zu stehen, ihre Umgebung war der Überzeugung, sie sei es mit dem Teufel.

Margery Kempe erreichte nach vielerlei Mühen Jerusalem und hielt sich einige Wochen im Heiligen Land auf; auf der Rückreise nach England besuchte sie – ebenfalls als Pilgerin – Rom. Bald brach sie – inzwischen völlig verarmt – zu neuen Fahrten auf: nach Santiago de Compostela, am westlichsten Ende Europas, und später noch nach Danzig. Ihre Umgebung betrachtete sie abwechselnd als Verrückte, Heilige oder Ketzerin.

MARIA LEITNER (1893–1941?)

Eine Frau reist durch die Welt, Berlin (DDR) 1986
Elisabeth, ein Hitlermädchen. Erzählende Prosa, Reportagen und Berichte, Berlin und Weimar 1985 (Reisereportagen: S. 87–135)

Ein Werk dieser kommunistischen Schriftstellerin befand sich auf der ersten Liste von Autoren und Büchern, die die Nationalsozialisten 1933 verboten. In den zwanziger Jahren reiste die Journalistin durch Amerika: verdingte sich »Als Scheuerfrau im größten Hotel der Welt«, lernte die USA als Kellnerin, Dienstmädchen und Arbeiterin kennen, schrieb – stets aus der Perspektive der Ausgebeuteten und Unterdrückten – Reportagen über ihre Fahrten nach Britisch-Guayana, Haiti, Venezuela, Südafrika...

Nach 1933 lebte sie als Verfolgte unter schwierigsten Bedingungen in verschiedenen europäischen Ländern im Exil, recherchierte zeitweise auch in Deutschland; nach dem Juli 1941 verliert sich ihre Spur.

ELLA MAILLART (geb. 1903)

Verbotene Reise von Peking nach Kaschmir, Berlin 1938
Auf abenteuerlicher Fahrt durch Iran und Afghanistan, Zürich 1948
Leben ohne Rast; eine Frau fährt durch die Welt, Wiesbaden 1952
Ti-Puss. Drei Jahre in Südindien mit einer Katze als Kamerad, Zürich 1954

Die Schweizerin Ella Maillart ging mit zwanzig Jahren zur See und wurde zunächst als Sportlerin bekannt: als Seglerin auf Schiffen mit ausschließlich weiblicher Besatzung. Sie nahm in verschiedenen Sportarten an Olympischen Spielen teil. Ihre Reisen begannen in den dreißiger Jahren, sie führten sie vor allem nach Asien. So z. B. 1934 als Journalistin nach Mandschukuo, dem japanischen Marionettenstaat auf chinesischem Boden. Von dort kehrte sie auf dem Landweg zurück und überquerte den Kuku Noor im Nordosten Tibets. Ella Maillart setzte ihre Reisen bis in die sechziger Jahre fort.

BERYL MARKHAM (1902–1986)

Westwärts mit der Nacht, München 1987

Beryl Markham gehörte zu den schreibenden Fliegerinnen, die in der Frühzeit der Fliegerei, in der ersten Hälfte dieses Jahrhunderts, überraschend zahlreich waren. Sie lebte wie Tania Blixen in Kenia und durchstreifte als Berufsfliegerin – »Ich war mein eigener Arbeitgeber, mein eigener Pilot und oft genug auch mein eigener Mechaniker« – Ostafrika und von dort aus andere Teile des Kontinents. Am Ende ihres einzigen Buches (das Hemingway bewunderte) schildert sie ihren Alleinflug über den Atlantik, den ersten, der von England aus unternommen wurde.

HARRIET MARTINEAU (1802–1876)

Society in America, London 1839
Eastern Life, Present and Past, London 1848

Sie schrieb neben literarischen Werken auch politisch-ökonomische Bücher. 1834 »qualifizierte sie sich, sozusagen, für einen Platz unter den weiblichen Reisenden, indem sie in die USA fuhr« (Adams, 1883). Sie wurde dort gefeiert, aber ihre Werke über den zweijährigen Aufenthalt erbosten später die nordamerikanischen Sklavenhalter. 1846/47 unternahm sie ihre Reise in den Orient; der Bericht schildert ausführlichst die Reiseroute und die zahlreichen besuchten Sehenswürdigkeiten.

MARIA SIBYLLA MERIAN (1647–1717)

Metamorphosis insectorum Surinamensium, ... Amsterdam 1705 (wertvoller Faksimiledruck mit Kommentarband: Leipzig 1966, verschiedene Teilausgaben)
Kerner, Charlotte: *Seidenraupe, Dschungelblüte. Die Lebensgeschichte der Maria Sibylla Merian*, Weinheim u. Basel 1988
Pfister-Burkhalter, Margarete: *Maria Sibylla Merian. Leben und Werk (1647–1717)*, Basel 1980

1699, im Alter von 52 Jahren und nachdem sie ihr Testament hinterlegt hatte, brach die vor allem als Blumenmalerin bekannte Maria Sibylla Merian nach Surinam (Niederländisch-Guayana) auf. Sie wurde von einer ihrer beiden Töchter begleitet, ihr Ziel war die Erforschung der surinamischen Insekten. Zur Vorbereitung hatte die Forschungsreisende unter anderem Latein gelernt. Sie blieb trotz schwerer Erkrankungen fast zwei Jahre in der Kolonie. Nach der Rückkehr entstand aus den in Surinam angefertigten zahllosen Teilstudien ihr naturwissenschaftliches Hauptwerk *Metamorphosis insectorum Surinamensium* (Die Verwandlung der surinamischen Insekten). Die kolorierten Kupferstiche werden von lateinischem und niederländischem

Text begleitet, sie beeindruckten durch ihre Schönheit und haben auch wissenschaftliche Bedeutung.

MARY MONTAGU (1689–1762)

Briefe aus dem Orient, Frankfurt am Main 1982

Als ihr Mann 1716 zum Gesandten in Konstantinopel ernannt wurde, entschloß sie sich – was zu dieser Zeit keineswegs von ihr erwartet wurde –, ihn zu begleiten. Zwei Jahre reiste sie: über Deutschland und Österreich bis in das Osmanische Reich. Der Rückweg führte sie über Malta, Tunis und Paris wieder nach London. Ihre Briefsammlung ist auch heute noch spannend zu lesende Reiseliteratur; sie behandelt Themen aus der Politik, der Kunst, der Mode, den Wissenschaften und der Medizin. Lady Montagu gehörte ganz offiziell zu den ersten »Blaustrümpfen«. Ihre Schilderungen des türkischen (Frauen-)Lebens stammen unverkennbar aus der Feder einer Aristokratin, sind aber frei von europäisch-christlichen Überlegenheitsgefühlen.

FLORENTIA SALE (1790–1853)

Tagebuch der Unfälle in Afghanistan 1841–1842, Leipzig 1843

Sie begleitete – wie manche andere Ehefrau im 19. Jahrhundert – ihren Mann auf seinen Posten im Kolonialdienst. General Sale befehligte die britischen Truppen in Kabul. Ein erfolgreicher Aufstand der Afghanen, die »Unfälle«, zwang die fast vernichtete Brigade zum Rückzug. Lady Sale, die acht Monate in Gefangenschaft der Afghanen verbrachte, rettete ihr Tagebuch, indem sie es bei der Gefangennahme in einem kleinen Beutel am Körper trug, und veröffentlichte es später.

CÄCILIE SELER-SACHS (1855–1933)

Frauenleben im Reiche der Azteken, Berlin 1984
Durch das Land der Azteken. Berichte deutscher Reisender des 19. Jahrhunderts aus Mexiko und Guatemala, Berlin 1978 (darin: C. Seler-Sachs, S. 271–402)

Cäcilie Seler-Sachs bereiste gemeinsam mit ihrem Ehemann Mexiko und Mittelamerika. Sie schrieb die Berichte über die gemeinsamen Reisen und erforschte das Leben der Frauen im vorkolonialen Mexiko. Das Buch zu diesem Thema widmete sie ihrem »Manne, Lehrer und Reisegefährten Eduard Seler«. Die 1919 erschienene Arbeit ist noch heute die einzige Gesamtdarstellung des Themenbereichs und hat ihre Gültigkeit behalten.

AGNES SMEDLEY (1894–1950)

Chinesische Schicksale. Skizze aus dem China von heute, 1934
China kämpft. Vom Werden des neuen China, 1936
Chinas Kampfgesang, 1949
Eine Frau allein, Berlin 1985
Tochter der Erde, München 1977

Die Tochter einer armen US-amerikanischen Familie hatte es unter äußerst schwierigen materiellen Bedingungen geschafft, als Lehrerin und Journalistin zu arbeiten, ein Abendstudium zu beginnen. Sie geriet aufgrund ihres Engagements als Sozialistin und Kriegsgegnerin so unter Druck, daß sie sich 1919 als Stewardeß auf einem Frachter verdingte und nach Europa fuhr. China, das Land, das zum Zentrum ihres Lebens wurde, erreichte sie 1928 zum ersten Mal. Sie arbeitete dort als Journalistin für eine deutsche, später für eine britische Zeitung, vor allem aber beteiligte sie sich am Kampf für die Befreiung Chinas. Sie hielt sich etwa 12 Jahre dort auf und berichtete in mehreren Büchern über das Land, das Volk und seine Revolution. Entsprechend ihrem letzten Willen wurde ihre Asche, nach ihrem Tod in London, auf dem Friedhof der Revolutionäre in Peking beigesetzt. Ihre Autobiographie behandelt die Zeit bis zum Aufbruch nach Europa.

HESTER STANHOPE (1776–1839)

Primrose, Catherine (Hg.): *The Life and Letters of Lady Hester Stanhope*, London 1914

Sie kehrte England 1810 den Rücken und ließ sich, nach bewegten Reisejahren, am Fuße des Libanon nieder. Jahrzehntelang lebte sie dort in ihrem palastartigen Haus und durchstreifte die syrische Wüste. Sie trug häufig orientalische Männerkleidung, freundete sich mit den Beduinen an und schrieb zahlreiche Briefe. Lady Hester Stanhope starb einsam und hochverschuldet, sagenumwoben und skandalumwittert – Mythos und Wegbereiterin für viele nach ihr kommende Orientreisendinnen.

FLORA TRISTAN (1803–1844)

Meine Reise nach Peru, Frankfurt am Main 1983
Fahrten einer Paria, Zürich 1981
Berta Rahm: *Flora Tristan*, Zürich 1970

Flora Tristan brach 1833 nach Peru auf. Sie hoffte, dort von ihren Verwandten ihr väterliches Erbe zu erhalten, um damit für sich und ihre Kinder in Frankreich den Lebensunterhalt bestreiten zu können. In dieser Hinsicht erwies sich die Reise als Fehlschlag. Flora Tristan nutzte ihren Aufenthalt in Peru jedoch zu Fahrten im Land, und da sie eine kluge, politisch ebenso interessierte wie informierte Frau war, wurde ihr Bericht darüber zur ersten sozialkritischen Reportage einer Frau über ein nichteuropäisches Land, das sich im Kriegszustand befand. Wieder zurück in Frankreich, setzte sie ihren schon vor der Reise begonnenen Kampf für die Rechte der Arbeiterklasse und der Frauen fort. Dazu gehört unter anderem eine von ihr verfaßte Broschüre

Über die Notwendigkeit, fremden Frauen einen guten Empfang zu bereiten (Nécessité de faire un bon accueil aux femmes étrangères, 1835). Nach einem langen Englandaufenthalt, als Aufwartefrau englischer Damen, und gleichzeitigen Recherchen, erschien 1840 ihre kämpferische Sozialreportage über die Lage des englischen Volkes und der Frauen: *Les promenades dans Londres*, Paris 1978. 1841 startete sie zur Propaganda-Tour durch Frankreich, um mit ihrer selbstverfaßten *Arbeiterunion* (L'Union Ouvrière, Paris 1987/oft Hamburg 1987) die Arbeiter und Arbeiterinnen zum autonomen Zusammenschluß zu bewegen. Sie starb 1844 während dieser Fahrt in Bordeaux, wo Tausende ihr das letzte Geleit gaben. Das Tagebuch dieser politischen Rundreise durch Frankreich 1842–44 erschien 1978 in Paris: *Le Tour de France*. (2 Bde.)

SUZANNE VOILQUIN (1801–1873)

Souvenirs d'une fille du peuple ou La Saint-Simonienne en Égypte, Paris 1978
Mémoires de Russie, Paris 1980

Soziale Utopien, die sich im eigenen Land nicht verwirklichen lassen, in der Ferne gelebt: Schon im 19. Jahrhundert wurden solche Versuche unternommen. Die Saint-Simonistin Suzanne Voilquin versuchte es gemeinsam mit Gleichgesinnten in Ägypten, wo sie 1834 eintraf. Sie blieb lange in Kairo, wo sie sich bei einem französischsprachigen Arzt zur Krankenpflegerin und später zur Hebamme ausbilden ließ. Sie bereiste Luxor und andere Orte Ägyptens, meist in Begleitung saint-simonistischer Gefährten, pflegte während einer Epidemie in Kairo Pestkranke und hielt ihre vielfältigen Eindrücke vom arabischen Leben in den verschiedenen sozialen Schichten fest. Auch mit Frauen suchte sie Kontakt und gab ihre Eindrücke, wenn auch aus europäischem Blickwinkel, direkt wieder. Nach kurzem Zwischenaufenthalt im revolutionären Frankreich, um 1848, reiste sie nach Rußland, wo sie am Zarenhof als Hebamme arbeitete und tagebuchartige Erinnerungen verfaßte. In den sechziger Jahren schloß sie sich einer Gruppe ehemaliger französischer Fourieristen und Saint-Simonisten an, um von Frankreich aus im Süden der USA, in der Gegend um New Orleans, eine Wohn- und Produktionsgemeinschaft zu gründen.

MARIA WOLKONSKAJA (ca. 1805–1863)

Erinnerungen, Berlin 1985

Die einundzwanzigjährige Fürstin brach ein Jahr nach der Geburt ihres ersten Kindes, das sie zurücklassen mußte, auf, um ihrem Mann, der am Dekabristen-Aufstand beteiligt war, in die Verbannung nach Sibirien zu folgen. Sie traf diese Entscheidung allein, gegen den Widerstand ihrer Familie und Umgebung. Die strapaziöse Reise, die über Tausende von Kilometern durch weitgehend unbewohntes Gebiet führte, unternahm sie mit minimaler Begleitung und geringem Gepäck. Sie organisierte das Leben in der Verbannung, brachte Kinder zur Welt und schrieb in französischer Sprache ihre Erinnerungen. 1855 erst kehrte Maria Wolkonskaja aus Sibirien zurück.

LYDIA POTTS

Die Autorinnen

UTA FLEISCHMANN, geb. 1956, Literaturwissenschaftlerin. Lehrtätigkeit an der Universität Oldenburg; u. a. freie Mitarbeiterin bei mehreren Zeitungen.

WILHELMINA GRÖBER-RIJNBEEK, geb. 1947, verheiratet, zwei Kinder, Holländerin. Studium der Sozialwissenschaft, Diplomarbeit über: »Frauen und Kolonialismus, untersucht anhand von Leben und Werk niederländischer Schriftstellerinnen des 19. und 20. Jahrhunderts«.

MARIANNE KRISZIO, geb. 1948, Dr. rer. pol., Soziologiestudium in Frankfurt/M. und Marburg. Seit 1974 Studiengangplanerin an der Universität Oldenburg, seit 1987 dort Frauenbeauftragte.

CONNY LAUSCH-JÄRGER, geb. 1962, verheiratet, ein Kind, seit 1986 Studentin der Interkulturellen Pädagogik.

UNDINE LIEBE-HELLIG, geb. 1953, eine Tochter, Alleinerziehende, Studentin der Pädagogik/Erwachsenenbildung.

ELKE MARQUART, geb. 1961, Studium der Sozialwissenschaft, Diplomarbeit über »Reisende Frauen in der bürgerlichen Gesellschaft«.

LYDIA POTTS, geb. 1957, Dr. rer. pol., Sozialwissenschaftlerin, wiss. Mitarbeiterin an der Universität Oldenburg.

HEIDEROSE SCHNIEDER, geb. 1954, Studium der Sozialwissenschaft, geschieden, zwei Kinder.

HEIDEMARIE ZIENTECK, geb. 1942, verheiratet, drei Kinder, Studium der Sozialwissenschaft.

Anmerkungen

Reisendinnen überschreiten die Grenzen Europas – eine Spurensuche

1 Vgl. Donner, Herbert: Pilgerfahrt ins Heilige Land. Die ältesten Berichte christlicher Palästinapilger, Stuttgart 1979, S., 70
2 Ebd., S. 134
3 Ebd., S. 136f.
4 Ebd., S. 72
5 Vgl. Stemberger, Günther: Juden und Christen im »Heiligen Land«: Palästina unter Konstantin und Theodosius, München 1987, S. 84
6 Ebd., S. 85
7 Donner, Herbert: Pilgerfahrt..., a.a.O., S. 77f.
8 Ebd., S. 75
9 Vgl. ebd. S. 138ff.
10 Röhricht, Reinhold: Beiträge zur Geschichte der Kreuzzüge, Bd. 2, Aalen 1967 (Neudruck der Ausgabe Berlin 1878)
11 Die Fahrten zu den zahlreichen sonstigen Pilgerorten galten als »peregrinationes minores«.
12 Schmugge, Ludwig: Kollektive und individuelle Motivstrukturen im mittelalterlichen Pilgerwesen, in: Jaritz/Müller: Migration in der Feudalgesellschaft, Frankfurt/M.–New-York 1988, S. 267
13 Ebd., S. 266
14 Ebd., S. 280
15 Vgl. ebd., S. 281
16 Ennen, Edith: Frauen im Mittelalter, München 1985, S. 15, 145, 184
17 Boxer, C. R.: Mary and Misogyny. Women in Iberian Expansion Overseas 1415–1815, London 1975, S. 35
18 Vgl. de Brito, Bernardo Gomes: Portugiesische Schiffbrüchigen-Berichte 1552–1602, Leipzig–Weimar 1985, S. 175
19 Ebd., S. 191
20 Spruill, Julia Cherry: Women's Life and Work in the Southern Colonies, New York 1972, S. 10

21 Vgl. Jones, Ann: Frauen, die töten, Frankfurt/M. 1986, S. 41

22 Vgl. Spruill, Julia Cherry: Women's Life..., a. a. O., S. 11

23 Vgl. Defoe, Daniel: Umfassende Geschichte der Räubereien und Mordtaten der berüchtigten Piraten, Erstausgabe 1724, S. 176ff.

24 Vgl. Summers, Anne: Damned whores and God's police: The colonization of women in Australia, Melbourne 1975, S. 267ff.

25 Vgl. Mamozai, Martha: Herrenmenschen. Frauen im deutschen Kolonialismus, Reinbek b. Hamburg 1982

26 Vgl. Jayawardena, Kumari: Feminism and Nationalism in the Third World, London 1986, S. 20

27 Donner, Herbert: Pilgerfahrt..., a. a. O., S. 74

28 Ebd., S. 75

29 Ohler, Norbert: Reisen im Mittelalter, München 1986, S. 204

30 Deschner, Karlheinz: Das Kreuz mit der Kirche, München 1986, S. 137

31 Vgl. Collis, Louise: Leben und Pilgerfahrten der Margery Kempe. Erinnerungen einer exzentrischen Lady, Berlin 1986, S. 131

32 Vgl. Bates, E. S.: Touring in 1600. A Study in the Development of Travel as a Means of Education, New York 1911, S. 209f.

33 Elkar, Rainer S.: Reisen bildet. Überlegungen zur Sozial- und Bildungsgeschichte des Reisens während des 18. und 19. Jahrhunderts, in: Karsnobaev/Robel/Zeman: Reisen und Reisebeschreibungen im 18. und 19. Jahrhundert als Quellen der Kulturbeziehungsforschung, Berlin 1980, S. 56f.

34 Weigel, Sigrid: Ulrike von Kleist. Lebens-Spuren hinter dem Bild der Dichter-Schwester, in: Pusch: Schwestern berühmter Männer, Frankfurt/M. 1985, S. 249f.

35 Deschner, Karlheinz: Das Kreuz..., a. a. O., S. 137

36 Zäunemann, Sidonia Hedwig: Curieuser und immer währender Astronomisch-Meteorologisch-Oeconomischer Frauenzimmer Reise- und Hand Kalender... Mit einer Vorrede von Mlle. Sidonia Hedwig Zäunemannin, Sechste Auflage Erfurt 1737

37 Becker-Cantarino, Barbara: Der lange Weg zur Mündigkeit. Frau und Literatur (1500–1800), Stuttgart 1987, S. 271

38 Pfeiffer, Ida: Reise nach Madagaskar, Marburg 1980, S. 24

39 Ebd., S. 26

40 Vgl. Ohler, Norbert: Reisen im Mittelalter..., a. a. O., S. 12

41 Eberhardt, Isabelle: Sandmeere 1. Tagwerke, Frankfurt/M. 1981, Tagebucheintragung Marseille, den 11. Juli 1901

WEITERE VERWENDETE LITERATUR:

Bernhard, Norbert: Tarzan und die Herrenrasse. Rassismus in der Literatur, Basel 1986

Hahn-Hahn, Ida von: Orientalische Briefe, Berlin 1844

Mörner, Magnus: Europäische Reiseberichte als Quellen zur Geschichte Lateinamerikas von der 2. Hälfte des 18. Jhdts. bis 1870, in: Maczak/Teuteberg: Reiseberichte als Quellen europäischer Kulturgeschichte..., Herzog August Bibliothek Wolfenbüttel, 1982

Prodolliet, Simone: Wider die Schamlosigkeit und das Elend heidnischer Weiber. Die Basler Frauenmission und der Export des europäischen Frauenideals in die Kolonien, Zürich 1987

Schmitz, Siegfried: Große Entdecker und Forschungsreisende. Hermes Handlexikon, Düsseldorf-Wien 1983

Stagl, Justin: Apodemiken. Eine räsonnierte Bibliographie der reisetheoretischen Literatur des 16., 17. und 18. Jhdts., Paderborn 1983

Elizabeth Craven – Lady on Tour anno 1785/86

1 Für meine Bearbeitung lag mir die deutsche Übersetzung der Reisebriefe von Elizabeth Craven von 1789 vor. Da ich eine gute und verständnisvolle Lesbarkeit für heutige Leserinnen und Leser gewährleisten möchte, habe ich zuweilen einige Veränderungen in der Orthographie vorgenommen, ohne jedoch die alte Textgestalt grundsätzlich zu beeinträchtigen.
Craven, Elizabeth: Briefe der Lady Elizabeth Craven über eine Reise durch die Krim nach Konstantinopel, Leipzig 1789, S. 2

2 Ebd., S. 71

3 »Neugierde« bedeutet hier im ursprünglichen Sinne »das Verlangen nach Neuem«; dabei haftet diesem Wort nichts Abwertendes an, wie das oft im heutigen umgangssprachlichen Gebrauch der Fall ist.

4 Craven, Elizabeth: Briefe der Lady..., a. a. O., S. 56 f.

5 Ebd., S. 96 f.

6 Ebd., S. 163 f.

7 Ebd., S. 69

8 Ebd., S. 196 f.

9 Ebd., S. 197

10 Ebd., S. 203

11 Montagu, Lady Mary: Briefe aus dem Orient, Frankfurt/M. 1982, S. 87–115

12 Craven, Elizabeth: Briefe der Lady..., a. a. O., S. 170f.
13 Ebd., S. 145
14 Ebd., S. 215
15 Ebd., S. 256
16 Ebd., S. 147
17 Ebd., S. 216f., 218
18 Ebd., S. 219
19 Ebd.
20 Craven, Elizabeth: Denkwürdigkeiten der Markgräfin von Ansbach, 2 Bde., Stuttgart 1826, S. 355
21 Ley, H.: Die literarische Tätigkeit der Lady Craven, der letzten Markgräfin von Ansbach-Bayreuth, Erlangen 1904 (Erlanger Beiträge zur englischen Philologie, Bd. XVI), S. 17
22 Ebd., S. 38
23 Craven, Elizabeth: Denkwürdigkeiten..., a. a. O., Bd. II, S. 355

WEITERE VERWENDETE LITERATUR:

Belani, H. E. R.: Elisa, Markgräfin von Ansbach und deren Zeitgenossen, Leipzig 1852
Broadley, A. M. / Melville, L.: The Beautiful Lady Craven, London–New York–Toronto 1914
Craven, Elizabeth: A Journey through the Crimea to Constantinople. In a series of letters from the Right Honourable Elizabeth Lady Craven, London 1789

Ida Pfeiffer – In Eile um die Welt

1 Wurzbach, Constant von: Pfeiffer, Ida, in: Biographisches Lexikon des Kaiserthums Österreich, T. 22, 1870
2 Pfeiffer, Ida: Reise nach Madagaskar, Marburg 1980, S. 11
3 Wurzbach, Constant von: Pfeiffer, Ida..., a. a. O.
4 Pfeiffer, Ida: ... Madagaskar, a. a. O., S. 14
5 Ebd.
6 Pfeiffer, Ida: Reise einer Wienerin in das heilige Land, Frankfurt/M. 1980, S. 64
7 Pfeiffer, Ida: ... Madagaskar, a. a. O., S. 15
8 Ebd.
9 Ebd.

10 Pfeiffer, Ida: Reise einer Wienerin..., a. a. O., S. 1
11 Pfeiffer, Ida: ... Madagaskar, a. a. O., S. 10
12 Pfeiffer, Ida: Meine zweite Weltreise, Wien 1856, Bd. I, S. 110
13 Pfeiffer, Ida: Reise einer Wienerin ..., a. a. O., S. 27
14 Ein Brief von Ida Pfeiffer an Herrn Petermann, in: Gartenlaube Nr. 1/1854, S. 12
15 Pfeiffer, Ida: Reise einer Wienerin ..., a. a. O., S. 57
16 Ebd., S. 58
17 Ebd., Vorwort
18 Ebd., S. 338
19 Ebd., S. 99
20 Ebd., S. 160f.
21 Ebd., S. 81f.
22 Ebd., S. 224
23 Wurzbach, Constant von: Pfeiffer, Ida, a. a. O.
24 Pfeiffer, Ida: Eine Frauenfahrt um die Welt, Wien 1850, Bd. I, S. 2f.
25 Ebd., S. 34
26 Ebd., S. 101
27 Ebd., S. 141
28 Ebd., S. 34
29 Ebd., Bd. III, S. 39
30 Ebd., S. 54
31 Ebd.
32 Ebd., S. 141
33 Ebd., S. 156
34 Ebd., S. 158
35 Ebd.
36 Ebd.
37 Ebd., S. 178
38 Phillibert Commerson, zit. n. Stein, Gerd: Die edlen Wilden. Ethnoliterarische Lesebücher, Bd. I, Frankfurt/M. 1984, S. 197f.
39 Bitterli, Urs: Alte Welt – neue Welt. Formen des europäisch-überseeischen Kulturkontakts vom 15. bis 18. Jhdt., München 1986, S. 204
40 Zit. n. Hobson, John A.: Der Imperialismus, Köln 1970 (zuerst: London 1902), S. 221
41 Pfeiffer, Ida: Eine Frauenfahrt..., a. a. O., Bd. II, S. 45
42 Ebd., S. 12
43 Ebd., S. 122
44 Ebd., Bd. III, S. 123f.
45 Ebd., S. 125f.
46 Ebd., S. 148
47 Ebd., S. 217

48 Pfeiffer, Ida: Meine zweite Weltreise..., a. a. O., S. 2
49 Ebd., Bd. II, S. 75f.
50 Ebd., Bd. IV, S. 3
51 Ebd., S. 13
52 Ebd., S. 133f.
53 Ebd., S. 137
54 Pfeiffer, Ida: ... Madagaskar, a. a. O., S. 160
55 Ebd., S. 142
56 Ebd., S. 240
57 Ebd., S. 201 f.
58 Ebd., S. 205
59 Ebd., S. 267
60 Ebd., S. 273
61 Ebd., S. 282f.
62 Ebd., S. 289
63 Ebd., S. 296
64 Embacher, Friedrich: Pfeiffer, Ida, in: Lexikon der Reisen und Entdeckungen, Leipzig 1882

WEITERE VERWENDETE LITERATUR:

Frankfurter Konversationsblatt, 2. Halbj. 1855, S. 1094f.: Ida Pfeiffer, die Weltreisende
Pfeiffer, Ida: Reise nach dem Skandinavischen Norden und der Insel Island, Pest 1846
Pfeiffer, Ida: Unterhaltungen am häuslichen Herd, Nr. 15/1856, S. 236f.

Ida von Hahn-Hahn – Briefe einer Reisendin

1 Hahn-Hahn, Ida von: Orientalische Briefe, 3 Bde., Berlin 1844, Bd. I, S. 207
2 Geiger, Gerlinde: Die befreite Psyche: Emanzipationsansätze im Frühwerk Ida Hahn-Hahns (1838–1848), Dissertation, Ann Arbor/Michigan 1984, S. 4
3 Vgl. Kurze Geschichte der Literatur, Berlin–DDR 1981
4 Hahn-Hahn, Ida von: Orientalische Briefe, a. a. O., Bd. I, S. 282
5 Ebd., Bd. II, S. 41
6 Ebd., Bd. III, S. 187
7 Ebd., Bd. I, S. 207

8 Ebd., S. 280ff.
9 Vgl. Said, Edward W., Orientalismus, Frankfurt/M. 1981
10 Hahn-Hahn, Ida von: Orientalische Briefe, a. a. O., Bd. I, S. 116
11 Ebd., S. 1f.
12 Ebd., S. 294f.
13 Ebd., S. 134f.
14 Ebd., Bd. II, S. 316
15 Ebd., Bd. I, S. 126
16 Ebd., S. 299
17 Ebd., S. 146
18 Ebd., S. 190
19 Said, Edward W.: Orientalismus, a. a. O., S. 203
20 Ebd., S. 338f.
21 Hahn-Hahn, Ida von: Orientalische Briefe, a. a. O., Bd. I, S. 185f.
22 Ebd., S. 195f.
23 Ebd.
24 Ebd., S. 196f.
25 Ebd., S. 149
26 Ebd., S. 267f.
27 Ebd., S. 137f.
28 Montagu, Mary: Briefe aus dem Orient, Frankfurt/M. 1982, S. 173
29 Ebd., S. 181
30 Akkent, N./Franger, G.: Das Kopftuch: ein Stückchen Stoff in Geschichte und Gegenwart, Frankfurt/M. 1987, S. 104
31 Minai, Naila: Schwestern unterm Halbmond. Muslimische Frauen zwischen Tradition und Anpassung, Stuttgart 1984, S. 55
32 Akkent/Franger: Das Kopftuch..., a. a. O., S. 106
33 Minai, Naila: Schwestern..., a. a. O., S. 55
34 Hahn-Hahn, Ida von: Orientalische Briefe, a. a. O., S. 4

WEITERE VERWENDETE LITERATUR:

Brinker-Gabler, Gisela (Hg.): Lexikon deutschsprachiger Schriftstellerinnen 1800–1945, München 1986

Goldmann, Bernd: Ida Hahn-Hahn und andere schreibende Frauen des beginnenden 19. Jhdts., in: Frauen sehen ihre Zeit. Katalog zur Literaturausstellung des Landesfrauenbeirates Rheinland-Pfalz, Mainz 1984

Lüpke, Gerd: Ida Gräfin Hahn-Hahn. Das Lebensbild einer mecklenburgischen Biedermeierautorin, Bremen 1975

Möhrmann, Renate: Die »andere« Frau – Emanzipationsansätze deutscher Schriftstellerinnen im Vorfeld der Achtundvierziger Revolution, Stuttgart 1977

Louise Mühlbach – Eine Dame besichtigt den Orient

1 Mühlbach, Louise: Reisebriefe aus Ägypten, 2 Bde., Jena 1871, Bd. I, S. 167
2 McClain/Kurth-Voigt: Louise Mühlbachs Briefe an Costenoble, in: Archiv für Geschichte des Buchwesens, Bd. 22, 1981, S. 1180
3 Mamroth, Fedor: Die Frau auf dem Gebiete des modernen deutschen Romans, Breslau 1870, S. 34
4 Ebersberger, Thea (Hg.): Erinnerungsblätter aus dem Leben Louise Mühlbachs, Leipzig 1902, S. 139
5 McClain/Kurth-Voigt: Louise Mühlbachs Briefe..., a. a. O., S. 921
6 Ebd., S. 919
7 Ebersberger, Thea: Erinnerungbslätter..., a. a. O., S. XII
8 Mühlbach, Louise: Reisebriefe..., a. a. O., Bd. I, S. 1
9 Ebd., S. 1–4
10 Ebd., S. 30
11 Ebd., S. 141
12 Ebd., S. 24
13 Ebd., S. 26
14 McClain/Kurth-Voigt: Louise Mühlbachs Briefe..., a. a. O., S. 945
15 Ebd., S. 1181
16 Ebd., S. 1182
17 Mühlbach, Louise: Reisebriefe..., a. a. O., Bd. I, S. 128
18 Ebd., S. 29
19 Ebd., S. 32
20 Ebd., S. 33
21 Ebd., S. 78–82
22 Ebd., S. 141
23 Ebd., Bd. II, S. 150
24 Ebd., S. 153
25 Ebd., S. 32
26 Ebd., S. 33 f.
27 Ebd., S. 145
28 Ebd., S. 185
29 Ebd., S. 188
30 Ebd., S. 145
31 Ebd., Bd. I, S. 145
32 Ebd., S. 238 f.
33 Ebd., S. 125 f.
34 Ebd., S. 129
35 Ebd., S. 202

36 Ebd., S. 127
37 Ebd., S. 182
38 Ebersberger, Thea: Erinnerungsblätter..., a. a. O., S. 167
39 Mühlbach, Louise: Reisebriefe..., a. a. O., Bd. I, S. 174
40 Ebd., S. 182
41 Ebd., Bd. II, S. 160
42 Ebd., S. 163
43 Ebd., S. 165
44 Ebd., S. 166
45 Ebd., S. 174
46 Ebd., S. 264
47 Galal, Salma: Emanzipationsversuche der ägyptischen Frau, o. O. 1977, S. 22f.
48 Vgl. Brehmer, Ilse (Hg.): Lehrerinnen: Zur Geschichte eines Frauenberufes, München 1980, S. 390ff.
49 Vgl. Galal, Salma: Emanzipationsversuche..., a. a. O., S. 52
50 Mühlbach, Louise: Reisebriefe..., a. a. O., Bd. II, S. 229
51 Ebd., S. 231f.
52 Ebd., S. 29
53 Ebd., S. 43–47
54 McClain/Kurth-Voigt: Louise Mühlbachs Briefe..., a. a. O., S. 1100
55 Mühlbach, Louise: Reisebriefe..., a. a. O., Bd. II, S. 89f.
56 Ebd., S. 59–62
57 Ebd., S. 64
58 Ebd., Bd. I, S. 36

WEITERE VERWENDETE LITERATUR

Eggert, Hartmut: Studien zur Wirkungsgeschichte des deutschen historischen Romans 1850–1875, Frankfurt/M. 1975

Möhrmann, Renate: Die »andere« Frau..., Stuttgart 1977

Möhrmann, Renate (Hg.): Frauenemanzipation im deutschen Vormärz, Stuttgart 1978

1 Albertini, Rudolf von: Europäische Kolonialherrschaft, Freiburg 1982, S. 200

2 Taylor, Jean Gelman: Europese en Euraziatische vrouwen in Nederlands-Indie in de VOC-tijd, in: Reijs, Jeske (Hg.): Vrouwen in de Nederlandse Kolonien, 7 de jaarboek voor vrouwengeschiedenis, Nijmegen 1986, S. 17

3 Waal, Margot de: Mina Kruseman: Portret van een militante feministe en pacifiste, in: De Engelbewaarder, Nr. 12/1978, S. 13

4 Lucas, Nicole: Trouwverbod, indlandse huishoudsters en europese vrouwen, in: Reijs, J. (Hg.): Vrouwen in de Nederlandse Kolonien, 7 de jaarboek voor vrouwengeschiedenis, a. a. O., S. 82

5 Kruseman, Mina: Mijn leven. 3 delige autobiografie in briefvorm, Dordrecht 1877, Bd. I, S. 5

6 Vgl. ebd., S. 5–16

7 Ebd., S. 57f.

8 Ebd., S. 185

9 Ebd., S. 186

10 Waal, Margot de: Mina Kruseman..., a. a. O., S. 47

11 Ebd., S. 48

12 Vgl. Nieuwenhuys, Rob: Oost-Indische spiegel. War Nederlandse schrijvers en dichters over Indonesie hebben geschreven vanaf de eerste jaren der compagnie tot op heden, Amsterdam 1978, S. 222

13 Kruseman, Mina: Parias, Dordrecht 1900, S. 18f.

14 Waal, Margot de: Minan Kruseman..., a. a. O., S. 102f.

15 Kruseman, Mina: Parias, a. a. O., S. 43f.

16 Vgl. Lenk, Elisabeth: Pariabewußtsein und Gesellschaftskritik bei einigen Schriftstellerinnen seit der Romantik, in: Wespennest Nr. 44/1981, S. 23–32

17 Eberhardt, Isabelle: Sandmeere 4. Vergessensucher. Islamische Blätter, Frankfurt/M. 1981, S. 391

18 Ebd., S. 392

19 »Dans notre société malheureuse la femme est paria de naissance, serve de condition, malheureuse par devoir, et presque toujours il faut qu'elle choisisse entre l'hypocrisie et la flétrissure.« In: Rahm, Berta: Flora Tristan, Zürich 1971, S. 234

20 Vgl. Lenk, Elisabeth: Pariabewußtsein..., a. a. O., S. 25

21 Kruseman, Mina: Parias, a. a. O., S. 165

22 Waal, Margot de: Mina Kruseman..., a. a. O., S. 140

23 Ebd., S. 129

WEITERE VERWENDETE LITERATUR:

Boswijk A. / Couvee, D.: Vrouwen vooruit. De weg naar gelijke rechten, Amsterdam 1979
Kruseman, Mina: Een huwelijk in Indie, S'Gravenhage 1873
Multatuli: Volledige werken, Bde. XV–XVIII, 1872–1875

Marie von Bunsen – Alleinreisen ist Zwiegespräch

1 Bunsen, Marie von: Die Welt, in der ich lebte, Biberach/Riss 1959, S. 213f.
2 Ebd., S. 18
3 Ebd., S. 32
4 Ebd., S. 41
5 Ebd., S. 47
6 Ebd., S. 45
7 Ebd., S. 95
8 Ebd., S. 9
9 Bunsen, Marie von: Zeitgenossen, die ich erlebte, Leipzig 1932, S. 57
10 Bunsen, Marie von: Die Welt, in der ich lebte, a. a. O., S. 71
11 Ebd., S. 73
12 Ebd., S. 74
13 Ebd., S. 75f.
14 Ebd., S. 76
15 Ebd., S. 77
16 Ebd., S. 80
17 Ebd., S. 81
18 Ebd., S. 102f.
19 Ebd., S. 109f.
20 Ebd., S. 140
21 Bunsen, Marie von: Im Ruderboot durch Deutschland, Berlin 1914, S. 16
22 Ebd., S. 87f.
23 Ebd., S. 100 und S. 351
24 Bunsen, Marie von: Die Welt, ... a. a. O., S. 145
25 Ebd., S. 213
26 Bunsen, Marie von: Im fernen Osten, Leipzig 1934, S. 156
27 Bunsen, Marie von: Die Welt, ... a. a. O., S. 214

28 Vgl. Bunsen, Marie von: Im fernen Osten, a. a. O.

29 Bunsen, Marie von: Bei dem Radshput Maharadsha zu Besuch, in: Deutsche Rundschau Nr. 156/1915, S. 281–296

30 Bunsen, Marie von: Aus der asiatischen Welt. Eine Wanderung in den Tempelbergen Chinas, in: Deutsche Rundschau Nr. 162/1915, S. 297

31 Bunsen, Marie von: Aus der asiatischen Welt. Hausbootleben in Kaschmir, in: Deutsche Rundschau Nr. 167/1916, S. 259

32 Bunsen, Marie von: Briefe aus Asien, in: Die Frau Nr. 22/1914–15, Heft 9, S. 529

33 Bunsen, Marie von: Zur indischen Witwenverbrennung, in: Deutsche Rundschau Nr. 115/1903, S. 461

34 Bunsen, Marie von: Bei dem Radshput Maharadsha…, a. a. O., S. 290

35 Bunsen, Marie von: Aus der asiatischen Welt: Eine Wanderung in den Tempelbergen Chinas, a. a. O., S. 289f.

36 Bunsen, Marie von: Im fernen Osten, a. a. O., S. 102

37 Hamalian, Leo (Hg.): Ladies on the loose, New York 1981, S. 199f.

38 David-Néel, Alexandra: Wanderer mit dem Wind, Wiesbaden 1979, S. 163

39 Bunsen, Marie von: Briefe aus Asien, a. a. O., Heft 11, S. 665

40 Bunsen, Marie von: Im fernen Osten, a. a. O., S. 156

41 Bunsen, Marie von: Zeitgenossen…, a. a. O., S. 9f.

42 Ebd., S. 173

43 Ebd., S. 174

44 Ebd., S. 203

45 Bunsen, Marie von: Die Welt, … a. a. O., S. 170

WEITERE VERWENDETE LITERATUR:

Bäumer, Gertrud: Marie von Bunsen zum Abschied, in: Die Frau Nr. 48/1941, Heft 12

Grossmann, Stefan: Marie von Bunsen erinnert sich, in: Das Tagebuch, 11. 1. 1930

Xylander, Lollo von: Ein Erinnerungsbuch, in: München-Augsburger Abendzeitung, 24. 2. 1933

ALEXANDRA DAVID-NÉEL – REISEN ALS ABENTEUER DES GEISTES – ALS LAMINA UND BETTELNONNE IN TIBET

1 Alexandra David-Néel: »Pourtant, l'exploraiton dans son sens propre 'd'aller à la découverte' n'est pas morte; elle est immortelle, peut-être éternelle... On peut marcher vers l'horizon, sachant qu'on ne l'atteindra jamais, car la marche vers lui est, en elle-même une joie.«

2 Eine Autobiographie von Alexandra David-Néel liegt nicht vor. Die wesentlichen Quellen, die Aufschluß über den Verlauf ihres Lebens außerhalb der beiden großen Reisephasen geben, sind daher unveröffentlichte Aufzeichnungen und Dokumente, die in der Fondation A. David-Néel in Digne aufbewahrt werden. Jean Chalon hat sie für seine Autobiographie benutzt und zitiert häufig aus ihnen. Außerdem sind in diesem Zusammenhang die Aufzeichnungen und Aussagen von Marie-Madeleine Peyronnet wichtig, die von 1959 bis zu deren Tod 1969 als Sekretärin und Vertraute A. David-Néels fungierte.
Zitiert nach: Chalon, Jean: Alexandra David-Néel. Das Wagnis eines ungewöhnlichen Lebens, München 1987, S. 509

3 Chalon, Jean: Alexandra David-Néel. Das Wagnis..., a. a. O., S. 498

4 David-Néel, Alexandra: Wanderer mit dem Wind. Reisetagebücher in Briefen 1904–1917, Wiesbaden 1979, S. 143

5 Dies.: Mein Weg durch Himmel und Höllen. Das Abenteuer meines Lebens, München 1986, S. 39

6 Chalon, Jean: A. David-Néel..., a. a. O., S. 5

7 Ebd., S. 19f.

8 Ebd., S. 18

9 David-Néel, A.: Wanderer..., a. a. O., S. 61

10 Ebd., S. 128

11 Ebd., S. 74

12 Chalon, Jean: A. David-Néel..., a. a. O., S. 92

13 Ebd., S. 140

14 David-Néel, A.: Wanderer..., a. a. O., S. 15

15 Ebd., S. 19

16 David, Alexandra: Féminisme Rationnel, Paris 1909, vgl. S. 13: »La maternité, voilà l'obstacle«

17 Zu diesem Thema heißt es in den Reisebriefen: »... Daraus läßt sich folgern, daß auch Frauen Geld verdienen sollten, oder aber, wie es einige Reformer wollen, daß Hausarbeit vergütet werden muß. Ist es etwa gerecht, daß eine Frau, die für ihren Mann gekocht, abgewaschen und seine Sachen in Ordnung gehalten hat, im Falle einer Trennung mit

leeren Händen dasteht – daß sie jedoch, hätte sie diese Arbeiten für einen Fremden verrichtet, einen Lohn erhalten hätte – und daß andererseits der Mann, in dessen Diensten sie dann stünde, aus eben diesem Grunde... sehr viel mehr ausgegeben hätte, als ihn der Unterhalt seiner Ehefrau kostet? Hier ist, besonders im Interesse der Klasse der Bedürftigen, noch einiges zu tun.« In: David-Néel, Alexandra: Wanderer mit dem Wind..., a. a. O., S. 24

18 Drei Monate nach der Eheschließung, im Oktober 1904, schreibt sie an Philippe Néel: »Du fragst mich nach meiner Meinung zum neuen Haus. Ja, weißt Du, ich kann mir das Schmunzeln nicht verkneifen, wenn ich mir vorstelle, daß ein glücklicher Umstand mir zu der Idealwohnung verhilft, die ich mir für ein Ehepaar immer gewünscht habe: ein Garten und getrennte Wohnstätten... Ja, jedem seinen Wohnungsteil und damit seine Freiheit, oder, genaugenommen, die Möglichkeit dazu, frei zu sein, allein zu sein.« In: David-Néel, Alexandra: Wanderer..., a. a. O., S. 16

19 Ebd., S. 262

20 David, Alexandra: Féminisme Rationnel, a. a. O., S. 35 »Si nous avons une volonté ferme de nous émanciper, ...il conviendra, d'abord, de songer à nous émanciper de la tutelle intime sous laquelle nous nous plaçons nous-mêmes. L'homme tient trop de place dans la vie de la majorité des femmes... Je parle de la place qu'il occupe dans la mentalité féminine.«

21 Chalon, Jean: A. David-Néel..., a. a. O., S. 159

22 David-Néel, A.: Wanderer..., a. a. O., S. 29

23 Ebd., S. 31

24 Ebd., S. 7

25 Ebd., S. 85

26 Myrial, Alexandra (d. i. A. David-Néel): Pour la vie, Brüssel o. J. (ca. 1899), S. 111. »Le travail ne peut être qu'un moyen servant à vivre en satisfaisant ses désirs tant matériels qu'intellectuels. Telle est la seule façon dont il doit être considéré et chaque individu qui n'atteint pas ce but est dans l'erreur.«

27 David-Néel, A.: Wanderer..., a. a. O., S. 128

28 Ebd., S. 32

29 Ebd., S. 114

30 Ebd., S. 149

31 Ebd., S. 41 f.

32 Ebd., S. 47

33 Ebd., S. 48

34 Ebd., S. 53

35 Ebd., S. 57

36 Ebd., S. 60
37 Ebd., S. 70
38 Ebd., S. 87
39 Ebd., S. 90
40 Ebd., S. 96
41 Ebd., S. 96
42 Ebd., S. 142
43 Ebd., S. 169
44 Ebd., S. 202
45 Ebd., S. 231 f.
46 David-Néel, A.: Mein Weg durch Himmel und Höllen..., a. a. O., S. 43
47 Ebd., S. 44
48 Ebd., S. 290
49 Ebd., S. 317
50 David-Néel, A.: Journal de voyage. Lettres à son mari de la Chine à l'Inde en passant par le Tibet, Paris 1986, S. 296 »Je suis une sauvage... Toute la civilisation occidentale me dégoûte. Je n'aime que ma tente, mes chevaux et le désert.«
51 M.-M. Peyronnet hat diesen aufgrund testamentarischer Verfügung in eine Stiftung umgewandelten Besitz in Digne (Bushaltestelle: Samten Dsong) als kleines Museum gestaltet, wo sie täglich kommentierte Führungen veranstaltet.
52 Peyronnet, Marie-Madeleine: Dix Ans avec Alexandra David-Néel, Paris 1973, S. 225
53 Vgl. Chalon, Jean: A. David-Néel..., a. a. O., S. 491
54 David-Néel, A.: Wanderer... a. a. O., S. 253

WEITERE VERWENDETE LITERATUR:

David-Néel, Alexandra: Les Routes sans fin appellent toujours les explorateurs. In: Cahier des Explorateurs Français, Juni 1957

David-Néel, Alexandra: Leben in Tibet. Kulinarische und andere Traditionen aus dem Lande des ewigen Schnees, Basel 1984

Alma Karlin – Ich dachte mir die Welt wie Europa

1 Karlin, Alma: Der Todesdorn und andere seltsame Erlebnisse aus Peru und Panama, o. O. 1933, S. 7
2 Karlin, Alma: Einsame Weltreise. Erlebnisse und Abenteuer im Reich der Inkas und im fernen Osten, Minden / Westf. 1932, S. 44

3 Karlin, Alma: Erlebte Welt, das Schicksal einer Frau. Durch Insulinde und das Reich der weißen Elefanten, durch Indiens Wunderwelt und durch das Tor der Tränen, Minden/Westf. 1933, S. 64
4 Karlin, Alma: Einsame Weltreise…, a. a. O., S. 85
5 Ebd., S. 100
6 Karlin, Alma: Erlebte Welt…, a. a. O., S. 37
7 Karlin, Alma: Im Banne der Südsee. Die Tragödie einer Frau, Minden/Westf. 1930, S. 65
8 Karlin, Alma: Erlebte Welt…, a. a. O., S. 153
9 Karlin, Alma: Einsame Weltreise…, a. a. O., S. 26
10 Ebd., S. 39
11 Ebd., S. 42
12 Ebd., S. 197
13 Ebd., S. 283
14 Karlin, Alma: Der Todesdorn…, a. a. O., S. 7
15 Karlin, Alma: Im Banne der Südsee…, a. a. O., S. 166
16 Arens, William: The man-eating myth, New York 1979, S. 22
17 Bernhard, Norbert: Tarzan und die Herrenrasse. Rassismus in der Literatur, Basel 1986, S. 92
18 Ebd., S. 105
19 Ebd., S. 110
20 Arens, William: The man-eating myth, a. a. O., S. 21
21 Montagu, Mary: Briefe aus dem Orient, Frankfurt/M. 1982
22 Wilbrandt, Ilse: Elsa Sophia von Kamphoevener. Ihr Leben – ein Märchen, o. O., o. J., S. 26
23 Karlin, Alma: Im Banne der Südsee…, a. a. O., S. 167f.
24 Ebd., S. 73
25 Ebd., S. 25
26 Ebd., S. 39
27 Karlin, Alma: Einsame Weltreise…, a. a. O., S. 298
28 Karlin, Alma: Erlebte Welt…, a. a. O., S. 190
29 Ebd., S. 5
30 Karlin, Alma: Einsame Weltreise…, a. a. O., S. 3
31 Ebd., S. 9
32 Vgl. »Der Erdball«, Berlin
33 Karlin, Alma: Im Banne der Südsee…, a. a. O., S. 85
34 Ebd., S. 84
35 Karlin, Alma: Erlebte Welt…, a. a. O., S. 92
36 Ebd., S. 119
37 Karlin, Alma: Einsame Weltreise…, a. a. O., S. 229
38 Ebd., S. 216, 211 und 232
39 Ebd., S. 287

40 Ebd., S. 48
41 Ebd., S. 79f.
42 Ebd., S. 136
43 Karlin, Alma: Erlebte Welt..., a. a. O., S. 221
44 Ebd., S. 173
45 Karlin, Alma: Der Todesdorn..., a. a. O., S. 24
46 Ebd., S. 304f.
47 Karlin, Alma: Im Banne der Südsee..., a. a. O., S. 178
48 Karlin, Alma: Erlebte Welt..., a. a. O., S. 72
49 Karlin, Alma: Einsame Weltreise..., a. a. O., S. 194f.
50 Karlin, Alma: Erlebte Welt..., a. a. O., S. 124
51 Karlin, Alma: Einsame Weltreise, S. 288
52 Ebd., S. 136
53 Karlin, Alma: Erlebte Welt, S. 183f.
54 Ebd., S. 130
55 Karlin, Alma: Einsame Weltreise, S. 248
56 Karlin, Alma: Erlebte Welt, S. 23
57 Karlin, Alma: Einsame Weltreise, S. 229
58 Karlin, Alma: Erlebte Welt, S. 210

Freya Stark – Orient-Reisende am Ende des britischen Empire

1 Stark, Freya: The Freya Stark Story. A Condensation in one Volume of Travelor's Prelude, Beyond Euphrates and The Coast of Incense, New York 1953, S. 39f.
2 Martineau, Harriet: Eastern Life – Present and Past, London 1848
3 The Freya Stark Story..., a. a. O., S. 6
4 Ebd., S. 17f.
5 Ebd., S. 62
6 Ebd., S. 84
7 Ebd., S. 187
8 Ebd., S. 189
9 Stark, Freya: The Southern Gates of Arabia. A Journey in the Hadramaut, London 1936. Deutsch: dies.: Die Südtore Arabiens. Eine Reise in Hadramaut, Hamburg–Stuttgart 1948
10 Stark, Freya: Letters from Syria, London 1942, S. 136
11 Ebd., S. 152
12 Ebd., S. 154

13 The Freya Stark Story, a. a. O., S. 168
14 Stark, Freya: Letters from Syria, a. a. O., S. 168
15 Ebd., S. 172
16 The Freya Stark Story, a. a. O., S. 191
17 Ebd., S. 205
18 Gebäude bei London
19 The Freya Stark Story, a. a. O., S. 206
20 Stark, Freya: Letters from Syria..., a. a. O., S. 209
21 Moorehead, Caroline: Freya Stark. The greatest Woman Explorer and Travel Writer of her Age, Middlesex 1985, S. 44f.
22 Ebd., S. 45
23 Stark, Freya: Baghdad Sketches, (zuerst Bagdad 1932) London 1946, S. 34
24 Ebd., S. 50f.
25 Stark, Freya: The Valley of the Assassins and other Persian Travels, London 1934. Deutsch: Das Tal der Mörder. Persische Reisen, Hamburg–Stuttgart 1949, S. 226–229
26 Stark, Freya: Letters from Syria..., a. a. O., S. 215
27 Stark, Freya: The Valley of the Assassins..., a. a. O., S. 281
28 Ebd., S. 345
29 Ebd., S. 18–23
30 Ebd., S. 46f.
31 Ebd., S. 59
32 The Freya Stark Story, a. a. O., S. 221
33 The Valley of the Assassins..., a. a. O., S. 112
34 The Freya Stark Story, a. a. O., S. 279
35 Stark, Freya: Seen in The Hadhramaut, London 1938 (Bildband)
36 The Southern Gates of Arabia..., a. a. O., S. 120
37 Ebd., S. 167
38 Ebd., S. 161
39 Ebd., S. 174
40 Moorehead, Caroline: Freya Stark..., a. a. O., S. 61f.
41 Vgl. Die Frau, Nr. 43/1926, Heft 2
42 Matthias, Leo: Griff in den Orient, Leipzig o. J. (etwa 1931), S. 78f.
43 Hardinge, Lord: My Indian Years 1910–1916, London 1948, S. 136
44 Stark, Freya: Dust in the Lion's Paw, Autobiography 1939–1946, London 1961, S. 26
45 Vgl. Dust in the Lion's Paw, S. 67ff., East is West, S. 53ff. und Moorehead, S. 73f.
46 Stark, Freya: Dust in the Lion's Paw..., a. a. O., S. 102
47 Ebd., S. 64
48 Stark, Freya: East is West, London 1945, S. 35ff. Für den Orientalisten

Rodison war Freya Stark eine Vertreterin eines kapitalistischen Universalismus, der in Moslems homologe Menschen sah, die man auf den Weg bringen konnte, dem Europa und das weiße Amerika seit dem 19. Jahrhundert folgten: Siehe dazu: Rodison, Maxime: Die Faszination des Islam, München 1985, S. 97

49 Moorehead, Caroline: Freya Stark ..., a. a. O., S. 92

50 Ebd., S. 101

51 Ebd., S. 110

52 Ebd., S. 44

WEITERE VERWENDETE LITERATUR:

Stark, Freya: A Winter in Arabia, London 1940

Dies.: Perseus in the Wind, London 1948

Dies.: The Lycian Shore, London 1956

Dies.: Alexander's Path from Caria to Cilicia, London 1958

Dies.: Riding to the Tigris, London 1959

Dies.: Roman Euphrat (Rome on the Euphrates), London 1966. Deutsch: Rom am Euphrat. Geschichte einer Grenze, Stuttgart 1969

Dies.: The Minaret of Djam: An Excursion in Afghanistan, London 1970

Stark, Freya / Reiter Fulvio: Türkei, Zürich–Freiburg 1970

Stark, Freya: A Peak in Darien, London 1976

Moorehead, Lucy (Hg.): Letters (of Freya Stark), Vol. 1–6

Moorehead, Caroline (Hg.): Letters ..., Vol. 7–8, Salisbury 1974–1982

Annemarie Schwarzenbach – Reisen ins Leere der Welt

1 Schwarzenbach, Annemarie: Das glückliche Tal, S. 54

2 Mann, Klaus: Der Wendepunkt: Ein Lebensbericht, Reinbek b. Hamburg 1984, S. 273

3 Schwarzenbach, Annemarie: Brief an Erika Mann, Nachlaß Erika Mann, Stadtbibliothek München

4 Nachlaß Klaus Mann, Klaus Mann Archiv der Städtischen Bibliotheken, München

5 Nachlaß Annemarie Schwarzenbach, Schweizerische Landesbibliothek, Bern

6 Nachlaß Klaus Mann, a. a. O.

7 Nachlaß Annemarie Schwarzenbach, a. a. O.

8 Nachlaß Klaus Mann, a. a. O.
9 Ebd.
10 Schwarzenbach, Annemarie: Das glückliche Tal, S. 50
11 Eberhardt, Isabelle: Sandmeere 1. Tagwerke, Frankfurt/M. 1981, S. 327
12 Dies.: Sandmeere 2. Im heißen Schatten des Islam, Frankfurt/M. 1981, S. 78
13 Schwarzenbach, Annemarie: Das glückliche Tal, S. 147 und 19
14 Ebd., S. 156 f.
15 Nachlaß Erika Mann, a. a. O.
16 Schwarzenbach, Annemarie: Das glückliche Tal, S. 153 f.

Qui Jin, Nino und die anderen – Fremde Frauen reisen

1 Treskow, Jan von: Wo in Bayern fließt der Yun? Reisenotizen zweier höherer Töchter aus Mexico, in: Die Zeit Nr. 23–29/Mai 1987
2 David-Néel, Alexandra: Wanderer mit dem Wind. Reisetagebücher in Briefen, 1904–1917, Wiesbaden 1979, S. 113 f.
3 Vgl. Jayawardena, Kumari: Feminism and Nationalism in the Third World, London 1986, S. 21 und Mamozai, Martha: Herrenmenschen. Frauen im deutschen Kolonialismus, Reinbek 1982, S. 102
4 Ebd.
5 Vgl. Jayawardena, Kumari: Feminism..., a. a. O., S. 21
6 Sharaawi, Huda: Harem Years. The Memoirs of an Egyptian Feminist, London 1986, S. 102
7 Vgl. ebd. S. 84 f.
8 Internationale Frauenkonferenzen fanden in den Hauptstädten Europas und Nordamerikas bereits seit Jahrzehnten statt. Nicht immer stand dabei wie 1896 in Berlin auf dem Rahmenprogramm der Besuch einer Gewerbeausstellung, die eine Kolonialausstellung mit afrikanischen Menschen als Schauobjekten einschloß –, aber die Rolle, die die wenigen asiatischen oder afrikanischen Vertreterinnen auf solchen Konferenzen spielten, war solchen Vorführungen nicht selten vergleichbar. Vgl. Mamozai, Martha: Herrenmenschen..., a. a. O., S. 234 f.
9 Minai, Naila: Schwestern unterm Halbmond: Muslimische Frauen zwischen Tradition und Anpassung, Stuttgart 1984, S. 62
10 Ebd., S. 63
11 Akkent, Neral/Franger, Gabi: Das Kopftuch. Basörtü, Frankfurt/M. 1987, S. 176 f.

12 Ebd., S. 177
13 Pätsch, Gertrud (Hg.): Das Leben Kartlis. Eine Chronik aus Georgien 300–1200, Leipzig 1985, S. 135
14 Vgl. Brentjes, Burchard: Drei Jahrtausende Armenien, Leipzig 1984
15 Pätsch, Gertrud (Hg.): Das Leben Kartlis..., a. a. O., S. 146
16 David-Néel, Alexandra: Wanderer mit dem Wind..., a. a. O., S. 110
17 Pätsch, Gertrud (Hg.): Das Leben Kartlis..., a. a. O., S. 27
18 Ebd., S. 135
19 Minai, Naila: Schwestern..., a. a. O., S. 40

WEITERE VERWENDETE LITERATUR:

Ekrem, Selma: Unveiled. The Autobiography of a Turkish Girl, New York 1930

Gipoulon, Cathérine: Die Steine des Vogels Jingwei. Qiu Jin, Frau und Revolutionärin im China des 18. Jahrhunderts, München 1977

Larrainzar, Enriqueta y Ernestina: Viaje a varias partes de Europa, Mexico 1882

Meissner, Marek: Das, goldene Zeitalter Arabiens unter den Abbasiden, Hanau o. J.

Bonnelame, Diana / Heller, Peter: Wie andere Neger auch. Erkenntnisse einer afrikanischen Forscherin unter Deutschen, Film 1982/83

Zeyneb, Hanoum: A Turkish Woman's European Impressions, Philadelphia 1933

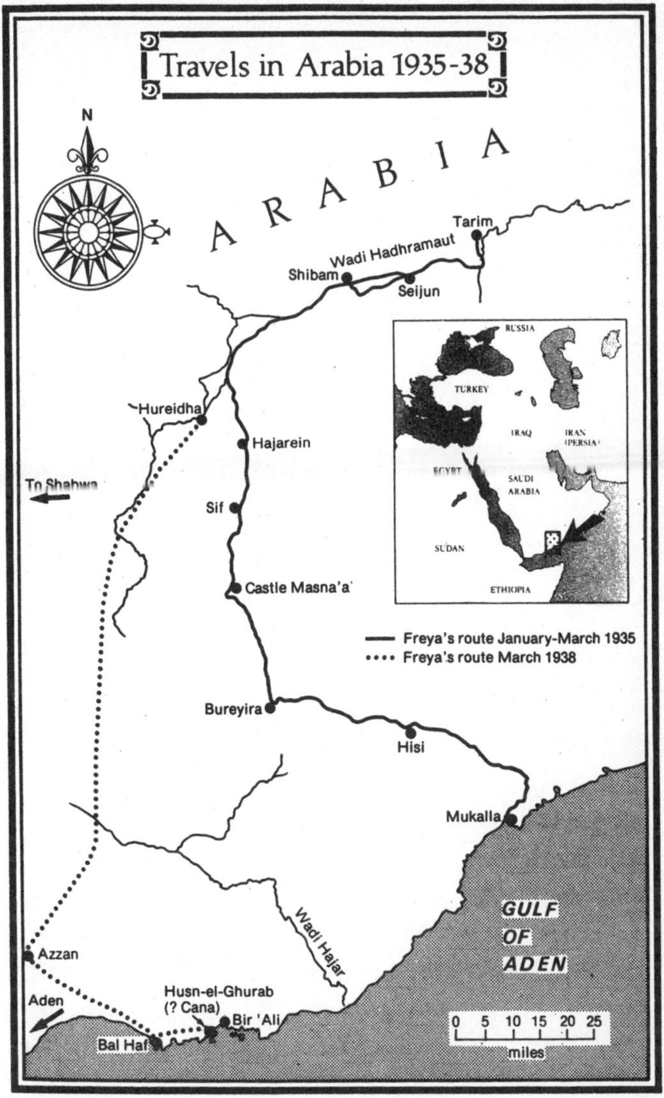

Travels in Arabia 1935-38
N
ARABIA
Tarim
Wadi Hadhramaut
Shibam
Seijun
RUSSIA
TURKEY
IRAQ
IRAN (PERSIA)
EGYPT
SAUDI ARABIA
SUDAN
ETHIOPIA
Hureidha
Hajarein
To Shahwa
Sif
Castle Masna'a
Freya's route January-March 1935
Freya's route March 1938
Bureyira
Hisi
Mukalla
GULF OF ADEN
Wadi Hajar
Azzan
Aden
Husn-el-Ghurab (? Cana)
Bir 'Ali
Bal Haf
0 5 10 15 20 25
miles

Die Frau in der Gesellschaft

Maya Angelou
Ich weiß, daß der gefangene Vogel singt. Band 4742

Mariama Bâ
Der scharlachrote Gesang
Roman. Band 3746

Anna Banti
Artemisia
Roman. Band 12048

Janina David
Leben aus zweiter Hand
Roman. Band 4744

M. Rosine De Dijn
Die Unfähigkeit
Band 3797

Ursula Eisenberg
Tochter eines Richters
Roman. Band 10622

Oriana Fallaci
Brief an ein nie geborenes Kind
Band 3706

Maria Frisé
Wie du und ganz anders
Mutter-Tochter-Geschichten
Band 11826

M. Gabriele Göbel
Amanda oder Der Hunger nach Verwandlung
Erzählungen
Band 3760

A.-M. Grisebach
Eine Frau Jahrgang 13
Roman einer unfreiwilligen Emanzipation
Band 4750

A.-M. Grisebach
Eine Frau im Westen
Roman eines Neuanfangs
Band 10467

Helga Häsing/Ingeborg Mues (Hg.)
Du gehst fort, und ich bleib da
Gedichte und Geschichten von Abschied und Trennung
Band 4722

Vater und ich
Eine Anthologie
Band 11080

Und wenn ich dich liebe, was geht's dich an?
Gedichte und Geschichten
Band 11612

Fischer Taschenbuch Verlag

fi 20/26 a

Die Frau in der Gesellschaft

Bessie Head
Die Farbe der Macht
Roman. Band 11679

Jutta Heinrich
Alles ist Körper
Extreme Texte
Band 10505
Das Geschlecht der Gedanken
Roman. Band 4711
Im Revier der Worte
Provokationen, Gegenreden, Zwischenrufe
Band 12308

Maria Regina Kaiser
Xanthippe Schöne Braut des Sokrates
Roman. Band 11737

Martina Kreßner
Lebenssplitter
Roman. Band 11881

Rosamond Lehmann
Aufforderung zum Tanz
Roman. Band 3773
Der begrabene Tag
Roman. Band 3767
Dunkle Antwort
Roman. Band 3771
Der Schwan am Abend
Fragmente eines Lebens
Band 3772
Wie Wind in den Straßen
Roman
Band 10042

M. Lohner (Hg.)
Was willst du, du lebst
Trauer und Selbstfindung in Texten von Marie Luise Kaschnitz
Band 10728

Audre Lorde
Zami
Ein Leben unter Frauen. Band 11022

Monika Maron
Flugasche
Roman. Band 3784

Johanna Moosdorf
Die Andermanns
Roman. Band 11191
Die Freundinnen
Roman. Band 4712
Jahrhundertträume
Roman. Band 4739
Fahr hinaus in das Nachtmeer
Gedichte. Bd. 10217
Die Tochter
Geschichten aus vier Jahrzehnten
Band 10506
Franziska an Sophie
Erzählung
Band 11861

Fischer Taschenbuch Verlag

fi 20 / 28 b

Die Frau in der Gesellschaft

Karin Nedela
Herzkönigin im Wunderland
Erzählung
Band 11991

Ronnith Neumann
Nirs Stadt
Erzählung
Band 10574
Die Tür
Erzählungen
Band 11055

Maria Nurowska
Briefe der Liebe
Roman
Band 12500
Postscriptum für Anna und Miriam
Roman
Band 10309

Carme Riera
Im Spiel der Spiegel
Roman
Band 12008

Carme Riera
Selbstsüchtige Liebe. Novelle
Band 11096

Karin Rüttimann
Schwalbensommer
Roman. Band 4749
Warten auf L.
Sylter Winterballade
Band 10885

Verena Stefan
Es ist reich gewesen
Bericht vom Sterben meiner Mutter
Band 11678
Häutungen
Band 11837

Marlene Stenten
Albina
Monotonie um eine Weggegangene
Band 10994
Puppe Else
Band 3752

Jutta Szostak/
Suleman Taufiq
Der wahre Schleier ist das Schweigen
Arabische Autorinnen melden sich zu Wort
Band 12422

M. Tantzscher (Hg.)
Die süße Frau
Erzählungen aus der Sowjetunion
Band 3779

Miriam Tlali
Soweto Stories
Band 10558

Johanna Walser
Die Unterwerfung
Erzählung
Band 11448

Charlotte Wolff
Flickwerk
Roman
Band 4705

Fischer Taschenbuch Verlag

fi 20 / 16 c

Diogenes Taschenbuch 23625